예비교사를 위한

디지털과 인공지능 교육

김수향 · 안지영 · 최원영 · 이선영

KNOWLEDGE COMMUNITY 공동체

머리말

현재 우리는 4차 산업혁명 시대 인공지능, 로봇, 클라우드, 모바일, 사물인터넷(Internet of Things), 빅데이터 등 여러 가지 과학기술이 혼합되고 있는 사회에 살고 있다. 이러한 사회변화에 따라 교육현장도 디지털과 인공지능을 활용한 수업이 이루어지고 있다. 따라서 교사교육에서도 예비교사뿐만 아니라 현직 교사들에게 디지털과 인공지능 이론 및 실제 활용 교육을 교직기초 교과목으로 강조하고 있다.

이러한 관점에서 본서는 4차 산업혁명 시대에 적절한 디지털과 인공지능 교육의 방향 및 실제 교육에서 디지털 인공지능 활용방안, 디지털과 인공지능 교육의 윤리와 관련한 내용을 중심으로 구성하고자 하였다. 본서의 구체적 내용을 살펴보면 다음과 같다.

제1장에서는 4차 산업혁명과 디지털·인공지능 교육에서 4차 산업 시대에 필요한 디지털과 인공지능 교육, 디지털 교육, 역량, 인공지능 기술, 인공지능 능력의 한계 등의 내용을 다루었다.

제2장은 교육과 디지털·인공지능 교육으로, 디지털 교육정책과 우리나라 디지털 교육 인재 양성 방향, 인공지능 교육 동향, 방향, 활용 교육 내용을 제시하였다.

제3장은 실감미디어와 교육으로, 실감미디어의 정의, 실감미디어를 활용한 교육 내용과 교육 적용 한계 부분을 중심으로 제시하였다.

제4장에서는 교육용 콘텐츠의 정의, 종류, 적용 사례 내용을 중심으로 제시하였다.

제5장은 디지털·인공지능 교육의 실제 부분으로, 이론적으로 디지털과 그림책, 실제 부분으로 디지털을 활용한 애니메이션 그림책의 교육적 효과 및 실제 제작방법, 인공지능 교육의 실제로 내용을 구성하였다.

제6장에서는 교육에 있어서 디지털과 인공지능 확장이 윤리적 차원에서 위배되지 않게 사용될 수 있도록 하는 디지털·인공지능 윤리교육의 내용을 다루었다.

마지막으로 총 6장으로 구성된 본서가 예비교사뿐만 아니라 현직 교사들에게 디지털과 인공지능 교육의 기초자료로 활용되길 기대한다.

2024년 5월

저자 일동

차 례

CHAPTER 02 교육과 디지털 · 인공지능 교육

CHAPTER 03 실감미디어와 교육

CHAPTER 04 교육용 콘텐츠

CHAPTER 05 디지털 · 인공지능 교육의 실제

CHAPTER 06 디지털 · 인공지능 윤리

CHAPTER 01

4차 산업혁명과 디지털 · 인공지능 교육

CHAPTER 01

4차 산업혁명과 디지털 · 인공지능 교육

제1절 4차 산업혁명 시대

1. 4차 산업혁명 시대의 특징

오늘날 가장 주목을 끌고 있는 주제는 4차 산업혁명이다. 1차 산업혁명으로 증기기관을 활용한 기계화 경공업이 등장하고, 2차 산업혁명에서는 전기를 활용한 대량생산의 혁명 등 중공업이 확대되었다. 3차 산업혁명은 정보화 시대로, 컴퓨터와 인터넷 등 ICT 산업이 대두되었다. 그리고 4차 산업혁명 시대는 과학기술 간의 경계, 현실의 경계, 기계와 생명 간의 경계가 없어지는 시대로서, 과거의 어떤 혁명보다 가장 큰 변화를 가져올 것이라고 예측하고 있다.

4차 산업혁명은 인공지능, 로봇, 클라우드, 모바일, 사물인터넷(Internet of

Things), 빅데이터 등 현재 주목받고 있는 여러 가지 과학기술이 혼합되어 나타나게 될 것이며, 이미 시작되고 있다. 인공지능은 의료, 법률, 금융, 언론 등 다양한 분야에 적용되고 있다(차두원 · 김서현, 2016 : 6-10). 그리고 클라우드, 사물인터넷, 3D 프린터 기술이 결합된 스마트 팩토리(Smart Factory)는 인건비와 비용 절감을 위해 개발도상국에서 이루어지던 생산 체제를 다시 선진국으로 거두어들이는 리쇼어링(reshoring) 현상을 가져올 것으로 예상된다. 실제로 다국적 기업들은 자동화된 생산 시스템이 개발되면서 자국으로 다시 생산 설비를 가져오려는 움직임을 보이고 있다. 또한 핀테크, 블록체인 등의 등장은 4차 산업혁명이 경제 체제의 변화까지 주도하게 될 것을 보여준다(조헌국, 2017 : 54).

4차 산업혁명은 비단 산업에만 영향을 미치는 것이 아니라 미래사회, 그리고 인간의 특징을 새롭게 정의하게 될 것이다. 특히 20~30년 내에 인공지능과 로봇, 생체기술 등이 발전하게 되면 인간의 인지적, 신체적, 사회적 능력을 보완하거나 강화하게 되고 이전의 어떤 인류보다 강한 인류가 등장할 것으로 예견되고 있다(Del Prado, 2015, 조헌국, 2017 : 54 재인용). 과학기술의 발달로 인간과 기계의 경계가 모호해지면서 인간성 상실을 우려하는 목소리도 함께 높아지고 있다. 이러한 운동을 '네오휴머니즘'이라 부르며, 이를 위해 로봇 윤리나 인공지능을 위한 강령, 자의식 문제 등을 함께 논의하고 있다(과학기술정책연구원 미래연구센터, 2016). 향상된 인간의 능력에 따른 기대감과 기계로 인한 인간의 좁아질 입지에 대한 걱정이 공존하고 있는 것이 현재의 상황이다(조헌국, 2017 : 55).

위와 같이 4차 산업혁명 시대는 긍정적 측면만 있는 것이 아니라 일부 관점에서는 부정적 측면도 나타날 것이다. 하지만 사회 · 경제 및 교육계에서는 4차 산업혁명은 디지털 및 물리적 시스템, 바이오 시스템이 융합한 최대의 인류 혁명으로 정의하고 있다(http://tinyurl.com/hlah7ot). 4차 산업혁명을 추동하는 핵심 기반기술로 주목받고 있는 기술들로는 네트워크기술인 IoT, 클라우드, 유비쿼터스 모바일 인터넷 등과 지능정보기술인 인공지능, 기계학습, 빅데이터 컴퓨팅, 그리고 실감화 기술인 CPS(Cyber-Physical System), 오감센싱, 홀로그램, 가상현실(VR), 증강현실(AR) 등의 디지털 기술 및 로봇 기술 등이 꼽히고 있다(고영주 · 심진보 · 임은정 · 김대건 · 오길환 · 이동헌, 2017 : 228).

4차 산업혁명은 변화의 속도, 범위, 사회시스템의 영향력이 비선형적으로 진행되고, 기하급수적으로 커지고 있다. 따라서 ICT 기반의 기술을 토대로 '초연결', '초지능'의 특성을 가진 사회로 변화하기 때문에 교육계 역시 4차 산업혁명에 대응할 수 있는 변화가 요구된다. ICT 기반 신성장 동력 발굴, 과학기술 경쟁력 강화, 혁신적 · 창의적 과학 기반의 기술인력 양성체계 구축이 필요하다. 즉, 4차 산업혁명은 AI(인공지능)의 제3의 붐 현상 및 첨단 과학기술의 기대, 과학기술정책의 이노베이션으로 사회 체제를 해결하는 시대, 빅데이터, IoT, 인공지능, 로보틱스 등의 산업과 사회변화의 창조와 파괴를 몰고 올 것이다. 따라서 4차 산업혁명을 혁신적 기술의 실용화, 프레임 등을 깨고 창조 R&D 활성화 및 R&D 전략 모색, 기술정책, 노동정책, 산업정책, 교육정책을 망라하는 거버넌스, 과학기술, 교육, 노동, 산업정책의 플랫폼 구축 등 물리적 시스템, 디지털 시스템, 바이오 시스템을 융합한 인류 최대의 혁명으로 정의하고 있다(조길수, 2017 : 1-6).

2016년 세계경제포럼에서 4차 산업혁명은 탈중앙화, 분권, 공유, 개방, 연결을 통한 맞춤시대의 지능화 세계를 지향한다. "Why Everyone Must Get Ready For The 4th Industrial Revolution" ≪Forbes(blog)≫.

이러한 4차 산업혁명 시대에 대한 국제적 변화에 발맞추어 우리나라 역시 2022년 5월 3일 제20대 대통령직인수위가 110대 국정과제에서 국내에서는 59번 "국민과 동행하는 디지털 미디어 세상", 국가 경쟁력 차원에서 77번 "민 · 관 협력을 통한 디지털 경제 패권 국가 실현"을 발표하였다.

우선적으로 국내 디지털 관련 국정과제의 "국민과 동행하는 디지털 미디어 세상"은 소외계층을 포함한 전 국민 대상 미디어 접근성 및 활용도 제고를 과제목표로 선정하였다. 주요 내용으로 유아기 놀이형 교육으로 미디어 교육을 시작으로 초중고 교육과정 연계뿐만 아니라 특화교육(중 · 장년층 · 노인 · 장애인) 등 국민 생애주기별 격차 없는 맞춤형 교육을 제공할 것이라고 언급하고 있다. 또한 미디어 접근권으로 지역민의 미디어 체험기회 확대, 미디어 플랫폼의 신뢰성과 투명성, 디지털 신산업 이용자 보호, 디지털 폭력 피해 구제 강화 등을 들고 있다. 이러한 주요 내용을 실현하면서 디지털 · 미디어 산업 진흥과 함께 안전하고 신뢰할 수 있는 디지털 · 미디어를 이용할 수 있는 기반 조성에 초점을 두고 있다(제20대 대통령직인수위원회, 2022 : 106).

국가 경쟁력 차원에서 "민 · 관 협력을 통한 디지털 경제 패권 국가 실현"의 과제목표 및 주요 내용을 살펴보면 다음과 같다.

과제목표는 전 세계적인 디지털 전환과 기술 패권 경쟁 속에서 민 · 관의 역량을 결집하여 국가 · 사회 디지털 혁신의 근간인 AI · 데이터 · 클라우드 등 핵심기반을 강화하고, 메타버스 · 디지털플랫폼 등 신산업을 육성하여 디지털 경제 패권 국가로 도약하는 것이다.

주요 내용은 다음과 같다.

첫째, 초일류 인공지능 국가 : 최고 수준의 인공지능 기술 확보를 위해 대규모의 도전적 AI R&D를 추진하고, AI의 핵심 두뇌인 AI 반도체 육성 추진(2022~)과 대학 · 중소기업 등의 AI 활용을 지원하는 세계적 컴퓨팅 인프라 구축 및 광주 AI 특화 데이터센터 및 차세대 슈퍼컴 도입(2023~), 재난안전 · 교육 · 복지 등 전(全) 분야에 AI 전면 적용(2022~)을 통해 AI 융합 확산

둘째, 공공 · 민간데이터 대통합 : 국가데이터정책 컨트롤타워를 확립(2022)하고, 민간이 필요로 하는 데이터의 개방 확대, 이용자가 편리하게 검색 · 활용 가능한 산업기반(2023~2024) 조성 등을 통해 데이터 혁신강국 도약

셋째, 클라우드 · SW 육성 : AI · 데이터의 핵심 인프라인 클라우드 · SW 경쟁력 강화를 위해 공공분야에서 민간 클라우드 및 상용 SW를 우선 이용하도록 하고, 서비스형 SW(SaaS) 중심 생태계 조성 및 SW 원천기술 확보(2022~) 등 추진

넷째, 한계돌파 신(新)기술 확보 : 국가 전략자산으로서 기술 축적을 위해 민 · 관 공동으로 핵심전략 분야에 선택 · 집중한 대규모 R&D 추진으로 기술혁명 선도(2022~)

다섯째, 메타버스 경제 활성화 : 메타버스 특별법 제정, 일상 · 경제활동을 지원하는 메타버스 서비스 발굴 등 생태계를 활성화하고, 블록체인을 통한 신뢰기반 조성(2022~)

여섯째, 혁신 · 공정의 디지털플랫폼 : 플랫폼의 건전한 혁신 · 성장 촉진 및 사회적 가치 창출 극대화를 위해 발전전략 수립 및 민간 주도의 자율규제 체계 확립(2022)

종합해 보면 4차 산업혁명 시대는 인간이 살아가는 데 있어 편리성과 효율성 등의 긍정적 차원과 일자리 창출 등의 인간성 위기라는 부정적 차원이 공존하는 시대가 나타날 것이다. 하지만 피할 수 없는 디지털 사회에서 디지털 역량을 갖춘 구성원으로 살아가기 위해 장애 · 비장애 전 연령층의 효율적인 디지털 교육정책에 대한 과제가 대두된다. 따라서 합리적이고 효율적인 교육정책으로 국정과제에서 언급한 것처럼 "국민과 동행하는 디지털 미디어 세상"과 "민 · 관 협력을 통한 디지털 경제 패권 국가 실현"이 이루어지길 기대한다.

2. 디지털 교육

4차 산업혁명은 인공지능, 빅데이터 등 디지털 기술로 촉발되는 초연결 기반의 지능화 혁명이다(4차 산업혁명 위원회, 2017). 이는 산업뿐만 아니라 국가 시스템, 삶 전반의 혁신적 변화를 유발할 것이며, 교육 분야 역시 예외가 될 수 없다. 4차 산업혁명 위원회(2017)에 따르면, 미래사회가 요구하는 핵심 역량을 갖춘 창의융합형 인재를 양성하기 위해 융합교육 활성화, 맞춤형 교육 실현, 디지털 교육 고도화 등 미래 교육체계 개편을 추진하고 있다(차명진, 2018 : 2).

디지털 교육이란 디지털 환경 속에서 시간과 공간의 제약 없이 기존의 교과서와 참고서 등에 수록된 콘텐츠를 멀티미디어로 통합 제공해 학습자의 특성과 수준에 맞추어 학습이 진행되는 것을 의미한다. 기존의 교실에서 진행되는 교육은 다양한 수요를 반영할 수 없고, 관심 콘텐츠가 충분히 확산되지 않는다. 이에 비해 디지털 교육은 디지털 기술과 인터넷 기술이 연결된 원격교육의 한 형태로서 시간과 장소 측면에서 훨씬 유연해 경제성이 확보되는 교육이라고 볼 수 있다. 교육의 형태는 온라인 강좌, 대규모 오픈 온라인 강좌(MOOC), 온라인 강좌와 강의실 강좌가 결합된 하이브리드 강좌 등으로 구분된다(김기일, 2022).

또한 디지털 교육은 디지털 문해력을 키우는 것이다. 디지털 문해력이란 ICT(정보통신기술) 특성과 디지털 정보를 이해하고 활용하는 역량을 의미한다. 또한 SNS를 원활하게 활용할 줄 아는 능력을 포함한다. 현재에도 우리 삶 사면을 에워싸고 24시간을 함께하는 것은 스마트한 기기들이다. 미래에는 이와 같은 상황이 더욱더 가중될 전망에 따라 '디지털 문해력'은 앞으로 현재 우리가 교육에서 기본적으로 습득하는 기초 문화기술인 3Rs, 즉 Reading(읽기), wRiting(쓰기), aRithmetic(산수)과 같은 수준의 중요성으로 디지털에서 다룰 필요가 있을 것이다(황소영, 2019 : 20).

디지털 문해력[유럽연합에서 제시하는 디지털 역량 프레임워크 2.0 DigComp의 다섯 가지 기본 역량 중 '정보데이터 문해력(Information and dataliberacy)'에 해당]을 갖추기 위해 교육활동 속에서 지켜야 할 원칙을 살펴보면 다음과 같다(황소영, 2019 : 20-21 재인용).

① ICT의 기본적인 개념, 활용방법, 의미, 범위 등에 대한 인지
② ICT를 원활하게 활용하는 데 테크놀로지의 기본 개념과 활용방법에 대한 이해
③ ICT 활용과 관련하여 발생할 수 있는 위험 요소들에 대한 숙지
④ 중요한 미디어들이나 최첨단 커뮤니케이션 기술들과 긍정적 관계 형성
⑤ 자신의 관심사와 목적에 따라 정보의 흐름을 파악하고 검색할 수 있는 역량
⑥ 미디어를 통하여 습득한 내용의 근거를 묻고, 세밀히 관찰하고 그 질에 대하여 판단할 수 있는 역량
⑦ 책이나 신문 등 실물 자료들도 필요에 따라 선별적으로 이용할 수 있는 역량
⑧ 편지나 직접적인 대화와 같은 '전통적인' 상호 소통의 형태 활용 능력
⑨ 스스로 미디어 사용을 조절할 줄 아는 능력 증진

3. 디지털 역량

4차 산업혁명 시대를 특징짓는 가장 핵심적인 전환의 축은 '디지털화' 경향이 어떻게 전개될 것인가이다. 디지털화 경향은 단지 경제 산업의 경제 지표에만 영향을 주는 것이 아니라 동시에 '글로벌화'를 가속화시키고 일상적인 삶의

패턴을 완전히 바꿔버림으로써, 일, 가정, 여가, 문화 전반에 이르기까지 속속들이 파고들어 우리의 삶 전체를 질적으로 전환시킬 것으로 예측하고 있다.

따라서 우리나라는 4차 산업혁명에 발맞추어 ICT 기술 기반 산업을 육성하고 창조혁신을 통한 새로운 아이디어 및 가치를 창출할 수 있는 환경을 조성하는 움직임을 보이고 있다(김윤경, 2017 : 16). 특히 새로운 시대의 변화를 맞이한 우리는, 로봇, 인공지능(AI)과 사물인터넷(IoT), 빅데이터 등의 첨단 정보기술이 과거의 기존 산업과 결합하여 새로운 경제 산업구조를 형성하는 기술 정보 지식 사회로 변화되고 있다. 따라서 스마트한 기기들이 보급되고 급속도로 변화하는 디지털 환경이 조성되어 있는 급변적인 사회에서 유연하게 대처할 수 있는 디지털 역량(digital competency)(김윤경, 2017 : 33)을 갖춘 인재 양성이 가장 중요한 과제로 대두되고 있다.

급변하게 변화하는 정보 사회의 인재가 갖추어야 할 핵심 역량으로 제시되는 것이 '디지털 역량'이다(박지혜, 2016 : 11). 이처럼 국가와 기업, 개인의 경쟁력 향상을 위해서는 디지털 역량을 갖춘 인재를 확보하는 것이 매우 중요한 이슈이다.

이에 주요 국가인 영국, 미국, 인도 등 선진 국가들은 학생들의 디지털 역량을 향상시키기 위해 정보통신 기술에 대한 정규 교육과정을 포함시키는 교육제도 개편 및 교육 표준화 설정에 투자하고 있다. 우리나라도 2005년부터 컴퓨터 과학 분야의 기초 개념을 다루는 수준에 머물러 있던 기존의 교육과정을 개편하였다(과학기술정보통신부, 2018). 국가 차원의 창의적 인적자원 개발 및 디지털 역량 함양 교육을 시작하였다. 2018년부터는 초 · 중등 정규 교육과정에서 '컴퓨팅 사고력'과 같은 디지털 역량 함양 수업을 시행하고 있다. 애플의 창시자 스티브 잡스는 '컴퓨터 프로그램 언어인 코딩은 생각하는 법을 가르쳐 준다'며 디지털 교육의 중요성을 강조하였고, 이처럼 지금 디지털 역량의 중요성이 커지고 있는 세계의 많은 교육기관과 연구자, 그리고 각 국가의 교육 커리큘럼은 21세기에 필요한 디지털 역량 기준을 제시하고 있다. 우리나라 역시 기술 역량, 사회 문화 역량, 지식 정보 역량을 21세기 디지털 인재 육성을 위한 디지털 역량의 기준으로 제시하고 있으며, '디지털 역량은 정보통신 사회의 기본적인 역량이 되고 있다(박지혜, 2016 : 12).

디지털 역량을 가진 개인은 정보통신의 기술을 이용하여 문제를 효율적으로 해결할 수 있다고 정의하였다. 기본적 디지털 역량(Basic Skill)은 정보 사회와 도덕적 규범과 책임을 이해하는 것과 동시에, 정보에 접근하고, 정의하여 평가하고, 창의적으로 디지털을 다루며 공유하는 능력도 포함한다. 문제해결을 효과적으로 해결하는 것은 문제가 가지고 있는 공간적 · 시간적 한계를 최소화하는 방법으로, 현재 상황과 도구를 적절히 활용하여 창의적으로 문제를 해결하는 것을 의미한다. 문제해결은 지식 정보 사회에서 마주칠 수 있는 아날로그 및 디지털 정보 처리과정에서의 문제적 상황을 포함한다(Seung Eun Cha 외 11인, 2011).

디지털 역량의 인재란, '적절한 정보를 평가 및 수집, 가공함으로써 단순히 문서 등의 자료가 아닌 미디어를 포함한 다양한 디지털 도구들을 이용하여 체계적인 사고를 수행하고, 복잡한 문제를 해결할 수 있는 능력을 갖춘 사람'이라고 정의할 수 있다(박지혜, 2016 : 13). 결국 디지털 역량을 갖춘 인력 확보가 곧 국가경쟁력을 좌우할 것으로 예상한다.

따라서 교육계에서는 이를 대비하기 위한 디지털 역량 증진에 관심을 가져야 한다고 설명하고 있다. 또한 위와 관련하여 교육에서 강조하는 미래 핵심역량에서 가장 중요하게 간주되는 것으로 '문제해결능력'과 '의사소통능력'이 있고, '문제해결능력' 향상을 위해서 '정보능력'이 강조되어야 함을 설명하고 있다(성정숙 · 김현철, 2015 : 48).

결론적으로 현실에서 직면할 수 있는 다양하고 복잡한 문제를 세분화하고 절차적으로 바라보며, 컴퓨터를 효과적이고 효율적으로 활용하여 문제를 해결할 수 있는 디지털 역량의 함양은 필요하다. 그리고 차세대를 살아갈 학습자들에게 미래의 핵심 역량으로 디지털 역량 증진을 위한 체계적인 교육이 필요하다.

4. 4차 산업혁명과 디지털 교육

지금까지 살펴본 결과 4차 산업혁명 시대에 해결해야 할 과제는 디지털 교육이다. 4차 산업혁명으로 인한 과학기술의 발전과 학문 융합은 지식의 넓이뿐만 아니라 깊이의 확대를 동시에 요구하고 있다. 전 세계 미래전문가들은 인공지능과 컴퓨터화로 변화한 일자리 중 상당 부분이 사라질 것이고, 미래에는 대량실업과 양극화가 나타날 것으로 예측한다. 또한 초지능, 초연결사회로 대표되는 4차 산업혁명으로 학교교육의 양상은 완전히 달라질 것이라 주장한다(최연구, 2017 : 32-35).

미래사회의 변화에 맞춰 교육의 변화를 살펴보면, 콘텐츠, 융복합 교육 과정이다. 다양한 분야를 이해하고 습득할 수 있는 디지털 탈문맹 교육이 핵심이 된다.

일반 기초 학문에 대한 핵심 역량의 함양 외에도 다양한 학문의 접목을 통해 깊이 있는 이해가 가능한 융합형 과목 및 교육과정 개발이 필요하다. 미래사회 핵심 역량을 키우기 위해서는 조기 교육, 즉 초등학교부터 역량 기반 교육과정이 마련되어야 한다. 조기 교육의 목적은 어렸을 때부터 4차 산업이 가져온 변화에 자연적으로 순응하면서 환경이 불가피하게 변화하는 것도 모르는 채, 자연스럽게 생태계의 변화에 흡수되도록 하는 것이다. 정부는 앞으로 미래사회에 필요한 역량을 가진 인재들을 키워 나가기 위해 초등학교 교과과정부터 개편하며, 융합적 사고를 증진시킬 수 있도록 기본적인 교과목을 개발해야 한다. 이런 교육에 대한 미래 교육 플랫폼을 개발하고 미래사회에 대비할 수 있는 교과목을 개발하여 미래사회 경제에 대비해야 한다. 그리고 정형화된 교육에서, 환경 변화에 유기적으로 대처할 수 있도록 유연한 교육과정으로의 전환이 필요하다. 4차 산업혁명으로 인한 사회의 급격한 변화에 대비하기 위해 미래를 살아가야 할 아이들을 위한 교육의 방향을 디지털 교육과 AI 기반 학습지원 프로그램을 강조하고 있다(교육부, 2023).

해외 선진국 역시 영국은 2014년 9월부터 초 · 중등학교의 모든 학년에 컴퓨팅 교육을 필수로 하는 국가교육과정을 시행하였으며, 미국도 2016년 1월에 오바마 대통령이 초 · 중등의 모든 학생을 위한 컴퓨터과학 교육 정책을 진행하겠다고 발표하는 등 주요국들은 알고리즘과 프로그래밍이 포함된 소프트웨어 교육정보, 컴퓨터과학, 컴퓨팅을 교육과정에 필수과목으로 적극 도입하고 있다. 교육부와 과학기술정보통신부는 소프트웨어 교육의 필수화를 대비하여 디지털 교육을 현장에 미리 적용해 보고, 현장 안착에 필요한 요구사항들을 수집하여 정책에 반영할 수 있도록 하며, 다양한 운영사례들을 발굴하여 SW 교육이 뿌리내리는 데 선도적인 역할을 할 수 있도록 SW 교육 선도학교를 선정하여 운영하고 있다(성정숙 · 김현철, 2015 : 50).

따라서 한국교육에서 보다 다양한 디지털 매체를 활용하여야 하며 단순 사용에 그치는 것이 아니라 학습자의 변화된 행동 특성까지도 반영하여 학습자가 학습에서 더욱 주도적이고 적극적인 역할을 담당할 수 있도록 변화해야 한다. 특히 학교교육의 경우는 우리나라 교육의 중심축이므로 사회의 흐름과 요구에 더 귀 기울여야 한다. 4차 산업혁명의 시작점에 와있는 현재 학교교육을 되돌아보고, 이전 세대와는 다른 특성을 가진 디지털 세대인 학습자를 가르치는 학교는 학습자가 예측할 수 없는 미래사회에서 생존할 수 있는 역량을 길러주기 위해 필요한 교육이 무엇인지 끊임없이 연구해야 한다.

즉, 학교교육에서 컴퓨터와 같은 디지털 매체의 발달로 인해 아날로그 교육이 웹 매체로 급변하면서 학습자의 행위가 변화하고 있는데, 특히 웹 특성 중 상호작용성은 디지털 매체를 통해 더 쉽고 빠르게 학습을 할 수 있게 하였으며 학습자의 인지를 보장해 줄 것이다[EBS 다큐프라임(2017). 1부 AI와 인간의 공존은 가능한가(2017. 9. 18. 방송)에서 내용 참고].

따라서 교육 방법이 변화하고 있기 때문에 교육에서 커뮤니케이션이 중요하고, 과거의 교육은 교사 중심의 일방적인 주입식 교육이었다면 디지털 시대와 같은 지식기반사회, 즉 온라인 학습에서는 배우고 암기한 것의 의미를 스스로 찾아 내면화 과정을 통해 자신의 것으로 만드는 식의 학습자 스스로 지식을 창출하는 교육이 되어야 한다(강명희 · 조주연 · 한정선 · 김보경, 2011 : 97).

온라인 학습에서 특히 지식 창출을 위해서는 비판적 사고능력, 문제해결능력을 통해 학습 과정에 능동적이고 적극적으로 참여해야 하며, 발표하고 토의 및 상호작용과 협력 중심의 협동학습으로 전환되고 있다(강명희 외, 2011 : 99). 또한 미래사회에 필요한 것은 개인의 개성 및 인권을 존중하면서 공동체를 위해 희생할 수 있는 사람이라고 말한다. 이를 통해 미래 시대에서 필요한 것은 개인의 개성을 존중하는 것이기도 하지만 그와 동시에 타인에 대한 이해가 바탕이 되어야 함을 알 수 있다. 교사는 기존의 방법을 넘어선 다양한 교수법을 활용한 다양한 실험을 할 수 있게 되었고, 디지털 시대의 교육은 기술의 변화를 바탕으로 적응 및 극복의 관점에서 진행되어야 한다(박남기, 2011 : 328).

디지털 시대 교육의 특성을 이정민(2018)의 내용을 재정리하여 제시하면 다음과 같다(이정민, 2018 : 31-36).

1) 디지털 시대 교육의 특성

디지털 시대 교육의 특성은 블렌디드 러닝(blended learning), e-러닝(e-learning), 스마트 교육(smart education)으로 분류할 수 있다.

(1) 블렌디드 러닝(blended learning)

'blended'는 '혼합된'이라는 뜻으로 블렌디드 러닝은 여러 형태를 혼합한 수업방식으로 혼합형 학습을 말한다. 블렌디드 러닝은 전통적인 면대면 교실 수업과 사이버 학습의 부족한 부분을 보완하기 위한 개념으로, 과거에는 온라인 교육과 면대면 수업을 분리된 학습방법으로 보았지만 온라인 교육이 가진 한계로 인해 수행하기 어려웠던 학습내용을 오프라인에서 집중적으로 학습하고, 오프라인에서 수행되는 전통적인 면대면 교육의 불충분한 학습활동을 온라인으로 보완하여 가장 효율적인 학습 효과를 도출해 내고자 하는 교육이다.

(2) e-러닝(e-learning)

어디서나 접속 가능한 정보통신 환경인 컴퓨터의 사용으로 시간과 공간의 제약을 가진 교육환경이 점차 교육수용자 중심의 패러다임으로 전환되고 있다. 이러한 교육 패러다임 중 대표되는 것은 웹 기반 교육으로, 다른 말로 e-러닝이라고 한다.

(3) 스마트 교육(smart education)

'스마트 교육'이라 하면 기존에는 분리되었던 교육적 단위들(즉, 교과서, 교육자료, 외부전문가, 학생, 교사, 학교, 교실 등)이 스마트 인프라(즉, 클라우드, 무선인터넷, 유비쿼터스, 스마트 기기 등)를 바탕으로 자동 연결되어 새로운 교육적 가치(즉, 참여와 공유, 협업, 창의, 융합, 문제해결력 등)를 발생시키는 것이라 말할 수 있다(이응룡, 2013). SMART 교육이란 자기주도적으로, 흥미롭게, 내 수준과 적성에 맞는, 풍부한 자료와, 정보기술을 활용하여 공부하는 방법이다.

교육과학기술부(2011)가 제시한 스마트 교육을 자세하게 살펴보면 다음과 같다.

① S : Self-directed(자기주도적)

- (지식 생산자) 지식 수용자에서 지식의 주요 생산자로 학생의 역할 변화, 교사는 지식 전달자에서 학습 조력자(멘토)로 변화
- (지능화) 온라인 성취도 진단 및 처방을 통해 스스로 학습하는 체제

② M : Motivated(체험 중심)

- 정형화된 교과 지식 중심에서 체험을 기반으로 지식을 재구성할 수 있는 교수·학습 방법 강조
- (문제해결 중심) 창의적 문제해결과 과정 중심의 개별화된 평가 지향

③ A : Adaptive(수준과 적성)

- (유연화) 교육체제의 유연성이 강화되고 개인의 선호 및 미래의 직업과 연계된 맞춤형 학습 구현
- (개별화) 학교가 지식을 대량으로 전달하는 장소에서 수준과 적성에 맞는 개별화된 학습을 지원하는 장소로 진화

④ R : Resourse Free(풍부한 자료)

- (오픈 마켓) 클라우드 교육서비스를 기반으로 공공기관, 민간 및 개인이 개발한 풍부한 콘텐츠를 교육에 자유롭게 활용
- (소셜 네트워킹) 집단지성, 소셜 러닝 등을 활용한 국내외 학습자원의 공동 활용과 협력학습 확대

⑤ T : Technology Embedded(정보기술 활용)

- (개방화) 정보기술을 통해 언제, 어디서나 원하는 학습을 할 수 있고, 수업 방식이 다양해져 학습 선택권이 최대한 보장되는 교육환경

2) 디지털 시대 교수매체

앞에서 설명한 블렌디드 러닝, e-러닝, 스마트 교육은 디지털 시대 교육의 특성이 잘 담겨 있다. 이러한 교육의 특성에 따라 교육매체 역시 달라져야 한다. 협업에 의한 새로운 지식의 공유와 창출이 실시간으로 이루어지는 디지털 중심의 사회에서는 스마트폰, 태블릿PC 등의 디지털 기기의 보급이 확산되면서, 교육현장에서도 디지털 매체의 활용이 증가하고 있다(권용주, 2015 : 138). 새로운 정보와 지식이 창출되고, 축적의 속도가 빨라질수록 인간이 이것을 모두 이해하고 활용하기에는 한계가 있으므로, 이에 따라 컴퓨터의 활용이 증대되고 있으며 이는 다시 과학 지식의 발견을 더욱 활성화시키는 선순환 관계가 형성되고 있다(이정구, 2017, 이정민, 2018 : 40 재인용).

따라서 과학기술이 발전되는 만큼 디지털 시대에서는 디지털 매체를 잘 활용할 수 있는 능력이 더욱 중요하다. 다양한 디지털 매체는 학교라는 공간의 제약을 벗어나 교육이 새로운 시도를 할 수 있도록 하였다. 이러한 학습자의 특성을 학교교육에서는 얼마나 반영하여 교육하고 있는지, 그리고 4차 산업혁명을 앞둔 현재 학교교육은 변화된 학습자에게 얼마나 효율적인 교육을 하고 있는지 되돌아볼 필요가 있다. 또한 적극적으로 상호작용을 하는 데 익숙한 학습자들에게 일방적으로 지식만을 쏟아내고 있지는 않은지, 기술의 발전과 동떨어진 교육매체를 사용하는 것은 아닌지 생각해 볼 필요가 있다.

따라서 학습매체의 개념과 기능에 대해 알아보고, 디지털 사회 교육매체

의 종류와 특징을 자세히 살펴보고자 한다. 먼저 디지털 기기의 종류와 특성을 살펴보면 다음과 같다.

우선적으로 널리 알려진 컴퓨터(computer), 스마트폰(smart phone) 태블릿PC를 들 수 있다. 태블릿PC는 노트북과 비슷한 매체로 기존 노트북의 입력 도구인 마우스나 키보드 대신 태블릿PC용 펜이나 손으로 입력하며, 휴대성이 좋아 무선 랜을 통해 휴대전화기에 인터넷 접속, E-Mail, 일정관리 등의 부가기능을 결합하였다(한국인터넷진흥원, 2021).

최근 들어 3D 프린터(3D printer), 3D 홀로그램(3D hologram), 디지털 교과서(digital textbook), 가상현실 등이 활용되고 있다.

3D 홀로그램은 홀로그래피 기술에 의해 만들어진 영상을 말하며, 홀로그래피(holography)란 그리스어의 '전체(Whole)'라는 뜻의 'holes'와 '기록하다'는 의미의 'graphien'이 합쳐진 것으로 '전체를 기록하다'는 개념이다(이경아, 2016, 이정민, 2018 : 47 재인용).

디지털 교과서는 다른 말로 e교과서라 부르며, 컴퓨터 기기를 매개로 삼아 문자 · 영상 · 음성 자료와 학습 편의 기능을 담아낸 전자책이다. 전통적인 교과서를 디지털화하여 학생들이 시간과 공간의 제약 없이, 자신의 학습 수준에 맞는 학습을 할 수 있도록 만들어진 교과서이다.

디지털 교과서와 서책형 교과서를 활용할 때 학습자의 두뇌 활성 영역이 다르게 나타나는 것으로 밝혀졌는데, 특히 디지털 교과서 사용 시에는 보다 다양한 정보와의 상호작용이 두뇌에서 더 광범위하게 일어나는 것으로 관찰되었다(권용주, 2015 : 139). 그러나 디지털 교과서는 개인의 수준과 요구에 맞는 수준별 · 맞춤형 학습이 가능하다고 한 점에 대해서도 유의할 필요가 있다. 앞서 밝힌 것처럼 디지털 교과서의 내용 구성에 있어 서책형 교과서를 기반으로 멀티미디어나 하이퍼링크 기능 등이 추가된 형태이므로 교육현장에서 절실하게 요구되는 수준별 · 맞춤형 학습은 기대했던 것만큼 이루어지지 못하고 있다.

'디지털 교과서 연구학교 운영성과 분석'에 따르면 향후 양질의 디지털 교과서에서 개발하고 적용해야 할 개발 콘텐츠 요구사항에서 사용자들은 개별학습과 수준별 학습을 지원하는 맞춤 학습자료 제공을 가장 많이(51%) 요구하였다(정광훈, 2014 : 30).

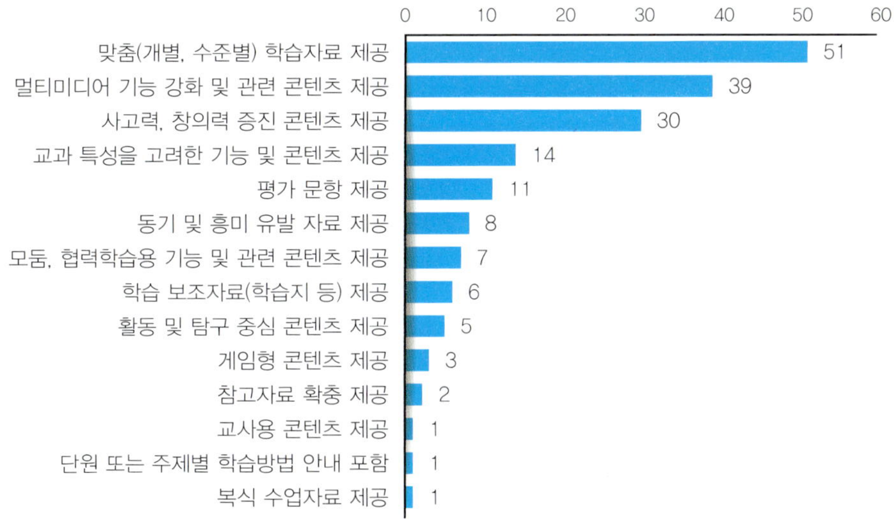

| 그림 1-1 | **양질의 디지털 교과서 개발 요구사항**

출처 : 정광훈(2014), p. 30.

마지막으로 앞에서 설명한 디지털 교육에서 교수 · 학습 방법 및 교수매체의 문제점을 종합하여 '스마트 러닝의 콘텐츠 패러다임의 답습결과'에 대한 새로운 대안으로 가상현실 기반 교육을 들고 있다(이지혜, 2019 : 362).

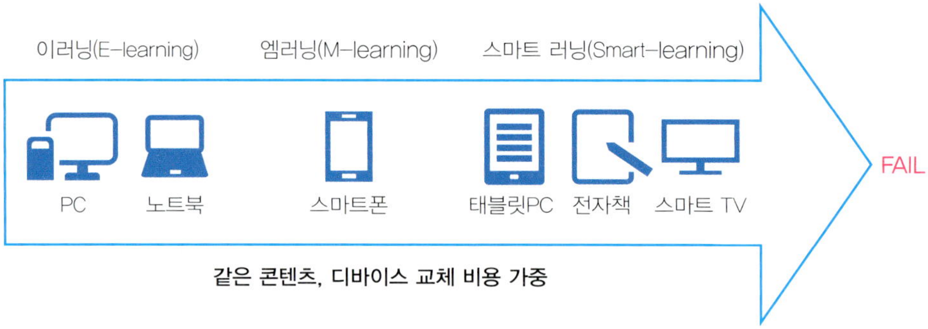

| 그림 1-2 | 스마트 러닝의 콘텐츠 패러다임의 답습결과

출처 : 이지혜(2019), p. 302.

즉, 교실 안에서의 PC 등을 통한 스마트 교육의 비효율적인 부분을 개선하기 위해 학생들을 위한 체험 교육 위주의 수업과 정해진 예산과 학생 부담감을 최소화하고, 집중력을 높이는 흥미 유발, 직접체험의 안전성을 고려하여 가상현실 기반 현장교육을 새로운 스마트 러닝의 대안으로 들고 있다(이지혜, 2019 : 362).

가상현실은 디지털 커뮤니케이션에서 일상의 현실이 되며 가상현실 공간에서 간접경험을 할 수 있고, 실제로 만나지 못한 사람과 가상 공동체를 형성할 수 있으며, 시간 및 공간의 제약 없이 '그곳'에 있는 것 같은 경험을 가능하게 해준다(한정선 · 김영수 · 주영주 · 강명희 · 조일현 · 이정민, 2011, 이정민, 2018 : 49-50 재인용). 그뿐만 아니라 가상현실은 시간 및 장소에 상관없이 모든 학습자에게 인터랙티브 몰입 콘텐츠를 제공, 학습방법에 큰 변화를 가져올 잠재력을 가지고 있다(이지혜, 2019 : 362). 가상현실을 기반한 교육은 단순히 정보를 몰입감 있게 기억하는 것뿐만 아니라, 최근 강조되고 있는 창의교육 논리, 융합적 사고를 기르는 데도 효과적일 것이라는 점을 알 수 있다(이지혜, 2019 : 363).

이러한 가상현실 기반 교육은 의료, 과학, 미술, 언어, 산업, 안전교육 등 다양하게 활용되고 있다. 따라서 각 교육사업 분야도 활기를 띠며 가상현실 교육용 콘텐츠 개발에 앞장서고 있다. 이와 같은 움직임은 해외에서도 일어나고 있으며 디지캐피털(Digi-Capital)에 따르면 교육 수요에 힘입어 세계 가상현실 관련 시장규모는 2016년 38억 8,000만 달러에서 2020년 1,484억 5,000만 달러로 성장할 전망이다(이지혜, 2019 : 363).

이러한 성장을 하고 있는 가상현실 기반 교육을 실현하는 데 아직도 많은 과제들이 남아 있음을 이지혜(2019 : 364)는 다음과 같이 밝히고 있다.

① VR HMD는 세컨드 디바이스가 아니다. 즉, 사용성 측면에서 대중화가 이루어지지 않았다는 점이다.
② 공간의 제약을 극복하지 못했다. 실제로 VR 특성상 제한된 공간과 시야가 차단된 환경에서 사용해야 하며 장시간 사용이 쉽지 않은 단점이 있다. 또한 휴대성이 떨어진다는 측면에서 지속적인 사용을 유도하기 어렵다.
③ VR 디바이스의 고비용에 비해 사용자 경험의 가치가 높지 않다.
④ 학습자들이 가상현실 공간에서 어지러움증, 멀미 증상 등 사용자의 불편함이 해소되지 않았다.
⑤ 부족한 콘텐츠와 킬러콘텐츠의 부재를 들 수 있다. 이는 학습자나 가상현실 기반 콘텐츠의 반복 사용 유도가 어려워 가상현실 시장 생태계 조성을 어렵게 만들고 있다.

위와 같이 4차 산업혁명 시대에 디지털 교육의 필요성은 누구나 인정하는 현실이다. 그리고 디지털 교육은 영유아기에서부터 성인기까지 평생교육으로 이어지고 있다. 이러한 디지털 교육의 시대적 교육 양상에서 간과하지 말아야 할 것이 있다. 즉, 영유아기부터 시작되는 디지털 교육에서 영유아기의 신체 · 정서적 안정성 확보는 시대의 흐름이나 요구에 관계없이 보장되어야 한다. 이 시기의 안정성이란 바람직한 성장을 이루는 밑거름으로, 이것이 확보되지 않을 경우 신체나 정서적 문제를 불러일으키며 온전한 성인으로 성장하기 어렵다. 영유아들이 디지털 기기를 활용하면서 생겨나는 신체 건강 이상, 인지적 능력의 저하, 직접적인 사회적 상호작용과 의사소통의 단절 등이 그에 해당한다. 컴퓨터 및 인터넷 등은 인간의 삶을 편리하게 해주는 용도로 개발된 도구이므로 인간과 도구 사이의 상호작용에 관한 깊은 고찰이 필요하다.

원래 사전적 의미로 의사소통은 사람의 의사나 감정의 소통으로 '가지고 있는 생각이나 뜻이 서로 통함'이라는 의미를 지니고 있으며, 인간이 사회생활을 하기 위해서 가장 필수적으로 가지고 있어야 하는 능력이다. 상호 간 소통을 위해 사용되는 매체로는 구어(口語)와 문어(文語)는 물론 몸짓, 자세, 표정, 억양, 노래, 춤 등과 같은 비언어적 요소들까지 포함된다(https://ko.wikipedia.org/wiki/%EC%9D%98%EC%82%AC%EC%86%8C%ED%86%B5). 즉, 단순한 말과 글이 아니라 상황에 따라 달리 변하는 의사소통자의 비언어적인 요소들까지 직접 목격하면서 그 의미를 파악할 때 진정한 의사소통이 이루어질 수 있는 것이다. 대부분 텍스트나 이미지로만 전달되는 간접적인 의사소통과 상호작용에서는 비언어적인 요소가 배제되기 때문에 진정한 의사소통과 상호작용이라 보기 어렵다.

그런데 사이버 공간을 통한 비대면적인 만남의 증가를 상호작용과 의사소통의 증가라고 주장하는 것은 바람직한 상호작용과 의사소통의 의미를 왜곡하는 것이다. 이런 디지털 교과서를 통한 간접적인 의사소통과 상호작용이 초등학생의 전인적이며 인격적인 성장에 어떤 작용을 할 것인지는 쉽게 미루어 짐작해 볼 수 있다.

따라서 시대적으로 디지털 교육은 필수 불가결하다. 그러나 디지털 교육에 있어 학습자의 인성 등을 배려한 전인교육에도 관심을 가질 필요가 있다. 아울러 인간의 본질적 특성을 잃지 않고 미래 시대를 건강한 심신으로 살아가는 사회 구성원으로서 성장할 수 있는 디지털 교육의 방향에 대해 고찰할 필요가 요구된다.

제2절 인공지능(AI) 출현

1. 인공지능(AI)의 특성

'인공지능'이라는 용어는 미국 아이비리그 대학인 다트머스대학교에서 열린 1956년 워크숍에서 "지능적인 기계, 특히 지능적인 컴퓨터 프로그램을 만드는 과학 공학"이라는 뜻으로 처음 사용되었다(McCarthy, Minsky, Rochester & Shannon, 2006). 이후 수십 년 동안, AI는 산발적으로 발전했고, AI 침체기와 맞물려 빠르게 발전했다(Russell & Norvig, 2016)

AI에 대한 정의는 계속해서 증가하고 확장되어 왔으며, '지능'이란 무엇인지, 과연 기계가 '지능'이 될 수 있는지에 대한 철학적 의문과 얽히게 되었다. 단적인 예로, 중(Zhong)은 AI를 다음과 같이 정의한다.

- 인공지능은 인간 지능의 비밀을 탐구하는 것과 인간의 지능을 기계에 최대한 이식하는 것을 목표로 하는 현대 과학기술의 한 분야이다(Zhong, 2006).

실질적으로 AI는 우리가 보통 인간만이 지녔다고 여기는 능력을 통해 세상과 상호작용하도록 설계된 컴퓨터 시스템으로 정의할 수 있다(Luckin, Holmes, Griffiths, & Forcier, 2016). 유네스코 산하의 세계과학기술윤리위원회(World Commission of Scientific Knowledge and Technol-ogy, COMEST)는 AI에 대해 다음과 같이 정의를 내린다.

- AI는 지각, 학습, 추론, 문제해결, 언어 상호작용, 심지어 창의적 작품 제작과 같은 인간 지능의 특정 기능을 모방할 수 있는 기계이다(COMEST, 2019).

머신러닝으로 우리는 이름하여 AI 르네상스 시대를 살아가고 있다. 머신러닝으로 알려진 AI 기술을 도입하는 분야는 점점 더 늘어나고 있다. AI 시스템은 엄청난 양의 데이터를 분석한다. 이는 데이터의 기하급수적인 증가(IBM은 인터넷 및 관련 기술로 인해 매일 2.5억 바이트 이상의 데이터가 생성된다고 추산함)와 컴퓨터 처리능력의 기하급수적인 증가(무어의 법칙 덕분에 오늘날의 휴대전화는 40년 전 슈퍼컴퓨터만큼의 기능을 갖게 됨)라는 두 가지 중요한 개발의 산물이다. 빅데이터와 강력한 컴퓨팅 기술은 머신러닝의 알고리즘이 수백만 개의 데이터 포인트를 처리하는 데 필수적인 요소이다.

〈표 1-1〉 서비스형 AI 플랫폼 예시

기업명	플랫폼	주요 내용
Alibaba	Cloud	비즈니스, 웹사이트 또는 애플리케이션의 요구를 지원하는 클라우드 기반 AI 도구. https://www.alibabacloud.com
Amazon	AWS	컴퓨터 비전, 언어, 권장 사항 및 예측을 위한 AI 서비스. 대규모 머신러닝 모델을 신속하게 구축, 훈련하고 널리 사용되는 모든 오픈 소스 프레임 워크를 지원하는 맞춤형 모델을 구축할 수 있음. https://aws.amazon.com/machine-learning
Baidu	EasyDL	고객이 코드를 작성하지 않고도 고품질의 맞춤형 AI 모델을 구축할 수 있음. https://ai.baidu.com/easydl
Google	TensorFlow	연구자가 기계 학습의 최첨단 기술을 공유하고 개발자가 기계 학습 기반 애플리케이션을 쉽게 구축하고 구현할 수 있도록 지원하는 툴. 라이브러리 및 커뮤니티 리소스 에코 시스템을 포함한 엔드 투 엔드 오픈 소스 플랫폼. https://www.tensorflow.org
IBM	Watson	호스트 플랫폼과 상관없이 사용자가 AI 도구와 앱을 데이터에 가져올 수 있음. https://www.ibm.com/watson
Microsoft	Azure	애플리케이션 구축, 배치 및 관리를 위한 100개 이상의 서비스 포함. https://azure.microsoft.com
Tencent	WeStart	AI 기능, 전문 인재 및 업계 리소스를 매핑하여 신생기업의 시작 또는 기술 강화를 지원. 업계 파트너를 연결하고, 다양한 산업 부문에 AI 기술을 보급 및 적용함. https://westart.tencent.com/ai

- 전 세계 대부분의 기술 대기업과 그 밖의 많은 기업들이 이제 정교한 '서비스형 AI' 플랫폼을 제공하고 있으며, 그 중 일부는 오픈 소스이다.
- 개발자가 처음부터 AI 알고리즘을 작성하지 않고도 구현할 수 있는 다양한 AI 구성요소를 제공한다.

흥미롭게도 가장 큰 화제가 되고 있는 머신러닝 알고리즘인 '딥러닝'과 '신경 네트워크'는 40년 이상 존재해 왔다. 최근 AI의 극적인 성과와 파괴적인 잠재력은 새로운 패러다임이라기보다는 알고리즘의 정교한 개선과 '서비스로서의 이용'이 용이해짐에 따라 생겨났다. 다시 말해, 현재 우리는 '구현의 시대'에 살고 있는 것이다.

지금까지 무수한 어렵고 추상적인 AI 연구가 수행되어 왔다. 구현의 시대는 마침내 우리가 실생활에서 AI의 적용을 목격하게 될 것을 의미한다(Lee, K. F, 2018).

여행자를 식별하고 범죄자를 추적하는 데 사용되는 언어 간 자동 번역과 자동 안면 인식, 스마트폰 및 기타 장치의 자율주행 차량 및 개인 비서에 이르기까지 AI는 점점 더 일상에 획기적으로 적용되고 있다. 특히 주목할 부분은 의료 분야이다. 최근의 혁신적인 사례로는 많은 종류의 항생제 내성 박테리아를 죽일 수 있는 새로운 약을 개발하기 위해 AI를 적용한 것이다(Trafton, 2020). 또 태아 뇌 스캔을 통해 이상 징후를 조기 진단하고, 망막 스캔을 통해 당뇨를 진단하고, 종양 탐지를 개선하기 위한 X-ray를 포함한 의료 영상 분석을 위해 AI를 적용한 사례도 있다. 이러한 사례들을 통해 AI와 인간은 공생관계에 있음을 알 수 있다.

AI 기반 영상 기술을 통해 방사선 전문의를 지원했을 때, 알아낸 사실은 AI 기술과 방사선 전문의의 결합이 AI나 방사선 전문의 단독 판독보다 우월하다는 점이다(Michael Brady, 2019).

AI 기술의 적용이 실제로 의료의 '재인간화'를 실현할 수 있음을 시사한다. AI와 자동화된 프로세스의 성장은 종종 의료 서비스 제공 과정에서 인력활용이 감소될 것이라는 우려를 낳는다. 그러나 업계에서는 그 반대의 경우가 점점 더 현실화되고 있다. AI는 의료 전문가의 과로를 줄이고 자원과 기능을 지원함으로써 프로세스를 크게 개선할 수 있다(MIT Technology Review & GE Healthcare, 2019).

점점 더 보편화되고 있는 AI의 접목 분야는 다음과 같다.

- 자동 저널리즘(Auto-journalism) : AI 기반의 글로벌 뉴스 모니터링 및 주요 정보 추출, 간단한 기사 자동 작성 등
- AI 법률 서비스(AI legal services) : 판례 및 법규 자동 검색 및 조사 서비스, 법적 실사 수행 등
- AI 기상 예측(AI weather forecasting) : 방대한 양의 과거 기상 데이터 마이닝을 통해 기상 예측 수행 등
- AI 범죄 행각 탐지(AI fraud detection) : 신용카드 사용 현황을 자동으로 모니터링하여 패턴 및 이상 징후 파악(잠재적 부정 거래 탐지) 등
- AI 기반 비즈니스 프로세스(AI-driven business processes) : 제조 자동화, 시장 분석, 주식 거래, 포트폴리오 관리 등
- 스마트시티(Smart cities) : AI와 사물인터넷(IoT)을 활용하여 도시환경에서 생활하고 일하는 사람들의 효율성과 지속가능성 향상
- AI 로봇(AI robots) : 머신 비전, 강화학습 등 AI 기술을 활용하여 세상과 소통하는 물리적 머신

위에 제시된 사례들은 AI가 사회에 긍정적으로 기여하는 점을 보여주고 있지만, AI의 접목이 논란을 불러일으킨다는 사실 또한 간과해서는 안 된다. AI 악용 사례는 다음과 같다.

- 자동화된 전투전(Autonomous warfare) : 인간의 개입 없이 작동하는 무기, 드론 및 기타 군사 장비
- 딥페이크(Deep-fakes) : 가짜뉴스의 자동 생성, 동영상 속 얼굴 교체로 정치인과 연예인들이 하지도 않은 말을 하거나 하는 것처럼 보이게 하는 것

2. 인공지능(AI)의 기법

각 분야에서 AI의 적용은 복잡한 기술의 범위에 따라 달라지는데, AI 엔지니어에게는 코딩뿐만 아니라 상위 수준의 수학, 통계 및 기타 데이터 사이언스 기법이 요구된다. 핵심 AI 기법 몇 가지를 소개하면 다음과 같다.

1) 전통적 AI(Classical AI)

'기호 AI', '룰 기반 AI', '전통적 AI(GOFAI : Good-Old-Fashioned AI)' 등으로 알려진 훨씬 초기의 '전통적인 AI'는 IF-THEN 연산 규칙에 따라 컴퓨터가 작업을 완료하기 위해 실행해야 할 기타 조건부 논리 규칙과 단계를 수행한다. 수십 년 동안 룰 기반의 AI '전문가 시스템'은 의학 진단, 신용 등급, 제조 등 다양한 분야와의 접목을 위해 개발되어 왔다. 이 전문가 시스템은 '지식 엔지니어링'이라고 알려진 접근 방식에 기초한다. 지식 엔지니어링은 특정 영역의 전문가 지식을 도출하고 모델링하는 과정을 포함하며, 복잡하지 않은 자원 집약적 작업을 수반한다. 전문가 시스템에는 수백 개의 규칙이 적용되지만 그 논리를 따르는 것은 어렵지 않다. 그러나 규칙 간의 상호작용이 증가하고 복잡해진다면 전문가 시스템의 개선이나 강화는 어려워진다.

2) 머신러닝(ML : Machine Learning)

자연어 처리, 얼굴 인식, 자율주행차를 포함한 최근의 눈부신 AI 발전은 머신러닝 기반의 접근법으로 가능해진 것이다. 머신러닝은 규칙을 부여하는 대신 대량의 데이터를 분석하여 패턴을 식별하고 미래 가치를 예측하는 데 사용되는 모델을 구축한다. 이러한 의미에서 알고리즘을 사전 프로그래밍이 아니라 '학습(Learning)'으로 지칭한다.

머신러닝 접근 방식은 크게 지도 학습, 비지도 학습, 강화 학습 세 가지로 구분된다.

지도 학습에는 인간에 의해 라벨링된 수천 장의 사진 등 이미 라벨링된 데이터가 필요하다. 지도 학습은 데이터를 라벨링과 연관 지어 유사한 데이터에 적용할 수 있는 모델을 구축한다. 예를 들어, 사람으로 라벨링된 사진 데이터를 활용하여 새로운 사진에서 사람을 자동으로 식별한다.

비지도 학습에서는 AI에 더 많은 양의 데이터가 제공되지만 데이터를 분류하거나 라벨링하여 제공하지 않는다. 비지도 학습은 새로운 데이터를 분류하는 데 사용할 수 있는 데이터, 즉 군집(cluster)의 숨겨진 패턴을 찾아내는 것을 목표로 한다. 예를 들어, 수천 개의 데이터에서 패턴을 찾아 글씨체의 문자와 숫자를 자동으로 식별할 수 있다.

지도 학습과 비지도 학습 둘 다 데이터로부터 파생된 모델이므로 데이터가 변경되면 분석을 다시 수행해야 한다. 그러나 강화 학습은 피드백을 바탕으로 모델을 지속적으로 개선해야 한다. 이것은 학습이 계속해서 진행 중이라는 의미에서 머신러닝으로 불린다. 모델을 도출하기 위해 초기 데이터가 제공되는데, 이 데이터는 정확하거나 부정확한 것으로 평가되고 그에 따라 보상 또는 처벌된다. AI는 이 보상책을 통해 모델을 계속적으로 개선한 뒤 반복적 학습을 통해 진화한다. 예를 들어, 자율주행 자동차가 충돌을 피할 경우, 이를 가능하게 한 모델은 보상을 받고 향후 충돌을 피할 수 있는 능력을 더욱 강화하게 된다.

오늘날 머신러닝은 매우 널리 알려진 개념으로 때로는 AI와 동의어로 여겨지지만 실제로는 AI의 하위 집합으로 분류된다. 여전히 머신러닝 알고리즘이 적용되지 않은 많은 AI 모델이 있고, 머신러닝이 적용되었다 하더라도 항상 룰 기반, 기호 AI인 전통적 AI를 기반으로 한다. 예를 들어, 일반적인 챗봇은 예상 질문에 응답하는 방법에 대해 인간이 정의한 규칙을 사용하여 사전 프로그래밍된다. 이는 사실 이전의 전문가 시스템과 마찬가지이다. 오늘날 우리가 마주하는 거의 모든 AI 제품에는 인간이 직접 삽입한 콘텐츠가 필요하다. AI가 자연어 처리를 수행하는 경우 언어학자나 음성학자에게서 얻은 전문 지식일 수 있으며, 의학 분야에 적용되는 경우 의사로부터, 자율주행에 접목되는 경우에는 도로 교통과 운전 전문가의 견해가 사용되었을 것이다. 즉, 머신러닝은 전통적 AI가 뒷받침되지 않고서는 완전한 AI를 구현할 수 없다(Säuberlich & Nikolić, 2018).

아울러 머신러닝은 인간의 학습 측면에서 보면 실제로 학습하지는 않는다. 독립적으로 학습하지도 않는다. 대신 머신러닝은 전적으로 인간에게 의존한다. 즉, 데이터를 선택, 정리 및 지정하고, AI 알고리즘을 설계 및 훈련하며, 출력값을 선별, 해석, 판단한다. 예를 들어, 획기적인 개체 인식 도구는 이미지 데이터베이스에서 고양이 사진을 식별할 수 있다고 하지만, 실제로 그 도구는 유사해 보이는 개체만 함께 묶기만 했을 뿐이고 그중 한 세트는 사람이 직접 식별해야 했다. 마찬가지로 자율주행 차량에 사용되는 머신러닝은 전적으로 사람에 의해 라벨링된 거리 장면의 수백만 개 이미지에 의존한다.

3) 인공신경망(ANN : Artificial Neural Networks)

인공신경망은 생물학적 신경망 구조에서 영감을 받은 AI 접근법이다. 인공신경망은 입력층, 출력층, 입력층과 출력층 사이의 다수의 은닉층을 포함한 세 가지 유형의 인공 뉴런으로 구성된다. 머신러닝 프로세스를 수행하는 동안 뉴런 사이의 연결부에 부여된 가중치는 강화 학습 및 역전파 과정에서 조정되며, 이를 통해 인공신경망은 새 데이터에 대한 출력을 계산할 수 있다.

이 인공지능을 사용한 유명한 사례가 바로 2016년 구글의 알파고이다.

이 은닉층들은 인공신경망의 핵심인 동시에 치명적인 단점이 있다. 인공신경망이 어떻게 해결책에 도달했는지 알아보기 위해 심층 신경망을 조사하는 것은 대개 불가능하다. 다시 말해 의사결정 과정의 근거를 알 수 없다는 것이다. 많은 기업들은 주어진 알고리즘이 특정 결정에 도달한 이유를 이해하기 위해 의사결정 도출 과정에 관해 연구하고 있다(Burt, 2019). 이러한 시도는 인공신경망을 비롯한 기타 머신러닝 기술을 통해 인간에게 중대한 영향을 미치는 결정(감옥 수감 기간 등)을 내릴 때 활용하기 위함이다. 그러나 그리 간단한 문제는 아니다. AI 의사결정에 대한 더 많은 정보를 생성하면 실질적인 이익이 창출될 수 있지만, 바꿔 말하면 새로운 위험도 창출될 수 있다(Burt, 2019).

4) 딥러닝(Deep Learning)

딥러닝은 여러 개의 중간 계층으로 구성된 인공신경망을 의미한다. 딥러닝 접근법을 통해 AI 기술은 자연어 처리, 음성인식, 컴퓨터 비전, 이미지 생성, 신약 개발, 유전체학 등 다양한 분야에서 눈부신 발전을 이루었다.

딥러닝 모델에는 입력을 필요한 출력으로 전환하는 효과적인 수학적 연산인 이른바 '심층 신경망(DNN : Deep Neural Networks)'과 데이터가 어떤 방향으로든 흐를 수 있고, 입력 시퀀스를 처리할 수 있으며, 언어 모델링 분야에 사용되는 '순환 신경망(RNN : Recurrent Neural Networks)', 3개의 2차원 영상을 사용하여 3차원 컴퓨터 비전을 가능하게 하는 것과 같이 다중 배열의 형태로 제공되는 데이터를 처리하는 '합성곱 신경망(CNN : Con-volutional Neural Networks)' 등이 있다.

마지막으로, 이미지나 영상 조작에 사용되는 '생성적 대립 신경망(GAN :

Generative Adversarial Networks)' 기술에 주목할 필요가 있다. GAN에서는 2개의 심층 신경망이 서로 경쟁한다. 즉, 한 신경망은 출력을 '생성'하고, 다른 신경망은 이러한 출력을 '식별'한다. GAN은 이렇듯 생성과 식별 두 가지 모델이 서로 경쟁하는 과정을 반복하며 데이터를 쌓는다. 예를 들어, DeepMind의 알파제로(AlphaZero)는 여러 보드 게임을 하고 이기는 방법을 배우기 위해 GAN 방식을 사용했다. 한편 이미지 데이터를 학습한 GAN은 실제처럼 보이지만 존재하지 않는 사람들의 이미지를 만들어 냈다. GAN 분야는 지속적인 연구 분야이다.

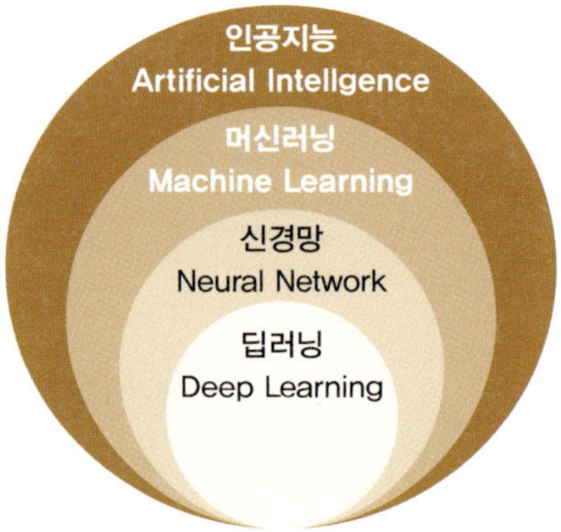

|그림 1-3| **인공지능, 머신러닝, 신경망, 딥러닝 관계도**

3. 인공지능(AI)의 기술

위에서 언급한 모든 AI 기법을 통해 다양한 AI 기술 발전이 이루어졌고, 이러한 기술은 서비스로서 제공되고 있으며, 앞서 언급한 AI 접목 분야에서 활용되고 있다.

일반적으로 활용되는 AI 기술은 다음과 같다.

- 자연어 처리(NLP : Natural language processing) : AI 기반 자동 텍스트 해석(법률 서비스, 번역 등의 의미 분석), 자동 텍스트 생성(자동 저널리즘 등)
- 음성인식(Speech recognition) : 스마트폰, AI 개인비서, 은행 서비스 분야의 대화봇 등 구어체에 자연어 처리 기술 적용 등
- 이미지 식별(Image recognition and processing) : AI 기반 얼굴 인식(전자 여권 등), 글씨체 인식(우편 분류), 이미지 조작(딥페이크), 자율주행 등
- 자율적 에이전트(Autonomous agents) : AI 기반 컴퓨터 게임 아바타, 악성 소프트웨어 봇, 가상 동반자, 스마트 로봇, 전쟁 자동화 등
- 감정 인식(Affect detection) : AI 기반 텍스트, 표정, 행동 탐지를 통한 감정 분석 등
- 예측을 위한 데이터 마이닝(Data mining for prediction) : AI 기반 의료진단, 일기예보, 비즈니스, 스마트시티, 재정 예측, 범죄 탐지 등
- AI 창작 활동(Artificial creativity) : AI 기반 창작 활동(사진, 음악, 예술 작품, 소설 등)

4. 인공지능(AI)의 종류

인공지능은 크게 규칙 기반(Rule-based) 인공지능과 학습 기반(Learning-based) 인공지능으로 분류되며, 상징적(symbolic) 인공지능과 연결주의적(connectionist) 인공지능으로 구분되기도 한다.

1) 규칙 기반 인공지능

(1) 전문가 시스템

1970년대에 등장한 전문가 시스템은 전문가의 지식을 컴퓨터의 규칙이나 지식으로 구현하여 화학 제품을 분석하거나(DENDRAL), 전염성 혈액 질환을 진단하거나(MYCIN), 광물을 탐사하는(PROSPECTOR) 분야에 성공적으로 적용하였다.

① 전문가 시스템의 사용은 매우 한정된 전문적 기술 분야로 제한되므로 다른 분야에 적용되는 유연성이 없다.
② 전문가 시스템은 결과를 검증하고 유효성을 입증하기 어렵다.
③ 전문가 시스템은 스스로 학습할 수 있는 능력이 없다.

(2) 퍼지 논리

퍼지 논리(fuzzy logic)는 모호하고 부정확하며 불확실한 지식과 데이터를 언어변수 개념을 이용하여 효율적으로 다룬다. 퍼지 논리는 전문가 시스템과 유사하게 IF−THEN 규칙을 사용하지만 다음과 같이 인간의 언어로 표현된다.
"IF 물의 온도가 뜨겁다. THEN 온수 밸브를 많이 잠근다."

① 퍼지 시스템은 규칙 개수가 적어 전문가 시스템보다 더 빠르게 계산을 수행한다.
② 퍼지 시스템은 전문가의 부정확한 언어(매우, 자주, 드문 등)와 언어변수(높은, 빠른, 무거운 등)를 사용하므로 복잡한 문제에 대해 전문가가 이해하는 지식과 최대한 가깝게 지식을 코딩할 수 있다.

③ 퍼지 규칙을 자동으로 생성하는 방법으로써 제공된 데이터로부터 새로운 퍼지 규칙을 찾거나 이미 있던 규칙을 바꾸거나 조율할 수 있는 ANFIS(Adaptive-Network-based Fuzzy Inference System)가 있다.

2) 학습 기반 인공지능

기계 학습(machine learning)은 컴퓨터가 주어진 문제의 특징(feature)을 경험과 유추 등을 통해 학습하는 것을 의미한다. 기계 학습은 크게 인공신경망(artificial neural network)과 강화 학습(reinforcement learning)으로 구분할 수 있다.

(1) 인공신경망

인공신경망(artificial neural network)은 신경세포인 뉴런(neuron)과 연결 부위인 시냅스(synapse)로 구성된 인간의 뇌 구조를 모방하여 컴퓨터 알고리즘으로 구현한 것이다.

① 인공신경망에서 각 뉴런은 링크로 연결되어 있고, 각 링크에는 뉴런의 연결 감도와 전파 영향력을 의미하는 가중치가 부여된다.

② 뉴런은 입력 신호의 가중치 합을 계산하여 가중치 합의 활성화 함수(activation function) 값이 임계값보다 커야만 출력값을 다음 층에 있는 뉴런으로 보낸다.

③ 일반적으로 신경망은 입력값을 받는 입력층, 신경망의 결괏값을 출력하는 출력층, 그 사이에 쌓여 있는 은닉층(hidden layer)으로 구성된다. 다층신경망(MLP : Multi-Layer Perceptron)은 하나 혹은 그 이상의 은닉층이 있는 피드포워드 신경망이다.

④ 인공신경망을 학습시키기 위해 역전파 알고리즘을 사용하며, 각 출력

노드에서 계산된 모자를 출력층에서 입력층 방향으로 전파하며 가중치를 업데이트하여 간다.

⑤ 은닉층이 3층 이상인 딥러닝은 크게 지도 학습(supervised learning)과 비지도 학습(unsupervised learning)으로 구분된다. 지도 학습에는 합성곱신경망(Convolutional Neural Network), 순환신경망(Recurrent Neural Network), LSTM(Long Short-Term Memory) 등이 있다. 비지도 학습에는 AutoEncoder, 생산적 적대 신경망(Generative Adversarial Network)이 있다.

(2) 강화 학습

강화 학습(reinforcement learning)은 행동심리학에서 영감을 받았으며, 어떤 환경 안에서 정의된 에이전트(agent)가 현재의 상태를 인식하여 선택 가능한 행동들 중 보상을 최대화하는 행동 혹은 행동 순서를 선택하는 알고리즘이다(Sutton & Barto, 2018).

① 강화 학습 에이전트로는 자신의 상황에 대해 관찰하는 값인 상태(state), 에이전트가 어떤 상태에서 할 수 있는 동작인 행동(action), 어떤 상태에서 어떤 행동을 했을 경우 받을 보상(reward)에 대한 기댓값인 보상함수(reward function), 미래에 예상되는 보상일수록 가치가 감소하는 비율인 감가율(discount rate), 모든 상태에서 에이전트가 할 수 있는 행동인 정책(policy), 어떤 상태에서 앞으로 받을 보상들에 대한 기댓값인 가치함수(value function), 어떤 상태에서 어떤 행동이 얼마나 좋은지를 알려주는 함수인 Q함수(Q function) 등이 있다.

② 강화 학습 에이전트는 자신이 처한 환경에 대해 사전지식이 없는 상태에서 학습을 시작하여 환경 내에서 자신의 상태를 인식한 후 행동한다.

그러면 환경은 에이전트에게 보상을 주고 다음 상태를 알려준다. 이 보상을 통해 에이전트는 어떤 행동이 좋은지 간접적으로 알게 되며, 이러한 보상을 지속적으로 얻음으로써 에이전트는 좋은 행동을 학습할 수 있다.

③ DeepMind의 인공지능 바둑기사인 알파고(AlphaGo)는 훈련된 심층신경망이 몬테카를로 트리 탐색(Monte Carlo Tree Search)을 통해 선택지 중 가장 유리한 선택을 하도록 설계되었다. 심층신경망은 정책망(policy network)과 가치망(value network)으로 구성되는데, 정책망은 승리 가능성이 높은 다음 수를 예측하여 검색 범위를 좁히고, 가치망은 트리 탐색의 단계를 줄여 끝날 때까지 승률을 계산하여 승자를 추정한다. 이를 실현하기 위해 여러 계층(layer)으로 설계된 정책망을 구성하고, 정책망 지도 학습, 정책망 강화 학습, 가치망 강화 학습 단계를 거친다(Silver & Hassabis, 2016).

5. 인공지능(AI)의 역사

인공지능(AI : Artificial Intelligence)이란 사람이 뇌의 기능과 신체의 활동을 통해서 할 수 있는 인지적(cognitive) 능력인 말하기, 듣기, 이해하기, 학습하기, 기억하기, 추론하기, 판단하기, 계획하기, 추상화하기, 상상하기 등을 소프트웨어 또는 뉴로모픽 칩(neuromorphic chip) 같은 하드웨어로 구현한 것을 의미한다.

1956년 다트머스대학교에서 개최된 다트머스 회의에서 존 맥카시(John McCarthy) 교수가 처음으로 '인공지능' 용어를 제안하여 사용된 이후 지금까지 수많은 연구자들의 노력으로 다양한 분야에서 지속적으로 발전되고 있다. 인공지능에 대한 주요 연구 분야를 시간 순서별로 나열해 보면, 전문가들의 지식과 경험을 규칙 형태로 구현한 전문가 시스템(Expert System), 모호한 값들을 정량화하여 추상적인 규칙에 따라 판단할 수 있게 하는 퍼지 집합 이론(Fuzzy Set Theory), 인간의 신경세포의 학습과 판단 기능을 모사한 인공신경망(Artificial Neural Network), 미리 알려준 기본 규칙을 기반으로 시스템의 각 상태와 정책에 대한 보상(reward)과 처벌(penalty)을 통해 다양한 상황에서 정교한 판단이 가능한 강화 학습(Reinforcement Learning), 적자생존(Survival of the fittest)의 자연법칙을 모사하여 염색체로 표현된 변수들을 최적화하는 유전 알고리즘(Genetic Algorithm), 2012년부터 시작되어 딥러닝 혁명을 불러일으킨 각종 신경망 시리즈[합성곱신경망(Convolutional Neural Network), 순환신경망(Recurrent Neural Network), LSTM(Long Short Term Memory), 대립적생성신경망(Generative Adversarial Network)] 등이 있다.

1) 인공지능(AI)의 역사

오늘날 인공지능의 눈부신 발전은 영국의 수학자인 앨런 튜링(Alan M. Turing)이 고안한 튜링머신(Turing Machine)으로부터 시작되었다고 할 수 있다. 그는 튜링머신을 통해 '컴퓨터가 생각을 한다'는 개념을 처음으로 구체화하여 인공지능의 개념을 만들었으며, 최초의 범용 컴퓨터인 에드박(EDVAC)을 설계한 존 폰 노이만(John von Neumann) 교수의 연구에 상당한 영향을 끼쳤다.

인공지능의 실질적인 연구는 1943년부터 시작되었으며, 두 번의 인공지능 암흑기를 겪기는 했으나 다양한 분야의 뛰어난 연구자들의 지속적인 노력과 협력에 의해 오늘날의 부흥과 확산을 이루어 냈다.

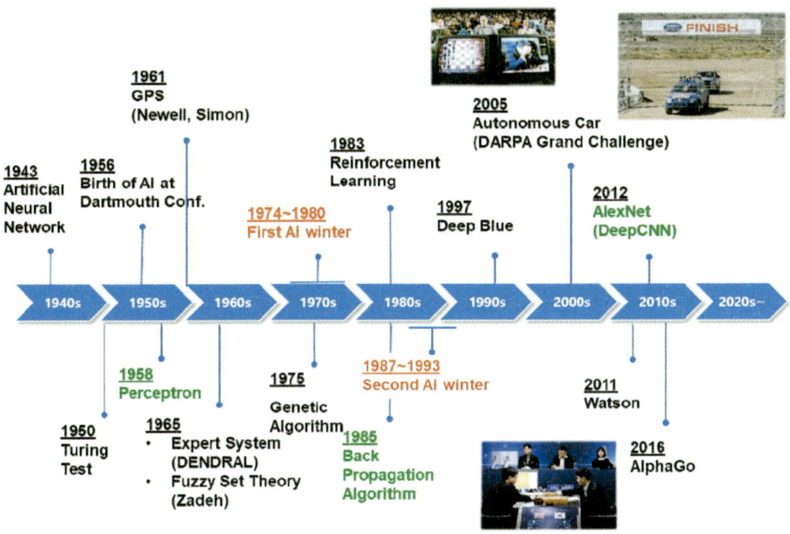

|그림 1-4| 인공지능의 역사

출처 : 한국교육학술정보원(2023). 챗봇과 안면인식 AI를 통해 본 윤리적 쟁점과 대응.

2) 인공지능(AI)의 발달 과정

AI는 1956년 다트머스 회의에서 처음으로 학문적 연구의 대상이 된 이래 발전과 침체를 반복하면서 지금에 이르기까지 성장해 왔다. 현재는 두 차례의 침체를 겪고 난 이후 AI에 대한 관심과 연구, 투자가 다시 활발한 시기이다.

1950~1970년대	→	1980~2010년대	→	2010년 이후
인공신경망		머신러닝		딥러닝
신경망의 연구로 AI에 대한 기대감이 높아짐		머신러닝에 대한 관심이 높아짐		AI 시대가 본격화

- 인공신경망(ANN : Artificial Neural Network)은 기계 학습과 인지과학에서 다루는 것으로 생물학의 신경망에서 작동하는 방식을 모방한 통계학적 학습 알고리즘이다.
- 머신러닝(machine learning : 기계 학습)은 사람이 프로그램한 대로만 작동하는 것이 아니라 기계가 인간처럼 스스로 학습하는 능력을 가질 수 있도록 하는 것이다.
- 딥러닝(deep leaning : 심층 학습)은 높은 수준의 추상화를 위한 머신러닝 알고리즘의 집합이라고 할 수 있으며, 사람의 사고방식을 컴퓨터에게 가르치는 기계 학습의 한 분야로서 심층 학습(深層學習)이라고도 한다.

시대별로 좀 더 구체적으로 알아보면 다음과 같다.

(1) 인공지능의 태동과 융성 : 1943년~1960년대 후반

① 1943년 워렌 맥클록(Warren McCulloch)과 월터 피츠(Walter Pitts)는 인간의 사고 과정을 연결망을 통해 구현한 인공신경망 모델을 최초로 제안했다(McCulloch & Pitts, 1943). 이 모델에서 뉴런이 서로의 시냅스에 연결되어 있으며, 한 뉴런이 다른 뉴런으로부터 자극을 받으면 on 값을, 아니면 off 값을 가지는 단순한 형태였다.

② 1956년 존 맥카시 교수가 다트머스대학교에서 기계 지능, 인공신경망, 오토마타(automata) 이론에 관심 있는 소수의 연구자를 모아서 워크숍을 개최했는데 여기에서 인공지능이라는 새로운 과학 분야가 탄생했다.

a. 존 맥카시 교수는 인공지능 고급언어인 LISP를 개발했으며 지금도 사용되고 있다.

b. 다트머스 워크숍에 참석한 MIT의 마빈 민스키(Marvin Minsky) 교수가

제안한 프레임(Frame)은 지식 공학에 지대한 공헌을 했다.

③ 프랑크 로젠블랫(Frank Rosenblatt)은 1957년에 퍼셉트론(perceptron)을 고안하고, 1962년에 학습 알고리즘이 퍼셉트론의 연결 강도를 조정할 수 있다는 것을 보였다(Rosenblatt, 1961). 퍼셉트론은 여러 개의 입력 노드, 각 노드를 출력 노드에 연결하는 링크, 출력 노드로 구성된 가장 간단한 형태의 피드포워드(Feedforward) 네트워크이며, 각 링크에는 연결 강도인 가중치가 할당되어서 각 입력값에 관련 링크의 가중치를 곱하고 합한 값이 출력된다.

④ 카네기멜론대학교의 앨런 뉴웰(Allen Newell)과 허버트 사이먼(Herbert Simon)은 인간의 문제해결 방식을 모방하는 범용 프로그램인 GPS(General Problem Solver)를 개발했다(Newell & Simon, 1961). GPS는 데이터와 문제해결 기법을 구분한 첫 번째 시도로, 광범위한 문제를 풀기 위한 일반적 방법을 만들어서 인간의 복잡한 사고 과정을 구현하려 했다. GPS는 문제를 상태(state)라는 용어로 정의하고 목적 상태에 도달하기 위해 계속해서 연산자(operator)를 선택하는데, 복잡한 문제의 경우 연산자를 무한히 생산하는 문제 때문에 GPS의 연구가 중단되었다. 그러나 미시건대학교의 존 레어드(John Laird) 교수가 GPS의 계보를 이어 1980년부터 Soar를 개발하기 시작하며 현재 9.5.0 버전에 이르렀다(Laird, 2019).

⑤ 1965년에 캘리포니아대학교 버클리 교수인 로프터 자데(Lofti Zadeh)는 'Fuzzy Sets'라는 논문을 발표하며 퍼지 집합 이론의 토대를 구축했다(Zadeh, 1965).

(2) 전문가 시스템의 출현 : 1970년대 초반~1980년대 중반

① 인공지능 연구자들은 GPS의 실패를 거울삼아 인공지능의 문제 영역을

충분히 제한해야 한다는 사실을 깨달았고, 전문 지식이 필요한 영역으로 문제를 제한하고 전문가의 지식을 활용하는 방법을 연구하게 되었다.

② 화학 제품을 분석하기 위해 스탠퍼드대학교에서 개발한 DENDRAL 질량 스펙트럼 사진과 일치하는 분자 구조를 생성하기 위해 분석 화학자의 지식과 경험, 의견을 이용했다(Buchanan, Sutherland, & Feigenbaum, 1969). 이렇게 전문가의 지식을 이용하여 개발한 프로그램을 전문가 시스템이라고 한다.

③ 스탠퍼드대학교에서 의학 진단 분야에 적용하기 위해 개발한 MYCIN은 전염성 혈액 질환을 진단하는 규칙 기반 전문가 시스템으로, 여러 전문가와 인터뷰하여 얻은 IF-THEN 형태의 규칙을 추론 메커니즘과 분리하여 구현했다(Shortliffe, 1976).

④ 1980년대 개인용 컴퓨터와 사용하기 쉬운 전문가 시스템이 등장하면서 많은 분야의 일반 연구자들이 전문가 시스템을 개발 및 사용하기 시작했다.

(3) 신경망의 도약 : 1980년대 중반 이후

① 인공신경망 분야는 인공신경망을 모델링하고 실험할 PC나 강력한 워크스테이션이 없어 발전 속도가 느렸으나, 1980년대에 컴퓨터 성능과 신경 과학이 발달하면서 다시 연구에 활기를 띠게 되었다.

② 1982년에 홉필드(Hopfield)는 피드백이 있는 인공신경망인 홉필드 신경망(Hopfield network)을 제안했는데, 이는 인공신경망을 부활시킨 중대한 역할을 했다(Hopfield, 1982).

③ 1983년에 바르토(Barto), 서튼(Sutton), 앤더슨(Anderson)은 제어 분야에서 강화 학습과 그 응용에 관한 연구를 창시했다(Barto, Sutton, & Anderson, 1983).

④ 인공지능의 혁신적 발견인 역전파 학습 알고리즘(back-propagation learning algorithm)은 1969년에 브라이슨(Bryson)과 호(Ho)가 처음 도입했었는데, 럼멜하트(Rumelhart)와 맥클레랜드(McClelland)가 1986년에 재발견했으며(McClelland, Rumelhart, & PDP Research Group, 1986), 파커(Parker)와 르쿤(LeCun)도 거의 동시에 역전파 학습을 발견했다(LeCun, Touresky, Hinton, & Sejnowski, 1988).

(4) 딥러닝의 출현 : 2000년 이후

① 딥러닝(Deep Learning)은 입력층, 은닉층, 출력층으로 구성된 인공신경망 구조에서 은닉층이 3개 이상 있는 인공신경망 학습법을 의미하며, 이런 신경망을 심층신경망(Deep Neural Network)이라고 한다. 2000년대 초까지 인공신경망이 가지고 있었던 여러 문제, 즉 다층신경망에서의 효과적인 학습의 어려움, 역전파 학습 알고리즘의 지역 고착, 학습 수렴의 어려움, 컴퓨터 성능의 한계, 라벨링된 데이터의 부족 등이 연구자들의 노력으로 하나씩 해결되면서 기존의 기술적 한계를 뛰어넘기 시작했다.

② 역전파 학습기법에서 학습모델의 가치를 조정하기 위해 인공신경망이 예측값과 라벨링된 실젯값과의 차이의 제곱을 최소화하는 가중치를 찾는 것이 검사 감소법(Gradient Descent Method)이다. 검사 감소법은 인공신경망의 역전파 학습 알고리즘에 성공적으로 적용되었지만, 심층신경망의 경우 검사 감소법을 이용해 학습 모차를 역전파하는 과정에서 경사도가 급격히 감소하는 검사 감소소멸(Vanishing Gradient) 문제가 발생했다. 이를 해결하기 위해 신경과학자들의 발견에 영감을 얻어 활성화 함수를 시그모이드(Sigmoid) 함수 대신 ReLU(Rectified Linear Unit) 함수를 사

용함으로써 검사 감소소멸 문제를 해결할 수 있었다. ReLU 함수는 입력값이 음수이면 함숫값이 0이고, 입력값이 양수이면 1차 함수(직선)의 형태가 되는 함수이며, 이런 특성 때문에 의미 없는 출력값을 0으로 만들어서 데이터 표현을 간략화하는 장점 또한 있다.

③ 딥러닝에서 학습 성능에 영향을 미치는 요인 중 하나가 과적합이다. 과적합(overfitting)은 노이즈나 비정상 데이터가 포함된 학습 데이터를 과도하게 학습한 모델이 테스트나 검증 과정에서는 정확성이 오히려 떨어지는 것을 의미한다.

④ 딥러닝이 급속도로 발전한 배경에는 컴퓨터 하드웨어의 발전도 큰 몫을 차지했다. 즉, 딥러닝 알고리즘에 여러 개의 코어가 병렬로 동작하는 GPU(Graphic Processing Unit) 기반의 프로그래밍 기법이 등장하면서 학습 속도가 수십 배 빨라지는 성과를 얻었다. 하나의 GPU는 4,000개 이상의 코어로 구성되어 있고 메모리에서 데이터를 읽고 쓰는 속도가 일반 CPU보다 몇십 배 빨라서 딥러닝 학습 속도를 수백 배 빠르게 할 수 있었다.

⑤ 딥러닝을 잘 학습시키기 위해서는 데이터가 많으면 많을수록 좋다. 컴퓨터 비전 연구를 위해 MNIST(Modified National Institute of Standards and Technology)의 필기체 이미지 데이터베이스가 있으며, 전 세계에서 업로드된 디지털 이미지를 계층적인 데이터베이스 형태로 제공하는 ImageNet이 있다(https://www.image-net.org). 현재 ImageNet에서는 정확한 레이블과 주석이 붙여 있는 학습용 이미지를 1,300만 장, 100여 개의 객체 클래스를 제공하고 있다.

6. 인공지능(AI)의 한계

AI 전문가들은 강한(Strong) 인공지능, 즉 인간과 유사한 수준의 인공지능을 열망하지만 앞서 기술된 AI 적용 분야는 사실 좁은 범위의 약한(Weak) 인공지능 사례에 가깝다(Searle, 1980).

좁은 범위의 인공지능은 지극히 제한적이어서 다른 분야에 직접적으로 접목할 수 없다. 예를 들어, 날씨를 예측하는 데 사용되는 AI는 주식 시장의 움직임을 예측할 수 없고, 차를 운전하는 데 사용되는 AI는 종양을 진단할 수 없다. 약한(Weak) 인공지능은 인간만큼 '지능적'이진 않지만, 효율성과 내구성, 그리고 방대한 양의 데이터에서 중요한 패턴을 식별할 수 있는 능력을 갖추고 있다는 점에서 인간을 능가하기도 한다.

AI 기술이 성공을 거둔 사례들도 많지만 아직은 걸음마 단계에 있다는 점을 확실히 짚고 넘어가고자 한다. 실제로 스마트폰이나 AI 기반의 디바이스의 비서와 실제로 대화를 하는 것은 불가능하다. AI는 특정 명령에만 반응하며 이조차 매번 정확하게 작동하지는 않는다. 즉, 어떤 기능(데이터에서 패턴 식별)은 인간을 능가할지라도, 심도 있는 대화와 같은 기능은 2세 미만의 수준에 그친다. AI에 관한 과장된 예측과는 정반대로 AI 기술에 대한 열기가 식을 것이라는 징조가 보이기도 한다. AI 침체기가 도래한 것은 아니지만 잠재력은 손에 잡힐 듯 잡히지 않는다(Lucas, 2018).

AI의 진보는 더 이상 이루어지지 않을지도 모른다는 예측도 있다(Marcus & Davis, 2019). 이탈리아의 팔레르모 지역이나 인도의 델리 거리를 안전하게 주행할 수 있는 자율주행 차량은 수십 년째 제자리걸음이고 이미지 인식 앱도 여전히 부정확하다(Mitchell, 2019).

1) AI의 능력과 한계에 관한 비판적 시각

AI 기술의 실효성은 세 가지 관점으로 구분할 수 있다.

- 인식(의료 진단, 음성 텍스트 변환, 딥페이크 등)을 중심으로 실제로 빠르게 발전한 AI 기술(Narayanan, 2019)
- 판단 자동화(스팸 및 혐오 발언 감지, 콘텐츠 추천 포함) 등 완벽하지는 않지만 개선되고 있는 AI 기술
- 주로 사회적 성과(범죄 재발, 업무 성과 등)를 예측하는 데 중점을 둔 효과가 미미한 AI 기술

핵심은 AI 기술이 심층신경망 기법을 통해 괄목할 만한 성과를 이루었지만, 여전히 성과를 거두지 못하고 있는 분야가 많으며, 순수하게 지능적인 어떤 일도 하고 있지 못하다는 것이다. AI는 단지 통계를 통해 패턴을 도출할 뿐이다. 이렇게 도출된 패턴은 아무리 통찰력이 있고 자동화되어 있어 더 복잡한 통계 현상을 표현할 수 있고 결과가 아무리 훌륭하더라도, 여전히 지능적인 실체가 아닌 수학적 산물일 뿐이다(Leetaru, 2018).

또한 수천 개의 데이터 변수나 기능을 지니고 있어 컴퓨팅에 많은 리소스와 에너지가 필요한 머신러닝 기법보다 훨씬 단순한 선형 회귀 분석이 낫다는 연구 결과도 있다(Narayanan, 2019).

그럼에도 불구하고 오늘날의 AI가 이전의 기술혁명과 구별되는 것은 발전 속도가 매우 빨라 거의 매일 새로운 기술과 혁신적 접근법이 등장하고, 일상생활 전반에 영향을 미친다는 점이다. 단적인 예로, 최근 의료진을 능가하는 딥러닝 네트워크 기반의 유방암 예측 진단 시스템이 개발되었다(McKinney 외 30인, 2020).

그러나 머신러닝의 성공에는 거품이 있고, 발전은 한계에 다다르고 있다.

예를 들어, 머신러닝이 사진 속의 개체를 식별하는 데 있어 인간만큼 정확하다는 주장은 두 가지 한계를 지닌다. 어린아이가 동일한 수준의 정확도에 도달하기 위해서는 몇 개의 이미지만 학습하면 되지만, 머신러닝 알고리즘은 수백만 개의 라벨링 이미지가 필요하고, 정확도에 대한 평가 기준이 매우 느슨하다는 점이다(가장 널리 알려진 머신 비전 테스트 중 하나는 AI가 도출한 결론 다섯 가지 중 하나라도 정확하다면 성공한 것으로 간주한다)(Mitchell, 2019). 또한 앞서 언급한 바와 같이, 현재 AI의 주요 발전을 가속화하고 있는 모든 기술은 수십 년 전에 개발되었다. 다시 말해, 기존 기술을 활용한 새로운 분야의 접목과 개선은 반복되고 있다. 이제는 새로운 돌파구가 나타날 때이다.

일부 전문가들은 AI 기술의 혁신은 전통적 AI, 즉 GOFAI의 기호적 또는 룰 기반의 기술과 데이터 중심 기술이 결합될 때만 일어날 것이라고 주장한다. 자율주행 차량에서는 이미 그 결합이 일어나고 있다. 현재 딥러닝이 그다지 능숙하지 않은 분야에서 지능형 에이전트가 해야 할 것들이 있다. 딥러닝은 추상적인 추론에 능숙하지 않다. 또한 이전에 보지 못한 상황과 상대적으로 불완전한 정보를 처리하지도 못한다. 따라서 다른 도구로 딥러닝을 보완해야 한다. 너무 오랫동안 두 가지는 따로 취급되어 왔고, 전통적인 AI와 딥러닝은 결합되어야 한다.

2) 인간–기계 간의 협력 기능

AI는 인간의 사고 과정을 시뮬레이션하고 기계화하려는 시도로부터 시작되었다(Turing, 1950). 이후 AI는 인간들과 불편한 관계 속에서 존재해 왔다. AI의 눈부신 발전에 우리가 익숙해져 가는 동안 흥미롭게도 현재의 AI 접근법은 점점 한계에 다다르고 있다. 사실 AI는 인간에게는 어려울 수 있는 과정(패턴 발견, 통계 추론 등)에는 능숙하지만, 인간에게는 상대적으로 쉬운 과정(자기주도학습, 상식, 가치 판단 등)에는 약하다. 이 현상을 모라벡의 역설(Moravec's paradox)이라 일컫는다.

지능검사나 체커 게임에서 성인 수준의 성능을 발휘하도록 하는 것은 비교적 쉬우나, 인식과 이동성의 측면에서 한 살짜리 아기 수준의 기술을 습득시키는 것은 어렵거나 불가능하다(Moravec, 1988).

또한 앞서 언급했듯 AI의 성공에 있어 인간의 작업이 필요하다는 사실은 종종 간과되고 있다. AI를 구현하는 대부분의 경우, 인간이 스스로 직접 문제를 프레임화하고, 질문을 만들고, 데이터를 선택, 정리 및 표시하고, 알고리즘을 설계하거나 선택하고, 조각들이 어떻게 조화를 이루는지 결정하고, 결론을 도출하고 가치에 따라 판단해야 한다. 그리고 그 외에도 훨씬 더 많은 작업을 인간이 직접 수행해야 한다. 따라서 AI를 통해 많은 작업을 자동화할 수 있지만, 인간이 수행해야 할 주요 역할은 여전히 존재하며 이에 대한 대책이 필요하다(Holmes et al., 2019).

사실 인간과 AI의 점점 더 복잡하고 미묘해지는 관계는 AI를 '증강지능(augmented intelligence)'으로 재구성하고 이미지를 쇄신해야 한다는 요구로 이어졌다(Zheng 외 8인, 2017). 예를 들어, 컴퓨터가 체스에서 인간을 쉽게 이길 수 있는 반면, 컴퓨터와 인간이 함께 협력하면 각각 따로 작업한 성과보다 훨씬 더 강력하다. 대회에서는 AI를 활용한 아마추어 체스 선수들이 컴퓨터나 체스 챔피언을 모두 이길 수 있었다(Brynjolfsson & McAfee, 2014). 이 접근법에서 AI는 인간의 능력을 빼앗기보다는 향상시키고자 활용된다. 증강지능으로의 전환은 인간의 인식을 보완하고 확장하는 AI 기술 개발에 중점을 두고 인간과 AI가 보다 효과적으로 협력할 수 있는 방법을 제시하고, 인간과 기계가 어떻게 나뉘어야 하는지 고찰하며, 인공지능과 집단 지능을 적절히 조합하여 세계의 문제를 해결할 수 있는 실마리를 제공한다(Mulgan, 2018).

3) 4차 산업혁명과 인공지능(AI)이 고용시장에 미치는 영향

AI는 4차 산업혁명(Industry 4.0)의 핵심 요소 중 하나이다. 오늘날 우리가 직면하고 있는 중대한 과제는 인간 세계에 변혁을 불러일으키는 기술의 혁명을 어떻게 이해하고 구체화하느냐 하는 것이다(Schwab, 2017).

4차 산업혁명 기반의 기술인 3D 프린팅, 자율주행차, 생명공학, 나노기술, 양자컴퓨팅, 로봇공학, 사물인터넷 등 모두가 AI에 의해 뒷받침되고 있다. 실제로 AI는 제조업, 은행업, 건설업, 운송업 등 이를 넘어선 다양한 산업 분야에서 일상화되었으며, 이러한 변화는 사회 전반의 대응이 필요하다는 것을 의미한다. 필연적으로 실업이 증가하는 동시에 새로운 직업이 늘어나게 될 것이다. 2030년까지 전 세계 작업 활동의 30%가 자동화될 것으로 예측되는데, 이는 최대 3억 7천 5백만 명의 근로자들에게 영향을 주는 수치이다. AI로 인한 자동화는 현장직, 사무직 모두에게 영향을 미칠 것이며, 현장직 업무에만 타격을 주는 것은 아니다.

AI가 쉽게 복제하고 대체할 수 있는 직업은 논리력, 대수학 등의 기술이 필요한 직업이다. 이러한 직업은 중산층의 산유물이다. 반대로 AI가 쉽게 복제할 수 없는 직업은 모빌리티, 인식 등 고도의 기술에 의존하는 직업으로 이러한 직업은 저소득층의 직업인 경향이 있다. 이에 따라 AI는 중산층의 실업을 증가시키고, 저소득층의 일자리는 유지되게 할 것이다(Joshi, 2017).

한편 AI를 비롯한 첨단 기술은 독창적이고 분석적인 능력과 인간적 상호작용이 필요한 고난도 직업의 범위를 넓히고 있다. 한마디로 많은 직업이 사라지겠지만 AI로 인해 생겨난 새로운 직업군에 필요한 역량 개발(역량강화, 재교육 등)이 필요하다. 교육에 관련된 부처와 역량강화와 관련된 기관들은 사회적 지속가능성을 보장하면서도, AI 시대로의 이행을 원활하기 위해 오늘날 필요한 기술적, 사회적 직업 기술을 갖춘 인재를 양성시킬 준비가 되어 있어야 한다.

CHAPTER 02

교육과 디지털 · 인공지능 교육

CHAPTER 02

교육과 디지털 · 인공지능 교육

제1절 디지털 교육정책과 교육

1. 디지털 교육정책에 의한 교육의 변화

교육현장에서 디지털 교육이 활성화되면서 교육정보화정책은 미래를 대비하는 창의 역량교육을 선도하고, 개인적 특성에 맞는 학습을 지원하며, 상생과 협력을 통한 고른 교육기회 제공을 목표로 시행(정병호, 2014 : 27)되고 있다. 이에 따라 디지털 교육환경에 적합한 교원역량개발지원을 위한 교원연수의 진행과 온라인 수업 활성화, 디지털 교과서 개발 및 적용, 교육행정정보시스템의 활용 등의 전면적인 변화가 일어났다.

우선적으로 교육행정 및 관리의 변화, 그리고 학생생활과 수업방법의 변화 및 우리나라 디지털 인재 양성 방향(제20대 대통령직인수위원회, 2022)을 살펴보고자 한다.

1) 교육행정 및 관리의 변화

교육행정정보시스템(NEIS)의 도입과 스마트 교육 추진 전략에 따른 디지털 교과서 개발과 적용은 교사와 학생 간의 교육활동뿐만 아니라 교사의 업무 형태에도 기존과는 다른 많은 변화를 가져왔다. 그러나 단위학교 조직문화와 업무 방식의 변화, 교사의 업무 부담 경감과 교수학습의 질 향상, 학생의 정보 활용 능력과 학습능력 향상 등의 도입 목적 아래 시스템으로 변화하게 되었다.

교육행정정보시스템(NEIS : National Education Information System)은 교육부, 17개 시 · 도교육청(산하기관 포함), 1만여 초 · 중등학교에서 처리하는 교육행정 업무의 효율적인 수행을 위해 2001년에 전자정부 11대 중점 과제로 선정되었으며, 이듬해인 2002년에 구축한 정보시스템이다(한국정보화진흥원, 2010). 교육정보화 추진 단계를 거쳐 현재는 교무업무, 학교 행정, 일반 행정, 대국민 서비스 등 모든 교육활동을 포함한 거대하고 세밀한, 또한 교육현장에서는 교육정보 공유 · 유통 서비스인 '에듀넷'과 창의적 체험활동 종합지원시스템인 '에듀팟', 독서교육종합지원시스템 등 중 · 고등학교와 연계한 교수학습지원 서비스가 제공되고 있다(한기순, 2017 : 105-106).

즉, 교육행정정보시스템으로 수집 · 관리되는 다양한 자료는 교사, 학부모, 학생이 교육적 목적으로 활용할 수 있는 가치정보로 제공된다. 이를 기반으로 교육행정 업무의 효율성 제고와 공교육의 내실화를 꾀하고, 교육정책 수립을 위한 신속한 의사결정 정보의 지원과 편리하고 신속한 대국민 민원서비스를 제공하는 것이다(한국정보화진흥원, 2010).

한기순(2017 : 106)은 교육행정정보시스템에 관한 교사의 인식을 조사한 선행연구 결과를 종합한 결과 다음과 같이 나타났다고 설명하고 있다.

우선적으로 교원의 업무 간소화 및 업무량 경감 여부, 편리성 등에서는 대체로 긍정적인 반응을 보였으며, 시간이 경과하면서 긍정적인 방향으로 전환되는 흐름을 확인할 수 있다. 반면 개인정보 유출에 따른 보안의 안정성에 대한 우려와 복잡하거나 과중한 업무의 경우 교육행정정보시스템의 활용 효과가 높지 않으며, 부정적인 인식도 높다는 연구결과가 보고되기도 하였다. 이렇듯 시행과 함께 행정효율성과 학생 인권의 문제, 개인정보 유출 및 보안 문제, 기술적 측면에 이르기까지 다수의 논란이 발생하였다. 그럼에도 불구하고 교육행정정보시스템은 자체적인 점검과 개발을 거쳐 현재에는 더욱 많은 영역에서 적용 중이다.

이에 따라 교육현장의 변화를 한기순(2017 : 106-108)의 연구에서 나타난 결과를 중심으로 제시하면 다음과 같다.

첫째, 업무보고의 간소화와 관련한 교원 간의 직접적인 만남과 의견 교환 포함(입학, 보건, 진로지도 등), 학교 행정(장학, 체육, 급식, 정보공시, 학생복지, 학교환경관리, 방과후학교 등), 일반 행정[교원인사(지방공무원, 비공무원 인사 포함), 복무, 급여, 시설, 민원, 법인, 통계, 감사, 평생교육, 업무 승인관리, 자료집계, 학교회계, 교원능력개발평가 등], 대국민 서비스(학생 · 학부모 서비스, 홈에듀 민원서비스, 교원능력개발평가, 학교폭력실태조사, 학생정서 · 행동특성 검사 등) 등 교육 전반의 모든 활동을 포괄한 종합적인 시스템이다.

행정업무의 디지털화로 인해 업무보고는 간소화된 면이 있다. 결재선에 있는 부장이나 교감, 교장 등을 일일이 직접 찾아가지 않고 결재가 진행되어 소요되는 시간이 줄었기 때문이다. 그러나 디지털화된 보고와 결재 체제는 면대면의 만남으로 인한 교원 간의 의사소통을 부재하게 만들었다. 실제로 학교의 모든 업무보고가 교육행정정보시스템으로 이루어지고, 거기에 메신저 기능이 추가됨으로써 직접 얼굴을 맞대고 업무를 논의하거나 교육적 활동에 대해 함께 고민하는 일이 현저하게 줄었다. 대부분 자신이 맡은 학급 교실에서 각자 디지털화된 문서를 처리하고 보고하며, 정보를 전달하고 교환한다. 교수 · 학습활동과 관련한 학습 자료도 에듀넷이나 그 밖의 교사 공통 온라인 커뮤니티 등에서 전자화된 문서나 파일 형태로 공유하며, 편집하여 활용한다.

둘째, 대국민 서비스나 문자 알림 서비스를 통한 교사와 학부모 간의 직접적인 만남과 상담의 기회 감소이다. 교육행정정보시스템에는 학부모를 위한 대국민서비스 탭을 설치하여 학부모 · 학교 간 신뢰성 확보 및 원활한 의사소통을 꾀하고 있다. 대국민서비스에는 학생의 생활기록부, 고사별 정 · 오답표, 성적표, 건강기록부, 방과후학교 활동 등 학생의 학교생활 전반에 관한 기록을 열람할 수 있도록 정보를 제공하고 있다. 대국민서비스의 기능으로 학부모는 손쉽게 학생의 학교생활 전반에 관한 정보를 열람할 수 있으므로 학교를 방문하여 교사와 직접 상담하는 일이 현저하게 줄었다.

거기에 학부모 문자 알림 서비스를 온라인으로 쉽게 이용할 수 있어 학생에게 생활상 혹은 건강상의 문제가 발생하더라도 직접 대면이나 전화상담보다는 문자를 통해 알리는 일이 많아졌고, 면대면 상담의 기회는 점점 감소하고 있다.

셋째, 교사의 업무 증가로 인한 교사와 학생 간의 면대면 상담 및 인격적 만남의 감소이다. 교육행정정보 시스템의 최대 목표 중 하나는 교원의 업무 경감을 통한 공교육의 정상화이다. 즉, 행정문서 처리에 소요되는 시간을 줄여 교육 본연의 활동에 교사가 집중할 수 있도록 하기 위함이다. 그러나 업무의 효율성을 높여 업무 부담을 경감시키고자 했던 의도와 달리 교원업무간소화 지침을 마련했음에도 불구하고 현장에서 체감하는 행정업무 부담은 여전히 높은 수준이다(김경화, 2010). 최근 몇 년 사이 상급기관에서 학교로 전달되는 문서들이 지나치게 다양하고 세밀한 자료의 입력을 요구함으로 인해 교사의 행정업무 비중은 전혀 줄지 않았다. 오히려 편리하고 빠른 의사소통 기제(정보화 시스템) 때문에 더 많은 업무가 교육지원청으로부터 하달되고 있는 실정이다. 실제로도 많은 교사들은 교육지원청이 정보화 시스템 도입 이전보다 더 사소하고 일상적인 업무와 학교 정보를 빈번하게 요구하여 더 잦은 보고를 하고 있다(김용련 · 이 준 · 이일권, 2011).

거기에 업무 증가 외에도 새로이 추가 · 변경되는 기능에 대한 연수로 인해 많은 시간을 소비하고 있고, 새로운 기능에 대한 미숙련된 기간 동안 적응하느라 어려움을 겪는다. 이런 시간적 소요 때문에 학생과 직접 대면하면서 학생들의 고민을 들어주고, 학생 개개인의 능력에 맞는 추수지도를 할 수 있는 교육 본연의 활동 시간이 당연히 줄어들 수밖에 없다.

디지털화로 인해 교육행정정보시스템의 편리성 이면에 가려진 교육적 본질에 대한 문제는 직접적이고 인간적인 만남 없이는 해결될 수 없다. 따라서 동료 교사 간, 교사와 학부모 간, 교사와 학생 간의 의사소통과 상호작용 · 협력의 교육적 의미를 다시금 돌아보는 것은 물론, 교육 본연의 업무인 수업과 학생 생활 지도 전반에 보다 충실할 수 있는 방안을 고민해야 한다.

2) 학생 생활과 수업형식의 변화

교육정보화 정책과 더불어 정부가 집중적으로 추진해 온 스마트 교육 및 디지털 교과서 개발 · 적용은 현재까지 초등교육 전반에서 큰 변화를 야기하지는 않고 있다. 단, 디지털 교과서를 시범 · 적용한 일부 연구학교나 사용희망학교의 교수 · 학습활동과 연관된 몇 가지 변화가 감지된다. 그중에는 애초 정부가 스마트 교육을 통해 학생, 교사, 학부모의 교육활동과 관련하여 변화를 기대했던 방향성과 일치하는 것이 있는가 하면, 예상했던 것과는 달리 교육적 논란을 불러일으키는 것도 있다. 기존의 교육활동 속에서는 구현될 수 없었던 것들이 디지털 기술의 진보로 인해 가능해지면서, 외견상 이제까지와는 전혀 다른 참신해 보이는 활동과 결과가 생겨나기도 한다. 그 반면에 오히려 새로운 기술의 도입으로 초등교육에서 중요시되어야 할 것들이 의도적이든 아니든 간에 결과적으로 사라지기도 한다. 이런 여러 변화 속의 겉모습뿐만 아니라 그 안에 숨겨진 의미를 파악하여 개선책을 탐색하는 일은 향후 교육의 방향성 정립에 도움이 될 것이다(한기순, 2017 : 109).

(1) 학생 생활 : 책가방 없는 학교

디지털 교과서의 적용에 따라 초등교육현장의 교육활동 양상도 변화가 필연적이다. 이런 변화에 대해 김영애(2011)는 학생과 교사 측면에서 디지털 교과서를 적용함으로써 변화될 모습들을 다음과 같이 설명하였다.

학생들은 책가방 없는 학교생활이 가능하고, 직접 관찰과 체험을 컴퓨터와 화면으로 대신할 수 있으며, 수준별 · 맞춤형 수업을 받을 수 있다. 또 학생의 성장 과정도 e-포트폴리오 기능으로 손쉽게 기록할 수 있으며, 온라인 수업을 통해 교실 공간을 벗어난 다양한 학습활동이 가능해질 것이다. 교사들은 스마트 교육의 지휘자로 지식 전달자가 아닌 학습 조력자가 되며, 교사 상호 간 혹은 교사와 학생 간에 자유롭게 정보를 활용할 수 있다(김영애, 2011).

이런 예상들은 디지털 교과서의 활용에 따라 여러 형태로 발현되고 있는데, 먼저 스마트 교육의 온라인 수업 활성화에 따라 학생들은 '책가방 없는 학교'를 경험하고 있다. 기존 서책형 교과서를 그대로 구현한 디지털 교과서를 사용한 수업을 통해 지금까지와는 다른 형태의 학교생활이 가능해졌다.

인터넷 클라우드 기반의 에듀넷에 접속하여 디지털 교과목과 함께 멀티미디어 자료를 이용한 학습이 이루어지면서 무거운 서책형 교과서를 가지고 등하교할 필요가 없어졌다. 또한 교육의 사각지대에서 소외당하는 학생이 없도록 원격 화상 수업의 구축이 이루어져서 몸이 불편한 장기 입원 학생들과 농어촌 학생들의 수업을 지원하는 것이 가능해졌다.

학생들이 무거운 가방을 메고 등교하지 않는 것은 책가방의 무게로 인한 수고를 덜어줄 뿐만 아니라 신체적 성장과 발육에 도움을 준다는 긍정적 측면이 있다.

이러한 긍정적 측면이 있는가 하면 반면에 디지털 교과서 활용으로 발생하는 신체발달상의 부작용 역시 나타나고 있다. 시력저하, VDT 증후군, 손목건염 등 넓은 범위의 신체 악영향을 우려해야 한다. 이 밖에 교수 · 학습활동에서 발생하는 집중력과 지속성의 저하에도 관심을 기울여야 한다. 디지털 교과서의 다양한 멀티미디어 및 하이퍼링크 기능으로 수업 중 학생들의 집중력과 지속성이 떨어진다는 지적이 있다.

따라서 디지털 교육의 장단점을 고찰하여 양질의 디지털 교과서에서 개발하고 적용하여 개별학습과 수준별 학습을 지원하는 맞춤 학습자료(정광훈, 2014 : 30)에 관심을 가질 필요가 있다.

(2) 수업방법 : 거꾸로 교실

디지털 교과서를 활용함으로써 가장 주목받고 있는 수업방법의 변화는 학생들이 '거꾸로 교실(Flipped Classroom)'을 체험하는 것이다. '거꾸로 교실'은 전통적인 수업방식을 뒤집는(flip) 것으로, 이 수업 모델은 미국 콜로라도주 고등학교의 교사인 존 버그만(John Bergmann)과 애론 샘즈(Aaron Sams)가 수업에 자주 빠지는 학생들의 학습을 돕기 위해 동영상 강의를 따로 제작한 것으로부터 시작되었다(한기순, 2017 : 113).

수업을 듣지 못한 학생들뿐만 아니라 수업을 들었던 학생들에게도 복습과 심화의 차원으로 활용됨에 따라 교사들은 이를 바탕으로 수업시간을 효율적이며 획기적인 방식으로 고안하게 되었는데, 그 결과물이 『거꾸로 교실』이다. 학생이 가정에서 교사가 미리 제작한 동영상 등으로 강의 내용을 숙지(pre-class)하고, 교실 수업에서는 강의에서 배운 내용을 토대로 토론 및 심화학습, 응용이나 협업 프로젝트를 진행(in-class)하는 것이다. 이 수업방법은 학생의 학습 패턴을 재구성하여 시간의 효율을 극대화하고, 참여도와 몰입도를 증가시킬 수 있다고 한다. 또한 교사 역할의 변화가 두드러지는데, 기존의 지식 전달자에서 학습활동 촉진자로 전환됨으로써 학습의 주도권이 학생에게 넘어간다는 것이다(이민경, 2014).

결론적으로 디지털 교육정책에 따른 교육의 변화는 교육행정뿐만 아니라 학생의 생활과 교육방법에도 긍정적인 측면과 그와 아울러 부정적인 측면도 함께 발생하게 되었다. 긍정적 측면에서 편리함과 효율성, 기술적 변화 가능성 등을 볼 수 있다. 그리고 부정적인 측면에서 인간적인 요소들의 상실, 즉 뇌 구조의 변화, 컴퓨터 활용을 통한 부지불식간의 개인과 사회의 정체성 변화 등에 대해서는 간과할 수 없다. 이러한 양면적 측면을 모두 고려하여 한쪽으로 치우치지 않는 디지털 교육정책으로 교육의 변화를 기대한다.

2. 우리나라 디지털 인재 양성 방향

우리나라 디지털 교육의 방향을 2022년 5월 3일 제20대 대통령직인수위가 110대 국정과제에서 발표한 81~82번을 중심으로 우리나라 디지털 인재 양성 방향을 살펴보고자 한다. 국정과제 81번에서 “100만 디지털 인재 양성(교육부)”과 82번에서 “모두를 인재로 양성하는 학습혁명(교육부)”을 들고 있다.

따라서 우선적으로 국정과제 81번에서 "100만 디지털 인재 양성(교육부)"부터 살펴보면 다음과 같다.

100만 디지털 인재 양성을 위해 설정한 과제목표는 디지털 · AI 등 역량을 갖춘 신산업 · 신기술 분야의 핵심인재를 적기 양성, 4차 산업혁명 시대, 디지털 대전환에 대응한 SW · AI 및 디지털 교육기반 조성으로 두었다.

주요 내용은 다음과 같다.

첫째, 디지털 인재 양성 : 대학 내외 자원을 활용한 디지털 및 메타버스 · 반도체 인재 양성 및 결손인원 등을 활용한 첨단분야 학과 신 · 증설 및 대학원 정원기준 유연화, 대학정책과 연계한 신산업 인재 양성 기본계획 수립, 디지털 분야 취업을 희망하는 대학생을 위해 대학 내 부트캠프 설치, 산업계 수요 기반 및 융복합 교육과정 운영, 대학 간 공유체계 활성화

둘째, 교원 SW · AI 역량 제고 : 예비교원을 위한 교 · 사대 AI 교육과정 개발, 현장, 교원의 생애주기별 디지털 맞춤형 연수, 적정규모의 정보교과 교원수급 마련, 적정규모의 정보교과 교원수급 및 첨단분야 전문가 활용을 위한 교직(이수)과정 개선

셋째, 초 · 중등 SW · AI 교육 필수화 : 정보교육 시수 확대 등 체계적 디지털 기반 교육을 위한 교육과정 전면 개정, 에듀테크 활용 활성화 및 신기술 적용 교육 콘텐츠 개발과 SW · AI 전문인재 양성을 위한 영재학교 운영 및 마이스터고 지정 확대

넷째, 디지털 교육격차 해소 : 초등단계부터 격차가 발생하지 않도록 디지털 튜터 배치 지원, (가칭)디지털문제해결센터 운영 등 생애주기별 디지털 역량강화, 저소득층 SW · AI 영재교육, 다중문해력교육, AI 분야 등 한국형 온라인 공개강좌(K-MOOC) 확대 등

다섯째, 디지털 인재 양성 인프라 구축 : 학교 시설을 스마트 학습환경으

로 전환하고, 디지털 및 교수 · 학습 통합플랫폼 구축, 교육 · 경험 · 자격이력 누적을 위한 디지털 배지 부여, 국가 인재양성기본계획 수립(인재양성위원회 구성), 부처별 인재 양성 데이터연계 및 통계 인프라 개선

여섯째, 민관협력 강화 : 기업 설계 교육과정 이수 후 채용과 연계하는 '디지털 인재 얼라이언스' 운영, 국내외 인력활용을 위한 K-디지털 글로벌 네트워크 구축

이러한 주요 내용을 중심으로 2027년까지 100만 디지털 인재를 양성 · 공급하여 미래 국가 경쟁력 제고 및 모든 국민이 디지털 · AI 역량을 갖추며 디지털 전환 사회에 신속히 적응할 수 있을 것으로 기대하고 있다.

그리고 82번 과제로 "모두를 인재로 양성하는 학습혁명(교육부)"을 들고 있다. 이러한 과제에 대한 목표는 AI 등 신기술을 활용한 교육 혁신으로 미래 핵심 역량을 갖춘 인재 양성 및 개개인을 위한 국가 책임의 학습 지원과 진로 · 경력관리 시스템 구축으로 두고 있다.

이러한 과제 목표에 따른 주요 실천내용 중 디지털 관련 내용 중심으로 살펴보면 다음과 같다.

첫째, 모든 학생을 인재로 키우는 교육과정 개편 : 창의력, 디지털 리터러시, 문제해결력 등 미래역량 중심의 초 · 중등 교육과정 개편 및 안착 지원

둘째, AI 기반 기초학력 제고 : AI 기반 학력진단 시스템으로 맞춤형 진단 · 학습을 지원하고, 학생의 특성에 맞게 기초학력을 밀착지원, 즉 온 · 오프라인 기초학력 보조인력 운영, 협력수업 운영학교 및 다중지원팀 확대

셋째, 융합인재 양성 : 대학 교양교육과정 혁신 및 융합연구 지원 확대, SW · AI 융합교육 프로그램 개발 등으로 융합형 인재 육성을 위해 대학의 국제 경쟁력 제고, 우수 유학생 유치 등 글로벌 미래인재 양성

넷째, 사교육 경감 및 학습격차 완화 : AI 학습시스템, 메타버스 활용 맞춤형 학습으로 사교육 경감 추진 및 코로나19로 인한 학습결손 해소 집중 지원

다섯째, 학습 · 경력관리 플랫폼 구축 : 학생의 진로탐색부터 학습이력–취업경력까지 관리 가능한 개인별 포트폴리오인 '(가칭)마이포트폴리오' 플랫폼 구축

위와 같은 주요 내용을 실행을 통해 모든 학생들을 위한 맞춤형 학습과 성장을 지원하는 미래형 교육제도로 전환하길 기대하고 있다(제20대 대통령직인수위원회, 2022).

제2절 인공지능(AI) 교육

1. 인공지능(AI) 정책 · 산업 동향

1) 인공지능(AI) 정책 · 산업 동향

2016년 세계경제포럼에서 4차 산업혁명이 핵심 의제로 논의된 이후 전 세계적으로 인공지능, 빅데이터, 클라우드 등이 핵심 키워드로 급부상하고 있다. 그중 인공지능(AI)은 현재 해결하기 어려운 여러 사회 문제를 해결할 수 있으며, 인간의 삶의 질을 한층 더 높일 수 있는 무한한 잠재력을 보유하고 있다.

McKinsey는 소매, 운송 · 물류, 여행, 자동차 등 미국 19개 전통 산업과 9개 비즈니스 영역에 심층신경망(Deep Neural Networks) AI 기술을 접목할 경우

연간 3.5~5.8조 달러 규모의 경제적 효과를 창출할 수 있을 것이라 전망하였다(김용성, 2019).

2025년에는 인공지능 산업이 2,000조 원에 이르는 시장을 창출할 것으로 IBM은 내다보고 있으며, McKinsey는 인공지능으로 인해 7,000조 원에 이르는 시장에의 파급 효과가 창출될 것으로 전망하고 있다. 유엔미래보고서에서는 30년 내에 인공지능이 인간의 지능을 능가할 것이라는 전망을 내놓고 있다(과학기술정보통신부, 2018).

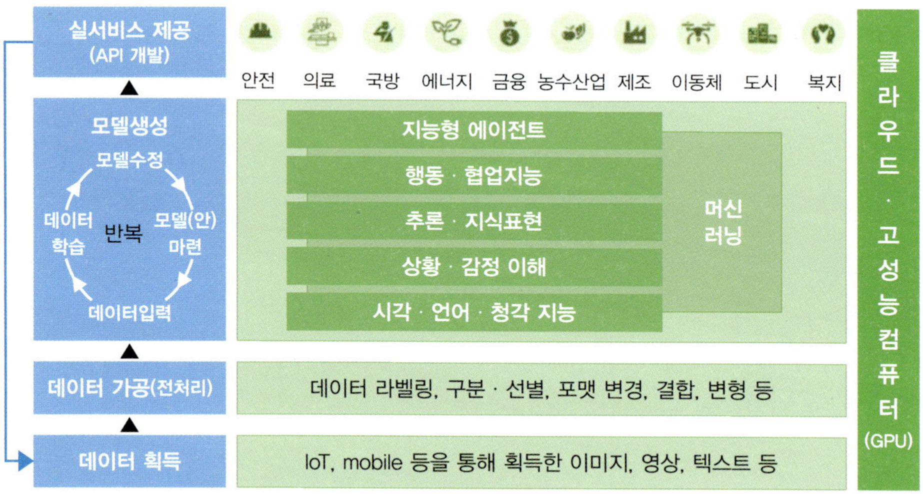

|그림 2-1| **인공지능 서비스 및 기술 분류**

출처 : 한국교육학술정보원(2020). KERIS와 시작하는 인공지능 교육.

인공지능은 인간이 가진 지각, 학습, 추론, 자연어 처리 등의 능력을 컴퓨터가 실행할 수 있도록 프로그램으로 구현하는 기술로, 기계 학습(머신러닝), 심층 학습(딥러닝), 자연어 처리, 음성 인식, 시각 인식 등 첨단 기술을 개발하는 방향으로 발전되고 있다. 인공지능은 안전, 의료, 국방, 금융, 복지 등 다양한 응용 분야에 특화된 소프트웨어와 머신러닝, 클라우드, 고성능 컴퓨터 기술 등을 포함하고 있다.

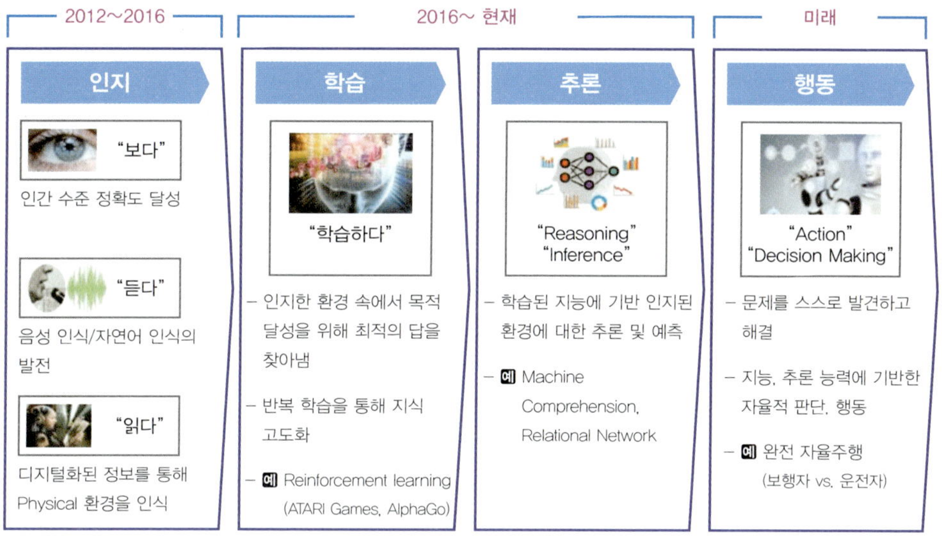

|그림 2-2| **인공지능 개발 트렌드 변화 과정**

출처 : 한국교육학술정보원(2020). KERIS와 시작하는 인공지능 교육.

최근 인공지능의 개발 트렌드는 단순히 인지 능력에서 벗어나 인지한 환경 속에서 최적의 답을 찾아내고, 여기에 스스로 수행한 학습을 더해 추론 및 예측을 하며, 향후에는 문제를 스스로 발견하고 해결하는 행동 단계에 이르기까지 다양한 분야의 연구와 투자가 활발히 진행되고 있다. 이러한 변화에 따라 4차 산업혁명의 핵심 동력이라고 할 수 있는 AI 기술 경쟁력 확보를 위해 주요국들은 적극적인 투자를 아끼지 않는다. 세계 양대 강국인 미국과 중국은 AI에 대한 적극적 투자와 지원을 통해 주도권 확보를 위해 노력하고 있으며, 그 외 주요국들도 국가 AI 전략을 경쟁적으로 수립하여 각종 정책을 추진하고 있다. 세계 여러 나라에서 AI 경쟁력 확보를 위해 수립하고 있는 전략들 가운데 인재 양성은 핵심적인 과제로 다루어지고 있다.

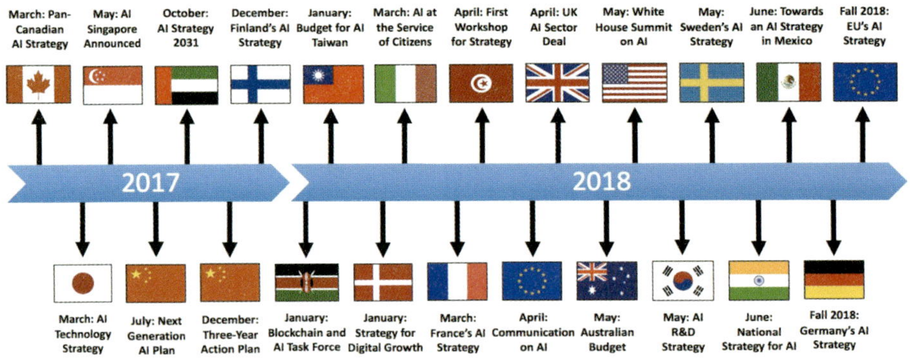

|그림 2-3| 국가별 AI 전략 수립 현황

출처 : Tim Dutton(2018). An Overview of National AI Strategies.

〈표 2-1〉 국가별 인공지능 정책 동향

국 가	인공지능 정책 동향
미 국	• AI 암흑기에도 지속적인 장기 투자를 통해 뇌과학 등 기초 원천기술을 확보하고, AI 핵심기술개발과 인재 양성에 주력 • 정부는 AI 기술 혁신가로서 원천기술 개발 후 민간에 이양, 혁신적 제품 서비스 상용화를 견인하며 시장주도의 원동력 역할을 수행 • 개방 경쟁형 기술개발 방식(challenge)을 선제적으로 도입, 선도적 AI 기술 경쟁력 확보에 정책적 역량을 집중
중 국	• AI를 국가 전략산업으로 인식, 정부 주도의 대규모 투자, 인력 양성을 추진하는 한편, 선도기업을 지정, 특화 플랫폼을 육성 • 2030년까지 AI 핵심산업 1조 위안(약 180조 원), 연관 산업 10조 위안 규모의 시장육성을 목표로 국가 AI 기술혁신에 집중 • AI 융합을 강조, 2020년까지 AI 적용 제품 응용범위를 확대하고, AI 전반의 핵심기술 향상을 도모, 글로벌 시장 선점에 주력

일 본	• 저성장 고령화 극복을 위한 국가 경제 사회 혁신의 수단으로 AI 기술경쟁력 확보의 중요성을 강조하며 AI 기술혁신을 가속화 • 국내외 최고 AI 연구자 결집을 위해 연구거점을 마련(혁신지능통합연구센터)하고, 개방형 AI R&D 플랫폼을 구축
독 일	• '사회적 시장경제의 부흥 발전'이라는 비전에 따라 제조업 관련 미래핵심기술 연구개발에 대한 투자를 우선 정책과제로 선정 • 최근 제조업 중심의 Industry 4.0에서 AI 기술에 중점을 둔 스마트 서비스 산업 개발로 전략산업을 변경하고 정부지원을 집중하고 있음
영 국	• 글로벌 AI 기업을 유치하고, 신규사업을 준비 · 성장시키는 기업 친화적 환경을 조성하기 위해 정부에서 투자를 진행하고 있음
프랑스	• 자국의 우수한 기초연구 역량 · 인재를 바탕으로 글로벌 기업의 AI 연구센터를 다수 유치, 핵심 AI 혁신역량을 확보하고자 노력 • 인공지능 생태계 강화를 위해 4대 핵심분야(의료, 환경, 운송수단, 국방)의 데이터 공유 플랫폼을 구축하고, 응용분야 확산을 촉진할 계획
인 도	• 5개 산업분야(헬스케어, 농업, 교육, 스마트시티, 교통)를 선정하고, AI 기술을 활용한 사회 문제해결 방안 모색 등의 연구개발에 집중 • 핵심기술개발을 위한 정부투자도 이루어지고 있지만, 기술 응용을 통한 사회 문제해결에도 정책 초점이 맞춰져 있음
캐나다	• 국가 차원의 인공지능(AI) 전략을 발표한 첫 번째 국가로 AI 연구개발(R&D)과 고급 인력 양성에 5년간 1,073억 원 투자 예정 • 캐나다 정부는 AI 분야에서 세계적인 리더로 자리매김하기 위해 핵심기술개발과 관련 고급인력을 양성하는 것에 집중하고 있음 • 정부 지원을 받은 토론토 대학에서는 스타트업 육성프로그램(인공지능 인큐베이터)을 운영하고 있으며, 100개(2018년 2월) 스타트업을 지원하고 있음
호 주	• 정부는 '호주2030(혁신을 통한 번영)' 전략을 수립하고, 5개 주요 분야(교육, 연구개발, 산업, 정부, 문화)를 선정하여, 관련 이니셔티브 수립 • 호주의 AI 정책은 연구개발(R&D) 결과물의 제품화를 위한 제도 및 개발 환경 개선과 정책 완화 등 응용 기술 지원에 집중하고 있음

출처 : 김용성(2019). 인공지능(AI) 시대 주요국의 인재양성 정책 동향.

2) 인공지능(AI) 산업 분야별 사례

(1) 국방

최근 KAIST와 한화시스템은 국방 인공지능 융합연구센터를 개소하고, 인공지능 기반 지휘결심지원체계, 대형급 무인 잠수정 복합항법 알고리즘, 인공지능 기반 지능형 항공기 훈련 시스템, 인공지능 기반 지능형 물체 추적 및 인식 기술 개발 등의 4개 과제를 우선적으로 선정하고, 기술 자문, 인공지능 과제 발굴 · 연구, 상호 교류 및 교육 등을 추진 중에 있다. 육군에서는 2019년 초 인공지능 기술을 활용하여 초연결 · 초지능으로 상징되는 4차 산업혁명 시대의 군사혁신을 선도하기 위한 목적으로 '인공지능연구발전처'를 창설하여, 인공지능 관련 컨트롤 타워의 역할 수행, R&D 역량 확보, 빅데이터 구축, 군사혁신을 위한 동력 마련을 목표로, 군사용 인공지능 능력 발전 비전 · 운영 개념을 조기에 완성하고, 시범사업 계획 및 전력화 등 마스터 플랜이 마련되었다.

(2) 의료

한국무역협회의 조사에 따르면 전 세계 인공지능 헬스케어 시장 규모는 2019년 1,063억 달러(약 137조 4,140억 원)에서 연평균 29.5%씩 성장해 2026년에는 6,394억 달러(약 826조 5,523억 원)에 달할 것으로 전망된다.

웨어러블 디바이스, 원격의료 시스템, 의료 소프트웨어 등 인공지능 헬스케어는 광범위하게 영역을 확장하며 발전하고 있다. 향후 기술의 고도화로 빅데이터와 인공지능 등 첨단 기술과 융합한 의료 기술도 기대되고 있다. 이처럼 인공지능 기술의 발달과 더불어 의료 및 헬스케어 산업에 혁신적이고 새로운 서비스가 보다 많이 창출될 것으로 예상되고 있다.

(3) 생활, 교육 및 게임

최근 소비재가전박람회(CES : Consumer Electronic Show)에서는 '로봇 & 인공지능'이라는 이름의 전시관을 별도로 마련하여 기존의 인공지능이 우리 생활에 보다 가까워졌음을 실감하게 했다. 국내외 글로벌 업체들은 전시관에 각 기업별로 홍보 부스를 마련하여 인공지능 기술 자체가 아니라 자사의 어떤 제품에 인공지능 기술이 탑재되었는지를 홍보하는 데 열을 올렸다. 인공지능이 적용되었다는 것은 우리에게 그리 새로운 일이 아니다. 어느새 인공지능은 너무도 당연하게 우리 생활에 깊숙이 파고들고 있다.

이와 같이 인공지능과 관련한 세계 시장이 확대됨에 따라 각 국가 및 기업들은 인공지능 산업에 대해 집중적인 투자를 강화하고 있다. 특히 구글, IBM 등과 같은 글로벌 IT 업체들은 장기간 확보한 빅데이터와 패턴학습 기술을 접목하여 생활, 교육, 게임 분야에서의 인공지능 기술의 상용화에 박차를 가하고 있다.

(4) 보안

4차 산업혁명 시대, 5G 시대의 개막과 산업 변화의 흐름을 고려할 때, 다각화되고 빠르게 변화하는 보안 위협에 대처하기 위해서는 머신러닝과 같은 인공지능을 이용한 방어가 필수적이라고 볼 수 있다. 국내외의 정보 보안 관련 업체를 중심으로 구글의 딥마인드, IBM의 왓슨, 오픈소스 인공지능 기술을 활용하여 악성 코드 분석, 위협 탐지 및 예방, 취약점 분석 등이 활발하게 진행되고 있으며, 인공지능 보안 솔루션 개발을 위해서도 많은 노력을 기울이고 있다.

2. 인공지능(AI) 교육 동향

1) 국가별 인공지능(AI) 교육 동향

(1) 미국

미국은 AI를 경제 성장과 국가 안보 강화를 위한 4차 산업혁명의 핵심기술로 설정하고 관련 인재를 양성하여 AI 선도국의 위치를 공고화하기 위해 노력하고 있다. 미국에서는 주로 민간 주도로 AI 산업 육성 및 인력 양성이 이루어지고 있으나, 연방 정부도 AI를 전략 분야로 인식하고 STEM 교육 등 AI 기초 교육 강화를 통한 장기적 AI 인력 양성 정책을 추진하고 있다.

〈표 2-2〉 미국의 인공지능 교육 동향

발 표	주요 인재 양성 계획	
AI 미래를 위한 준비	정부의 역할	• STEM 교육 강화 • 대학원생 지원 • AI 커리큘럼 설계 및 영향 연구 • AI 교육 프로그램 인증
	교육기관의 역할	• AI 전문 인력 교육 및 확보 • 교육기관의 커리큘럼 확보 • 연구개발 장려금 및 인턴십
AI, 자동화 그리고 경제	• 모든 학생에게 STEM(특히, 컴퓨터 과학) 교육 제공 • 모든 이에게 컴퓨터과학을 프로젝트 기반 K–12 단계 학생에게 컴퓨팅 사고 과정 제공 • 양질의 조기 교육 프로그램 제공 • 교사 전문성 개발 프로그램 수립 • 미국 대학 진학 약속 프로그램을 통한 우수 학생 무료 교육 제공 • 직업 재교육 지원 및 견습 기회 확대	

백악관 AI 정상 회의	• 고품질의 STEM 교육 도입 • 매칭 펀드 조성 방안 • 산업계 인정 견습 프로그램 도입 방안 • 평생 학습 프로그램 도입
미국 AI 이니셔티브	• 전문 인력 확충을 위하여 컴퓨터과학 분야의 펠로우십 및 훈련 프로그램 운영 • AI 잠재력 향상을 위한 STEM 교육 확대

출처 : 한국교육학술정보원(2020). KERIS와 시작하는 인공지능 교육.

초중고 학생들에게 인공지능을 체계적으로 가르치기 위해 설립된 A14K12(The Artifical Intelligence for K-12 initiative)는 인공지능 교육의 내용을 인식, 표현과 추론, 학습, 상호작용, 사회적 영향 등 크게 다섯 가지 영역으로 구분하였다(A14K12, 2019). 우선 인공지능이 센서를 통해 세상을 이해하고, 표현하며, 그것으로부터 추론하고, 데이터로 학습하며, 인간과 자연스러운 상호작용을 위해 노력하고 있음을 이해하는 것이다. 또한 인공지능이 우리 사회에 미치는 영향을 긍정적인 것뿐만 아니라 부정적인 영향도 있음을 이해시키는 것이다.

(2) 중국

중국 정부는 2014년부터 AI를 산업 고도화 수단으로 인식하고 정부 차원에서 공식적 정책을 수립하였으며, R&D, 산업화, 인재 양성 정책을 종합적으로 추진하고 있다. 중국은 정부의 정책 지원 아래 AI 산업이 빠른 속도로 성장하고 있다. 특히 중국 정부가 적극적으로 지원하는 BAT(Baidu, Alibaba, Tencent)를 중심으로 기업들이 다수 참여하여 산업 발전과 인력 양성이 진행되고 있다(배병환 · 안인회, 2018).

〈표 2-3〉 중국의 인공지능 교육 동향

발 표	주요 인재 양성 계획
인터넷+AI 3년 액션플랜	• AI 유관 연구기관과 고등교육학교 · 교육기관의 '전문가에게 AI에 대한 기본 지식과 적용방법을 교육' • 기초 핵심기술뿐만 아니라 전반적인 AI 기술과 산업의 글로벌 수준 진입, 응용 시스템의 글로벌 선도
차세대 AI 발전 계획	• AI 분야 맞춤형 인재 육성(글로벌 AI 인재 영입, 기초연구 및 응용 · 기술 개발 지원 정책 개선 등) • AI 고급인재 양성 방안(AI 단과대학 및 학과 설립, 교과목 체계 개선, 석 · 박사 인력 양성, AI 복합 전공 마련 등) • 초 · 중 · 고교에 AI 확산 방안(표준 AI 교과과정 개발, SW 및 게임 등 개발 교육 강화, AI 대회 지원 및 관련 교육 보조금 지원)
대학 AI 혁신 행동 계획	• 단과대학 구축 및 학과목 개선 • 전공 개설 및 전문 역량강화 • 교과과정 개편 • 인재 양성 강화 • 보편 교육 강화 • 혁신과 창업 지원 • 국제 협력 강화
대학 AI 인재 국제 양성 계획	• 중–미 협력을 강화 • 교수진을 중점 육성 • AI 인재 양성을 위한 디캠프(DeeCamp)
차세대 AI 발전 보고서	• AI 단과대를 설립 • AI 관련 2급 학과 혹은 보조 교재를 개발 • 고등학교와 중학교 교육과정에 AI 삽입 • 'AI 기초(고등학교 버전)'가 출판

출처 : 한국교육학술정보원(2020). KERIS와 시작하는 인공지능 교육.

중국에서는 유치원부터 대학 교육에 이르기까지 인공지능을 확산시키기 위해 Zhilong X(智龙X, 지혜의 용, 쯔롱 엑스) 인공지능 교육 계획이 발표되었다. 이 계획은 인공지능 실험 교과서의 개발(33종)과 보급, 인공지능 교육 실험 온라인 플랫폼 개발(www.fun-ai.org.cn), 인공지능 시범학교를 통한 다양한 사례 개발을 포함하고 있다(현성은, 2017).

(3) 일본

저출산, 고령화 등의 사회 문제를 겪고 있는 일본은 국가 AI 전략을 수립한 두 번째 국가로, 범부처 차원에서 경제 활성화를 위해 AI를 적극 활용하는 정책을 추진하여 궁극적으로 경제 · 사회의 변혁을 도모하고 있다.

〈표 2-4〉 일본의 인공지능 교육 동향

발 표	주요 인재 양성 계획
미래 투자전략	• 문과, 이과 불문 물리 · 수리 능력 제고 방안(초중고 통계 · 정보교육 '정보' 과목을 입시에 추가) • 대학의 실천적 AI 인재 양성 확대 방안(공학과 이학의 융합, 산학 연계교육 등) • 산업계의 AI 인재 활용 확대 방안(리터러시 교육 표준화, 재교육 방안 등)
AI 기술 전략 실행계획	• ICT 전문가, 학생, 일반 국민 등 모든 인력의 교육 방안 마련 • ICT(일반 · 첨단) 인재를 육성하기 위한 학교 및 기관, 기업의 역할 • 신진연구자 지원 • AI · 빅데이터 인재를 위한 연구비 지원 • 인턴십 및 해외연수 기회 제공
통합혁신 전략 추진회의	• 대학 교육 강화 • 연구 개발 강화 • 수리 · 데이터과학 교육 강화 방안 • 기본 소양 교육 강화 • 초 · 중등 교육 강화
AI 전략	• 리터러시 교육 • 응용기초교육 • 엑스퍼트 인재 양성

출처 : 한국교육학술정보원(2020). KERIS와 시작하는 인공지능 교육.

일본은 교육개혁을 위한 주요 시책(2019. 3. 29.)을 발표하여 대학에서 인공지능, 수리, 데이터과학(DS) 교육을 연간 50만 명에게 제공하겠다고 밝혔다. 이를 위해 대학 및 전문고교에 표준 커리큘럼 교재를 개발하여 배포하고, 초급 과정 인증을 도입하기로 하였다. 그리고 응용 기초 단계로 대학과 전문학교의 학생이 자신의 전문 분야에 대한 데이터과학, 인공지능 응용 지식과 기술을 습득할 수 있도록 인공지능-X의 융합교과를 복수전공할 수 있는 환경을 마련하고, 전문 교육 수준의 과정 인증도 도입하였다. 또한 사회인 평생교육을 위해 기본 정보 지식과 인공지능 실무 활용 능력을 습득할 수 있는 기회를 제공하기 위해서 직업 훈련과 기술 습득 프로그램을 확충한다고 밝혔다.

(4) 영국

영국은 산업계와의 협력을 통해 AI와 데이터 경제 분야 활성화를 위한 국가 차원의 발전전략과 인재 양성 정책을 추진하고 있다(김용민, 2019).

〈표 2-5〉 **영국의 인공지능 교육 동향**

발 표	주요 인재 양성 계획
영국 AI 산업 발전	• 정부 · 산업계 · 학계의 협력 • AI 석사과정에 대한 산업계의 지원 • 대학에서 AI 석사 전환 프로그램 수요 파악 • 선도대학에 AI 박사과정 추가 개설 • AI 온라인 교육 장려(MOOC 활용 등) • 글로벌 인재 영입 방안 마련
산업 전략 -AI 분야 합의안	• 고급 인재의 확보를 위한 교육기관 및 산업계와 협력 방안(AI 박사과정 개설, 장학금 지급 등) • 글로벌 고급 인재 확보 방안(비자 및 법 개정 등) • AI 개발의 다양성 촉진 방안(AI Council과 협력 등) • AI 인력 규모 확대를 위한 투자(대학과 협력 및 장학금 지원 등) • 인력 다양성의 증대를 위한 협력 방안(AI Council 지원 등)

영국의 AI : 준비, 의지, 가능성	• 숙련된 AI 개발자 양성(AI 박사과정, 단기 비학위 과정 개설 등) • 다양한 인재 영입(여성 · 소수인종의 박사과정 국비 지원, AI 개발자 영입 확대 정책 등) • 재교육(국가–민간 협력을 통한 국가 재교육정책 마련 등)

출처 : 한국교육학술정보원(2020). KERIS와 시작하는 인공지능 교육.

(5) 한국

우리나라도 과학기술정보통신부에서는 인공지능 집중 소프트웨어 중심대학을 추가 선정하고, 일반 대학에서는 첨단 기술 관련 인재를 향후 10년 동안 8만 명을 육성하기 위해 인공지능대학원을 늘리고 있다. 그뿐만 아니라 인공지능 교육을 할 수 있는 교사 5천 명을 양성하기 위해 교육대학원에 '인공지능 융합교육' 전공 과정을 개설한다고 발표하였다. 또한 '차세대 소프트웨어(SW)교육 표준 모델'에서는 '인공지능과 융합'을 별도의 독립적 영역으로 설정하여 차세대 교육에서의 인공지능 교육을 강조하였다.

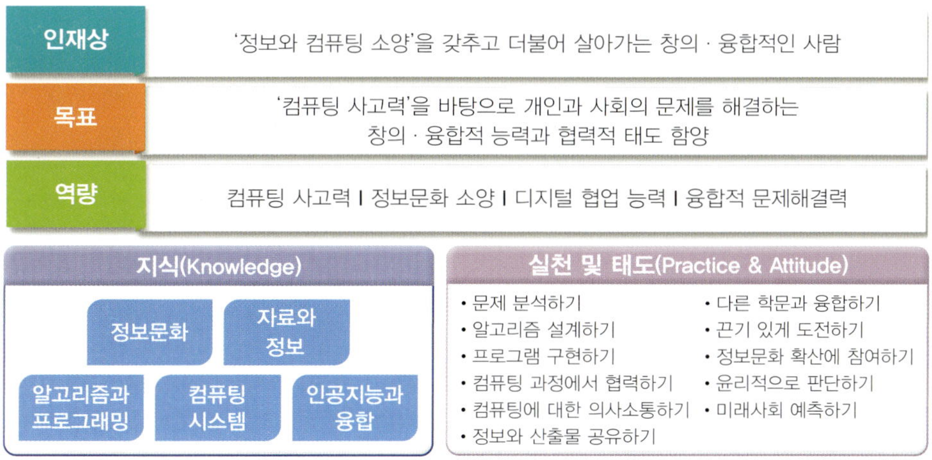

|그림 2–4| 2019 SW교육 표준모델

출처 : 교육부(2020). 정보교육 종합계획.

국내 정보교육 종합계획(교육부, 2020)에 따르면 '지능정보 사회의 소양을 갖추고 세계를 선도하는 인재 양성'이라는 비전을 이루기 위해 '모두의 AI 역량을 기르는 정보교육'을 목표로 '교육과정 체계화', '미래형 교육 인프라 구축', '국가 AI 인재 양성' 등을 제시하였다.

〈표 2-6〉 **한국 정보교육 종합계획 개요**

<table>
<tr><th>발 표</th><th colspan="2">주요 인재 양성 계획</th></tr>
<tr><td rowspan="3">미래 핵심 역량을 갖춘 인재 육성</td><td>교육과정 체계화</td><td>• 초등학생부터 체계적인 정보 AI 역량을 기를 수 있도록 정보교육과정 강화</td></tr>
<tr><td>세계를 선도하는 국가 AI 인재 육성</td><td>• AI 영재학교 운영
• AI 심화교육 강화
• AI 융합교육 거점고 운영</td></tr>
<tr><td>정보 · AI 교육 우수 모델 발굴 · 확산</td><td>• AI 교육 길라잡이 자료 보급
• AI 교육 선도 시범 학교 운영</td></tr>
<tr><td rowspan="2">전문적 역량을 갖춘 교원 양성</td><td>현직 교사의 정보 · AI 교육 역량강화</td><td>• 생애주기별 교원 연수
• 교육대학원 연계 지원
• 우수 정보 교사 발굴
• 정보 교사 연구 지원</td></tr>
<tr><td>예비 교원(교 · 사대)의 정보 · AI 교육 역량강화</td><td>• 초중등 교원의 AI 융합 및 정보교육 역량강화
• 정보 · AI 교육 지도 역량을 측정
• 교원 임용 시험 개선</td></tr>
</table>

출처 : 한국교육학술정보원(2020). KERIS와 시작하는 인공지능 교육.

또한 기존의 정보 및 수학 교과와 연계하고, 초등학교 저학년부터 고등학교에 이르는 AI 교육을 위한 초중고 AI 교육의 내용 및 범위 기준인 'AI 교육 기준안'을 마련하였다. 이는 2022 개정 교육과정에 포함되어 각 학교급별로 배포하였다. 기준안에서는 학교급별 수준을 고려하여 초등학교는 '놀이 체험'을, 중학교는 'AI의 원리 이해와 실생활 적용'을, 고등학교는 'AI의 원리

습득과 교과 융합'을 중심 기본 방향으로 삼고 있다. 주요 내용은 AI의 이해, AI의 원리 적용, 사회적 영향(윤리 포함) 등이다.

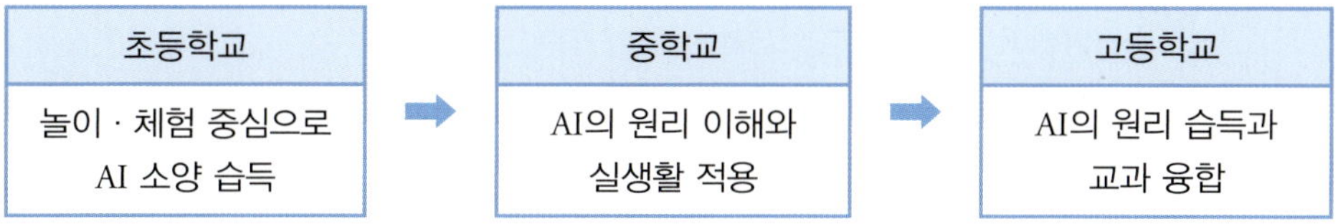

|그림 2-5| **학교급별 AI 교육의 기본 방향**

한국인공지능교육학회에서는 인공지능의 학문 분야, 기술의 발달 순서, 지식의 위계를 고려하여 인공지능 교육의 대영역을 3주제 7개로 구분하여 제시하였다. 따라서 인공지능 교육을 위한 프레임워크로 다음과 같은 일곱 가지 대주제와 세부 내용을 발표하였다.

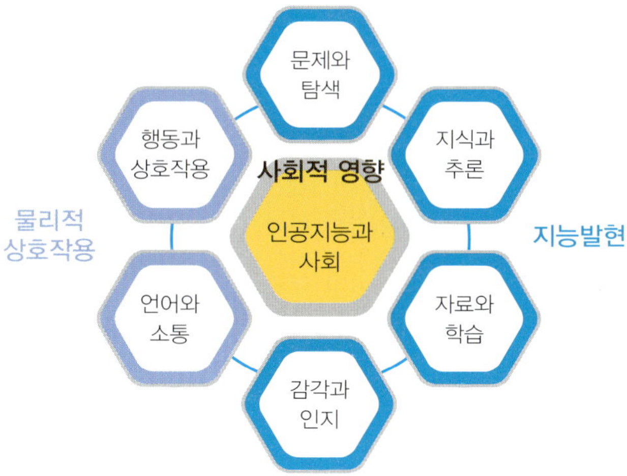

|그림 2-6| **인공지능의 대영역**

출처 : 한선관(2020). 인공지능교육 프레임워크.

〈표 2-7〉 인공지능 교육의 일곱 가지 대주제 및 세부 내용

대주제	세부 내용
문제와 탐색	지능의 인식, 사고력의 이해, 문제해결의 과정, 탐색의 과정, 휴리스틱 탐색, 탐색의 구조화
지식과 추론	지식표현, 추론, 계획, 불확실성 처리, 애매 모호성, 시간적 추론
자료와 학습	자료과학, 통계와 확률, 자료의 패턴과 특징
훈련과 학습	지도 학습, 비지도 학습, 강화 학습
감각과 인지	감각과 지각, 패턴인식과 인지, 문자패턴, 시각인식, 소리인식, 음성분석, 촉각 인식 언어와 소통 : 자연어 처리, 문서작성, 음성처리, 자동번역, 감정 분석, 질의응답, 정보 검색
행동과 작용	센싱, 로보틱스, 물리적 반응과 행동, 인터페이스, 인터랙션, 시각화
인공지능과 사회	사회적 영향, 윤리적 과제, 안전과 신뢰성, 프라이버시, 기술 오남용, 책임성, 인간정체성, AI 공포심

출처 : 한국교육학술정보원(2020). KERIS와 시작하는 인공지능 교육.

3. 인공지능(AI) 교육 방향

1) 인공지능(AI) 교육의 방향

인공지능의 교육을 하기 위해서는 우선 교육의 목표와 인재 양성의 방향을 설정하고 내용을 체계적으로 구성하여야 한다. 이에 한선관(2020)은 인공지능 교육을 위한 방향을 이해하고 이에 맞는 접근 방안을 다음과 같이 논의할 필요가 있다고 언급하였다.

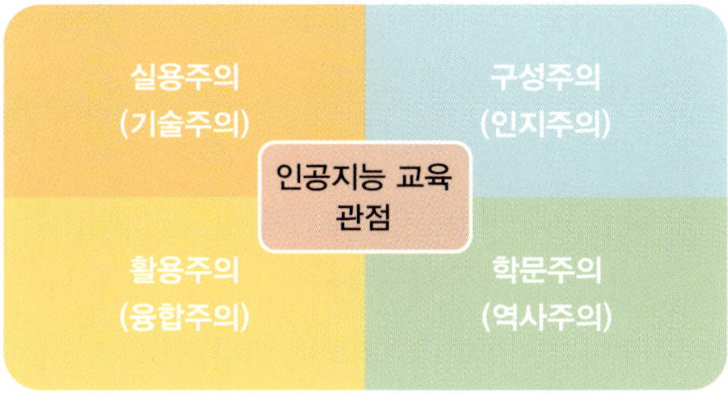

|그림 2-7| **인공지능 교육의 관점**

출처 : 한선관(2020). 인공지능 교육 프레임워크.

첫째, AI 교육을 실용주의(기술주의) 관점에서 접근하는 것이다. 이것은 현재 가장 강력하고 유용한 인공지능 이론과 기술을 중심으로 교육해야 한다는 것이다. 현재 AI에서 가장 이슈가 되는 머신러닝 중 딥러닝의 공학적 기술을 중심으로 교육의 주제를 정하고 수업을 구성하는 방식을 중심으로 하는 것이다. 이는 데이터의 전처리를 포함한 데이터과학-기계 학습-인공지능 서비스를 교육 내용의 중심에 둘 수 있다.

둘째, AI 교육을 학문주의(역사주의) 관점에서 접근하는 것이다. 인공지능을 제대로 이해한다는 것은 인공지능이 발전한 역사의 과정에서 다루었던 개념, 원리, 알고리즘, 방법론과 다양한 개발 사례를 종합적으로 이해하는 것이다. 이것은 기계 학습에 국한하기보다 탐색, 지식표현, 추론, 패턴인식, 자연어 처리, 로봇 공학 등 인공지능의 개념을 서사적 차원에서 과거의 사실과 현재의 기술 동향, 그리고 미래의 전망을 모두 포함하여 다루는 것이다.

셋째, AI 교육을 구성주의(인지주의) 관점에서 접근하는 것이다. 인공지능을 인간과 비슷하게 만들어가는 공학적 관점보다는 지능이 무엇이고 인간의 행동과 판단, 계획 등의 특징을 기계의 지능으로 파악하여 이해하는 방법이다. 세상으로부터 데이터를 입력받아 학습하고, 이를 통해 추론하여 무엇인지 인식한 다음 소통과 상호작용의 과정을 통해 문제를 해결해 가는 인지주의적 접근 방식으로, 인공지능을 알아가도록 교육하는 내용을 포함한다.

넷째, AI 교육을 활용주의(융합주의) 관점에서 접근하는 것이다. 인공지능을 하나의 모듈로 구성한 뒤 다양한 분야의 문제를 해결하는 데 활용하는 방식으로 이해하는 관점이다. 다양한 산업에 인공지능 모듈을 적용하거나 다양한 교과 수업의 목표를 위해 활용하며, 서로 다른 학문 분야와 융합하여 다양한 문제를 해결하고 인간의 삶을 개선하는 것을 포함한다. 인공지능의 세부 내용과 원리를 알기보다는 활용하는 데 중점을 둔다.

2) 인공지능(AI) 교육의 유형

한선관(2020)은 인공지능 교육의 유형을 이해 교육, 활용 교육, 가치 교육으로 나누어 제시하였다. 이러한 세 가지 교육의 유형에 대한 인식을 통해 각 유형의 교육들이 독립적이기보다는 상호보완적으로, 통합적으로 구성되어 적용되어야 효과적이라고 제안하였다.

|그림 2-8| 인공지능 교육의 유형

출처 : 한선관(2020). 인공지능과 교육, 무엇을 준비해야 하나.

첫째, AI 이해 교육은 AI의 용어, 지식, 개념, 원리, 법칙, 알고리즘 등의 이론과 실습을 통해 AI의 지식과 기능을 갖추는 데 중점을 둔다.

둘째, AI 활용 교육은 자신 또는 생활에서 주어진 문제를 해결하기 위해 AI를 활용하는 내용과 방법을 다룬다. 이론적 지식의 형성보다는 산업 융합, 교과 융합, 교육 정책 활용 등 AI 활용 능력과 AI 기술의 개발, 융합 서비스와 창의적 아이디어 산출 등 기능적이고 실용적인 내용을 중점적으로 다룬다.

셋째, AI 가치 교육은 AI에 의해 나타나는 사회적 영향과 윤리적 이슈를 다룬다. 개인의 삶과 직업, 사회적인 변화와 윤리적 영향, 그리고 인류가 처하게 될 이슈를 태도와 실천의 관점을 중점으로 다룬다.

따라서 각 AI 교육 유형에 따른 내용을 따로 학습하기보다는, 이해 교육의 과정에 적절하게 배치하고 그에 따른 사회적 영향과 윤리적 이슈에 대한 부분을 연계하는 것이 효과적일 수 있다. 활용 교육에서 자연스레 이해 교육으로 연계되며, 윤리 교육에서 이해 교육의 필요성을 이끌어 내는 과정을 통해 AI 교육의 목표와 내용, 그리고 방법을 찾게 될 것이다.

인공지능은 기본적으로 컴퓨터과학을 기반으로 이루어져 있다. 또한 경험적 방법의 절차화와 수학, 알고리즘을 필요로 하기에, 컴퓨팅 사고를 기본 소양으로 요구한다. 인공지능 교육은 기초교육을 포함한 인공지능 이해를 위한 기본 소양 교육을 목표로 한다. 따라서 인공지능 교육의 조작적 정의는 '인공지능 시대에 필요한 소양을 내용학적 관점에서 이해 가능한 형태로 초중등 교육에 접근하는 것'을 말한다.

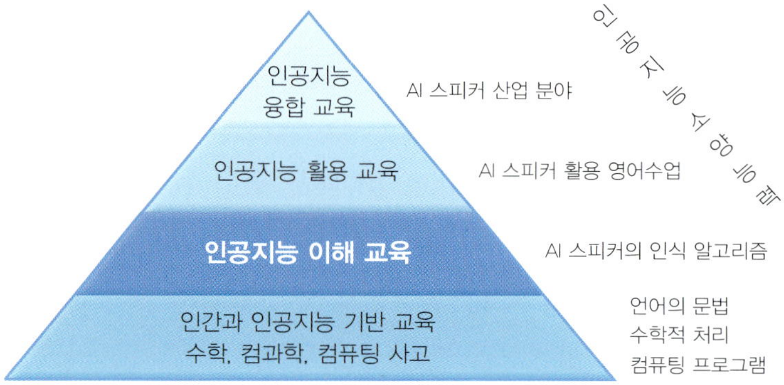

|그림 2-9| **인공지능 소양 능력**

출처 : 김태령 · 류미영 · 한선관(2020). 초중등 인공지능 교육을 위한 프레임워크 기초 연구.

인공지능 교육의 목표는 인공지능의 지식, 기능, 태도의 관점을 갖추어야 하며, 인공지능 교육을 통해 기르고자 하는 인간상 또는 역량을 포함해야 한다. 이에 따라 한선관(2020)은 인공지능 교육의 목표를 '인공지능의 원리와 개념을 이해하고, 지능적으로 문제를 해결하며 인간과 인공지능이 공존하는 사회에 필요한 인공지능 사고 역량 신장'이라고 제안하였다.

4. 인공지능(AI) 활용 교육

교육 분야에 AI가 도입된 시기는 1970년대로 거슬러 올라가야 한다. 당시 연구원들은 컴퓨터로 일대일 개인 지도를 대체할 방법을 연구했다. 교사의 일대일 지도는 학습자에게 가장 효과적인 접근법이지만, 모든 교사와 학습자 간의 일대일 지도란 불가능한 일이기 때문이다(Bloom, 1984). 따라서 룰 기반의 AI 기술을 활용하여 적응형 학습 및 개인화 학습을 자동으로 구현하고자 하는 노력이 이루어졌다(Carbonell, 1970). 이러한 시도로부터 교육 분야에서 AI의 적용은 학생 대상 AI(학습 및 평가 지원 도구)와 시스템 대상 AI(교육 관리 지원)를 포함하여 여러 방향으로 발전해 왔다(Baker, Smith, & Anissa, 2019). AI와 교육 간의 상호작용은 단순히 교실에서 AI를 학습에 활용하는 수준을 넘어 시민들이 AI 시대에 살 수 있도록 대비시키는 것을 의미한다. 또한 교육 분야에서 AI는 교육학 측면뿐 아니라 사회구조, 접근성, 윤리, 형평성, 지속가능성 등의 이슈에서도 빛을 발하고 있다. AI를 활용하여 무언가를 자동화하기 위해서는 먼저 철저한 이해가 선행되어야 하기 때문이다.

AI와 교육의 접목을 통해 지속가능한 발전을 실현하려면, AI의 모든 편익을 파악하여 활용하는 한편, 위험을 식별하고 완화해야 한다. 따라서 SDG 4라는 궁극적 목표를 향해 핵심적인 교육 기반을 근본적으로 재편하는 방법을 지속해서 검토할 필요가 있다.

또한 교육에 AI를 도입하면 어떤 성과를 거둘 수 있을지 다음과 같은 의문을 제기할 필요가 있다.

1. AI가 가져올 수 있는 진정한 이점은 무엇인가?
2. AI가 단지 유행하는 에듀테크 트렌드가 아닌 실제로 교육적 수요를 충족시킬 수 있는지 어떻게 확인할 수 있는가?
3. AI는 어떻게 활용될 수 있는가?

AI로 창출될 효과를 극대화하고, 잠재적 위험을 최소화하려면 다음과 같은 핵심 질문에 대한 사회 전반의 대응이 필요하다.

1. 어떻게 하면 AI를 활용하여 교육의 질을 제고할 수 있는가?
2. 교육 분야에서 AI의 윤리적인, 포용적인, 공정한 활용은 어떻게 보장할 수 있는가?
3. AI 시대에 교육은 어떻게 인간이 살아가고 일할 수 있도록 준비시킬 수 있는가?

유네스코는 이러한 복합적인 문제에 대처하기 위해 중국 정부와 협력하여 'AI 시대의 교육 계획 : 도약을 이끌다'라는 주제로 베이징 국제인공지능교육(2019)을 개최했다. 50명 이상의 정부 장·차관, 100개 이상의 회원국, 유엔 기관, 학술 기관, 시민 사회 및 민간 부문의 약 500명의 국제 대표들이 참여했다. 그들은 'SDG 4-2030년의 교육과 2030년 이후 교육의 미래'라는 맥락에서 AI의 사회 전반의 영향을 면밀히 검토했다. 그에 따라 도출된 결과물은 앞서 언급한 세 가지 질문과 관련된 핵심 이슈와 정책 권고안에 대한 'AI와 교육에 대한 베이징 합의(Beijing Consensus on AI and Education)'였다(UNESCO, 2019).

1) 교육의 질 강화를 위한 AI 활용

지난 10년 동안 학습을 지원하거나 강화하는 AI 도구의 사용은 기하급수적으로 증가하였으며, 코로나19 대유행 당시 온라인 학습 요구에 따라 더욱 증가해 왔다.

교육의 질을 높이기 위한 AI의 활용은 교육 관리 분야, 학습과 평가 분야, 교사 역량강화 분야에서 주로 활용되었다.

(1) 교육 관리와 수행을 위한 AI 활용

AI 기술은 교육의 원활한 관리와 수행을 지원하기 위해 점점 더 많이 사용되고 있다. 이러한 행정 지원 기반 AI는 교수·학습을 직접적으로 지원하는 대신 교육행정정보시스템(EMIS)을 기반으로 입학, 시간표 작성, 출석 및 숙제 모니터링, 학교 전반에 대한 점검 등 학교 관리의 측면을 자동화하도록 설계되었다. 때로는 학습 분석(Du Boulay, Poulovassilis, Holmes, & Mavrikis, 2018)으로 알려진 데이터 마이닝 접근법을 사용하여 학습 관리 시스템에서 생성된 빅데이터를 분석하여 교사와 관리자에게 정보를 제공하고, 때로는 학생을 위한 지침을 제공한다. 예를 들어, 학습 분석을 통해 어떤 학생이 학습 부진인지 미리 예측할 수 있다. 학습 분석의 결과물은 시각적 대시보드의 형태를 취하기도 하며(Verbert, Duval, Klerkx, Govaerts, & Santos, 2013), 데이터 중심 의사결정을 알리는 데 사용되기도 한다. 교육 시스템에서 추출한 빅데이터는 정책 결정에도 기여할 수 있다.

공교육 기관은 빅데이터를 활용하여 디지털 기반의 대화형 데이터 시각화를 통해 교육 행정 체계에 대한 최신 정보를 정책입안자에게 제공할 수 있다. 예를 들어, 난민 출신의 학생들을 위해 구축된 학습 관리 시스템의 데이터 산출물은 교육의 균등한 기회와 최적의 학습 지원 조건을 결정하는 데 도움이 될 수 있다. AI는 학습자의 개인별 요구와 학습 수준을 분석해 플랫폼 전반에서 학습 콘텐츠를 선별할 수 있는 잠재력도 입증했다. 모든 학습자의 접근성 보장을 위해 AI를 활용하여 수천 가지의 공개교육자원(OER)을 선별하고자 한 프로젝트가 시도된 사례가 있다(Kreitmayer, Rogers, Yilmaz, & Shawe-Taylor, 2018). 그러나 데이터 기반 분석이 신뢰성과 공평한 결론을 도출하고, 유용하게 활용되려면 원본 데이터나 그 표본이 정확하고 편견이나 잘못된 가정이 없어야 하며, 측정 방식이 적절하고 견고해야 한다. 학교 행정 지원을 위한 AI의 활용은 AI와 교육에 대한 폭넓은 논의가 수반되어야 한다. 교육 관리와 수행을 위한 AI 활용 동향은 다음과 같다.

① 교육용 챗봇

챗봇은 클라우드 기반 서비스와 AI 기술을 이용한 온라인 대화형 프로그램이다. 사용자가 질문을 입력하거나 말하면 챗봇이 응답하여 정보를 제공하거나 간단한 작업을 수행한다. 챗봇의 정교함은 크게 두 가지 수준으로 분류된다. 미리 프로그래밍된 스크립트로 작성된 응답에서 선택하기 위해 규칙과 키워드를 사용하는 챗봇이 있고, 자연스러운 언어 처리와 머신러닝을 사용하여 고유한 응답을 생성하는 가상 비서 챗봇(Siri, Alexa, DuerOS, Xiaoyi) 등이 있다. 교육적 맥락에서 챗봇의 활용은 점차 증가하고 있다. 예를 들어, 학생 입학 지원, 24시간 연중무휴 정보 제공, 학습 직접 지원 등의 기능을 수행한다.

② OU Analyse

영국의 Open University가 설계한 AI 애플리케이션으로, 대학의 교육관리 정보시스템(EMIS)에서 빅데이터를 분석하여 학생들의 성과를 예측하고 낙제할 위험에 있는 학생들을 식별하기 위해 설계되었다. 대시보드 기능을 활용하여 교수자나 지원팀에서 쉽게 접근할 수 있다. 궁극적인 목표는 과정을 완료하는 데 어려움을 겪을 수 있는 학생들을 지원하는 것이다(Herodotou, Gilmour, Boroowa, Rienties, Zdrahal, & Hlosta, 2017).

③ Swift

교육행정정보시스템(EMIS) 시스템에서 e-Learning 모듈에 생성된 데이터를 활용할 수 있도록 지원한다. 학습자 상호작용을 통해 수집된 데이터를 통해 학습자가 언제, 어떤 이유로 어려움을 겪거나 또는 성취를 이루게 되는지에 대한 가치 있는 정보를 제공한다. 데이터 분석을 통해 학습자 선호에 따른 맞춤화된 학습 경로를 제시할 수 있다.

④ ALP

미국에서 개발되어, 표준교육기술을 지원하는 백엔드 AI 기능을 제공한다. ALP 시스템은 사용자 데이터를 분석하여 각 학생의 상호작용, 선호 및 성취도에 대한 프로필을 구축한다.

⑤ UniTime

4개 대륙 기관의 협력으로 개발된 종합적인 AI 기반 교육 스케줄링 시스템으로, 대학 강의 및 시험 시간표를 만들고, 강의 시간이나 강의실 변경 사항을 관리하며, 학생 개개인의 일정을 제공하는 역할을 한다.

(2) 학습과 평가를 위한 AI 활용

학생을 직접 지원하는 AI 기술은 연구자, 개발자, 교육자나 정책입안자들이 가장 관심을 두는 분야이다. '4차 교육 혁명(Seldon, 2018)'으로도 알려진 이 AI 기술은 전 세계 어디에서나 모든 학습자에게 양질의 개인화된 유비쿼터스 평생학습을 제공하는 것을 목표로 한다. 또한 AI는 지속적인 평가를 가능하게 함으로써 평가에 대한 새로운 접근 방식을 촉진할 수 있는 잠재력을 지니고 있다(Lucki, 2017). 하지만 학습과 평가를 위한 AI 활용에는 여러 우려 사항, 즉 교육학적 접근법에 대한 우려, 교사 역할에 대한 효과와 잠재적인 영향에 대한 확고한 근거 부족, 광범위한 윤리적인 논란 등이 있다(Holmes et al., 2019). 학습과 평가를 위한 AI의 주요 활용 시스템은 다음과 같다.

① **지능형 튜터링 시스템**(ITS : Intelligent Tutoring Systems)

교육용 AI 애플리케이션 중 지능형 튜터링 시스템(ITS)은 40년 이상의 가장 오랜 기간 연구된 애플리케이션이다. ITS는 교육에서 가장 흔하게 활용되어 왔고, 많은 학생들이 경험해 왔다. 세계 유수의 기술 회사들로부터 가장 높은 수준의 투자와 관심을 끌었고, 수백만 명의 학생들과 함께 사용할 수 있도록 전 세계 교육 시스템 전반에 도입되었다.

일반적으로 ITS는 수학이나 물리와 같은 구조화된 과목을 각 학생에게 개별화된 단계별 튜토리얼로 제공한다. ITS는 인지과학 같은 과목에 대해 전문가 지식을 바탕으로 학습을 지원함으로써 최적의 학습 경로를 결정한다. ITS는 Moodle, Open edX와 같은 학습관리시스템과 Kahn Academy와 같은 플랫폼에서도 구현된다.

학생이 학습활동에 참여하는 동안 ITS 시스템은 지식 추적과 머신러닝을 사용하여 난이도를 자동으로 조정하고, 개별 학생의 오개념을 바로 잡아주고 학습 성취를 돕는다. 이를 통해 학생들은 효율적으로 주제를 학습할 수 있다. 일부 ITS는 또한 학생들의 시선 모니터링을 통해 주의 집중도를 유추하고, 학생의 정서적인 상태에 대한 데이터를 포착하고 분석한다.

현재 상용화된 ITS는 Alef, ALEK, Byjus, Mathia, Qubena, Riid, Squirle AI 등을 포함하여 60개 이상이다. 최고의 ITS와 최고의 교사들을 활용하는 것을 목표로 하는 Hi-Tech Hi-Touch 프로젝트는 현재 베트남의 학교에서 교육위원회에 의해 테스트되고 있다.

② **대화 기반 튜터링 시스템**(DBTS : Dialogue-Based Tutoring Systems)

대화 기반 튜터링 시스템(DBTS)은 자연어 처리 등 AI 기술을 사용하여 인간 교사와 학생 사이의 음성 튜토리얼 대화를 시뮬레이션한다. 주로 컴퓨터공학을 주제로 단계별 온라인 작업을 수행하는 데 활용되지만, 최근에는 덜 구조화된 과목에서도 활용되고 있다.

DBTS는 소크라테스식 교수법을 채택하여 학생 스스로 문제에 대한 적절한 해결책을 찾도록 유도하는 대화를 전개하고자 한다. 따라서 직접적인 지침을 바로 제공하기보다는 인공지능으로 만든 질문을 통해 학습시키고자 한다. DBTS는 학생들이 교수 · 학습 과정에 직접 참여하여 창작하는 과정을 장려함으로써 학습 주제를 심층적으로 이해할 수 있도록 지원하여 기존의 ITS를 보완할 수 있다.

현재 상용화된 DBTS는 상대적으로 적은 편이고, 대부분은 연구개발 프로젝트 단계에 있다. 가장 잘 알려진 사례로는 AutoTutor(Graesser, VanLehn, Rosé, Jordan, & Harter, 2001), IBM과 Pearson Education이 개발한 상업 시스템인 Watson Tutor가 있다.

③ **탐구 학습 시스템**(ELE : Exploratory Learning Environments)

ITS 및 DBTS의 단계별 접근 방식에 대한 대안으로 탐구 학습 시스템(ELE)이 꼽힌다. ELE는 구성주의적 철학을 채택한다. 즉, ITS가 선호하는 '지식 전달' 모델처럼 정해진 단계별 순서를 따르기보다는 학습환경의 요소를 탐구하고 기존 배경지식과의 연계를 통해 학습자 스스로 지식을 적극적으로 구성하도록 권장한다.

ELE에서 AI의 역할은 지식 추적과 머신러닝을 기반으로 자동화된 지침과 피드백을 제공하여 탐구 학습에서 종종 발생할 수 있는 인지 과부하를 최소화하는 것이다. 피드백을 제공함으로써 학습에서 발생하는 오개념을 바로잡고, 대안적 접근 방식을 제안하기도 한다.

④ **자동 작문 평가**(AWE : Automated Writing Evaluation)

자동 작문 평가(AWE)는 컴퓨터로 작업하는 학생들을 즉각적으로 지원하며 참여시키는 대신 자연어 처리를 포함한 AI 기술을 활용하여 작문에 대한 자동 피드백을 제공한다. 일반적으로 두 가지 AWE 접근 방식이 있다. 학생들이 최종적으로 작문 과제를 제출하기 전에 과제를 점검할 수 있는 형성평가 형태의 AWE와 학생들의 작문을 자동으로 채점하는 총괄평가 형태의 AWE이다.

실제로 대부분의 AWE는 피드백에 대한 점수를 매기는 데 초점을 맞추고 있다. AWE는 주로 평가 비용을 절감하도록 설계되었으므로 행정 지원을 위한 AI 구성요소로 간주할 수 있다. 그러나 이러한 AWE가 도입된 이후, 총괄 AWE는 논란이 되어 왔다(Feathers, 2019). 예를 들어, 학생이 제출한 작문 과제에서 문맥적으로 맞지 않더라도 문장 길이와 같은 표면적인 특징으로 점수를 매긴다는 비판을 받아왔다. 즉, 횡설수설한 글을 식별하지 못한다는 것이다. 또한 창의성을 평가할 수 없다는 점도 제기되었다.

AWE는 작문의 '딥페이크'를 식별하는 데 익숙하지 않다. 즉, 개별 학생의 작문 스타일을 모방하면서 전문 지식을 활용하여 AI 기술에 의해 작성된 에세이를 판별하는 것이 매우 어렵다. AI를 활용한 채점이 할당 표시를 하는 것은 채점이 지닌 가치를 과소평가하는 것일 수도 있다. 비록 채점이 시간 소모적이고 지루할 수 있지만, 교사들이 직접 채점함으로써 학생들의 능력을 이해할 수 있는 최고의 기회가 될 수 있기 때문이다.

그러나 AWE는 학생의 작문 능력을 향상시키고, 자율적 학습과 메타 인식과 같은 고차원적인 학습 프로세스를 촉진하기 위해 피드백을 제공하는 데 활용될 수 있다. AWE는 총괄평가의 성격을 지닌 동시에 형성평가의 성격을 지녔다.

주요 사례로 WriteToLearn, e-Rater, Turnitin이 많은 교육적 맥락에서 사용되고 있다. 관련 접근법으로는 이전에 교사들이 평가한 학생 데이터를 바탕으로 새로운 학생들의 음악적 역량을 평가한 Smartmusic이 있다.

⑤ **AI 기반 독해, 언어 학습**(AI-supported reading and language learning)

독해와 언어 학습 도구와 AI의 접목은 점차 증가하고 있다. AI 기반 음성인식과 함께 ITS 기반 학습 경로 개인화를 사용하는 사례도 있다. 음성인식 기술은 일반적으로 학생들의 발음 향상 피드백을 제공하기 위해 학생들의 음성과 원어민의 샘플 녹음을 비교하는 데 사용된다. 자동번역은 학생들이 다른 언어로 된 학습 자료를 읽을 수 있도록 돕고, 다른 문화권의 학생들이 서로 더 쉽게 상호작용할 수 있도록 지원한다. 한편 학생들에게 개별적인 피드백을 제공하기 위해 독해 능력을 감지하고 자동으로 분석하는 시스템도 있다.

대표적인 상용화 애플리케이션으로는 AI Teacher, Amazing English, Babbel, Duolingo 등이 있다.

⑥ **스마트 로봇**(Smart robot)

학습 장애를 지니고 있거나 학습에 어려움을 겪고 있는 아이들을 위해 AI 기반의 로봇 혹은 '스마트' 로봇의 교육 이용에 관한 연구도 이루어지고 있다. 일례로, 자폐증을 앓고 있는 학생들의 의사소통 역량과 사회성 신장을 위해 자칫 혼란을 주기 쉬운 인간과의 상호작용보다는 예측 가능한 기계적 상호작용을 제공하는 언어능력이 있는 휴머노이드 로봇을 만든 사례가 있다.

또 다른 사례로는 질병이나 난민 위기 등 인도주의적 차원의 문제로 인해 학교에 출석할 수 없는 학생들을 위한 텔레프레전스 로봇이 있다.

한편 싱가포르의 유치원 수업에서도 어린아이들에게 컴퓨터 프로그래밍과 다른 STEM 과목을 소개하기 위해 Nao나 Pepper 등의 휴머노이드 로봇을 사용한 사례가 있다(Graham, 2018).

⑦ **티처블 에이전트**(Teachable agent)

학습 효과는 단순히 배우는 것에 그치지 않고, 그 주제를 다른 사람들에게 가르침으로써 더 깊이 있고 더 잘 보존할 수 있다고 알려져 있다. 이 효과는 다양한 AI 접근법과 결합되었다.

예를 들어, 앞서 언급한 ELE의 Betty's Brain에서 학생들은 베티라고 불리는 가상의 동료 학생에게 강물 생태계에 대해 가르친다. 학생이 가상 에이전트에게 수학에 기반한 교육 게임의 규칙을 가르치는 스웨덴의 연구 프로젝트도 있다(Pareto, 2009). 스위스의 연구 사례에서는 어린아이들이 휴머노이드 로봇에게 필기를 가르침으로써 메타 인지, 공감, 자존감을 자극하는 것으로 나타났다(Hood, Lemaignan, & Dillenbourg, 2015).

⑧ **교육용 가상/ 증강현실**(Educational Virtual and Augmented Reality)

교육 분야에서 가상현실(VR)과 증강현실(AR)은 사용자 경험을 향상시키기 위해 머신러닝 등 AI 기술과 자주 결합되는 혁신 기술이다.

VR은 천문학, 생물학, 지질학을 포함한 여러 과목에서 접목되어 왔다. VR 고글은 물리적인 세계를 차단하는 몰입감 있는 경험을 제공함으로써 마치 화성의 표면, 화산 내부, 태아가 발달하고 있는 인간의 자궁과 같은 실제 또는 가상의 환경들로 이동한 듯한 느낌을 준다. VR 기술에 AI를 접목하여 실제와 같은 가상 아바타를 제어하거나, 자연어 처리를 사용하여 음성 제어를 가능하게 하거나, 몇 개의 시작 이미지에서 전체 환경을 생성하는 것이 가능하다.

한편 AR은 컴퓨터로 만든 이미지를 사용자의 실제 환경에 중첩시킨다. 예를 들면, 스마트폰 카메라가 특정 QR코드를 가리키면 AR 3D 인간 심장이 드러나 자세히 탐색하는 것이다. AR은 AI 기반 영상 인식과 추적도 수반할 수 있다. 인스타그램이나 스냅챗에서 사람들의 이미지에 토끼 귀나 고양이 수염을 붙이는 필터 기능 또한 AR 기반 기술이다. VR과 AR이 교육에 활용되는 예로는 Blippar, EonReality, Google Education, NeoBear, VR Monkey 등이 있다.

⑨ **학습 네트워크 오케스트레이터**(LNOs : Learning Network Orchestrators)

학습 네트워크 오케스트레이터(LNO)는 학생과 교사 네트워크가 학습에 참여하고 학습활동을 구성할 수 있도록 하는 도구이다. LNO는 일반적으로 가용성, 주제 영역 및 전문 지식을 기반으로 참가자를 매칭하고 협력과 협업을 촉진한다. LNO가 활용된 사례로 'Third Space Learning'은 수학 학습에 어려움을 겪는 영국 학생들을 다른 나라의 수학 교사와 연결해 준다. 'Smart Learning Partner'는 학생들이 데이트 앱처럼 휴대폰 앱을 통해 과외 선생님을 선택하고, 일대일 학습 지원을 받을 수 있는 AI 기반 플랫폼이다.

⑩ AI 기반 협업 학습(AI-enabled collaborative learning)

학생들이 함께 문제를 해결하는 협업 학습은 학습 성과를 향상시키는 것으로 알려져 있지만(Luckin & Holmes, 2017), 효과적인 협업 달성은 어려울 수 있다. 따라서 AI를 활용하여 다양한 협업 학습을 지원할 수 있다. AI 기반 툴로 학습자를 원격으로 연결하거나, 특정 협업 작업에 가장 적합한 학생을 식별하고 그에 따른 그룹화 작업을 수행할 수 있다. 또는 가상 에이전트로서 그룹 토론에 적극적으로 기여할 수도 있다. 구체적인 상용화 사례는 없지만 활발하게 연구되고 있는 분야이다(Cukurova, Luckin, Mavrikis, & Millán, 2017).

(3) 교사 역량강화 및 교수법 향상을 위한 AI 활용

교사를 지원하기 위한 AI의 활용은 그 잠재력에도 불구하고, 교사 대신 AI와 학습을 하는 학생 지원을 위한 AI 활용보다는 관심이 적은 분야였다. 현재 연구자와 개발자는, 예를 들어 대시보드에 ITS의 학생 데이터를 보여주는 것과 같은 가장 마지막 단계에서만 교사를 위한 설계를 반영하였다. 그러나 점차 교사를 위한 AI의 설계도 관심의 대상이 되어가고 있다.

교사의 역량강화를 위한 AI 기술은 기존에 교사들이 수행해 온 평가, 표절 감지, 행정 업무, 피드백 등의 작업을 자동화함으로써 업무량을 줄이는 것을 목표로 한다. 일부 연구자들은 교사의 업무 경감을 통해 확보된 시간은 학생들을 더 효과적으로 지원하는 데 투자되어야 한다고 주장한다.

하지만 AI가 발전함에 따라 교사의 업무 경감을 넘어서 교사의 역할이 무용지물이 될 가능성도 있다. 교사 인력이 매우 부족한 환경에서는 장점이 될 수도 있으나, 인간 교사의 존재 가치를 없애고자 하는 인식은 교사가 지닌 사회적 역할을 과소평가하는 것이다. 그럼에도 불구하고 AI 도구들이 교실에서 더 많이 사용 가능해짐에 따라 교사들의 역할이 바뀔 것으로 의견이 모아지고 있다. 아직 확실하지 않은 한 가지 사실은 이러한 현상이 어떻게 일어날 것인가이다. 교사들이 AI와 효과적으로 일할 수 있도록 새로운 역량을 구축하고 인적, 사회적 역량을 키우기 위해 적절한 전문성을 개발해야 한다.

① **AI 기반 토론 포럼 모니터링**(AI-driven discussion forum monitoring)

AI 기술은 온라인 교육을 지원하는 데 사용되며, 특히 교사나 진행자가 비동기식 토론 포럼을 모니터링하는 데 도움을 준다. 이러한 포럼에서 학생들은 주어진 과제에 대한 응답을 제공하고, 강의 자료에 대해 강사에게 질문하고, 협업 학습 기회에 참여할 수 있다.

이 과정에서 수많은 게시물이 생성될 수 있으므로, 모든 게시물은 적절하게 다뤄져야 한다. AI는 여러 가지 면에서 도움이 될 수 있다. AI 툴이 포럼 관련 게시물을 분류하여 자동으로 간단하게 응답할 수도 있고, 중복된 이슈를 제기하는 게시물은 통합할 수도 있으며, 감정 분석을 사용하여 부정적인 또는 비생산적인 감정 상태를 드러내는 게시물을 식별할 수도 있다. 이러한 시도로, 교사들은 학생들의 의견과 집단적인 우려 사항에 대해 계속적으로 정보를 얻을 수 있을 것이다. 윤리적인 문제가 제기되었기는 하지만, 미국 조지아 공대에서 개발된 'Jill Watson'은 포럼 게시물을 분류하고 다른 복잡한 게시물들은 인간 조교들에게 언급하면서 가능한 경우 질문에 대답하기 위해 개발되었다. 이 AI 기반의 보조 도구는 IBM의 왓슨 플랫폼에 기반을 두고 있다. 일부 학생 질문에 자동으로 응답하고 학생들에게 질문에 대한 답변을 이메일 보냈다. 이러한 시도는 처음에는 성공적으로 여겨졌지만, 대답을 미루거나 유머를 사용함으로써 학생들이 AI 보조 도구가 진짜 사람이라고 생각하게끔 속였기 때문에 윤리적인 비판을 받았다.

② **AI-인간 '듀얼 교사' 모델**(AI-human 'dual teacher' model)

예외도 있지만, AI는 교사들이 더 효과적으로 가르칠 수 있도록 돕기보다는 교사의 업무를 대체하기 위해 고안되었다. 중국의 외딴 시골 지역에 있는 일부 학교들은 이미 '듀얼 교사' 모델을 사용하고 있다. 이 접근법은 전문성이 있는 교사가 상대적으로 경험이 적은 교사에게 지도를 받는 지역의 학생들에게 동영상 링크를 통해 원격으로 강의를 한다. 미래에는 인공지능 조교가 이 역할 중 하나를 지원할 수 있을 것이다. AI는 전문 지식이나 전문 개발 자원을 제공하고, 특정 환경 내외에서 동료들과 협력하고, 학생들의 성과를 모니터링하고, 시간이 지남에 따라 진행 상황을 추적하는 것을 포함하여 인간 교사를 도울 수 있다. 학생들에게 무엇을 어떻게 가르칠지는 교사의 책임과 특권으로 남을 것이다. AI 도구의 역할은 단순히 교사의 일을 더 쉽고 더 학술적으로 만드는 것이다. 예를 들어, 'LeWaijiao AI classroom'은 주요한 모든 과제는 인간 교사들이 수행할 수 있도록 지원하기 위해 개발되었다.

③ **AI 학습 조교**(AI-powered Teaching Assistants)

언급한 바와 같이 많은 기술들은 교사들이 출석, 과제 채점, 같은 질문에 계속해서 답하는 것과 같은 시간 소모적인 활동들을 덜어주기 위해 고안되었다. 하지만 그 과정에서 AI가 효과적으로 수업의 많은 부분을 차지하고, 교사와 학생 사이의 관계를 방해하며, 교사를 단지 기능적인 역할로 축소할 수 있다. 예를 들어, 자동 작문 평가의 한 가지 목적은 교사들이 채점 부담을 덜도록 하는 것이다. 하지만 지적했듯이 채점은 부담스러울 수 있지만 교사가 학생들의 역량과 능력을 파악하기에 좋은 기회다. AWE를 사용하면 그 기회를 놓치게 되는 것이다.

또한 AI 기반의 학습 조교는 학습자의 사회적 요구뿐만 아니라 교사들의 독특한 기술과 경험을 과소평가한다. 단순히 컴퓨터 기반 교육을 자동화하는 대신 AI는 기존의 교육학 등으로는 성취가 어려운 교수 · 학습의 가능성을 여는 데 도움을 줄 수 있다. 이는 AI 학습 조교(AI TA)를 통해 교사의 전문성 강화를 목표로 할 것이다(Luckin, 2017).

교사와 학교가 교육 혁신을 촉진할 수 있도록 지원하기 위해 설계된 몇 가지 AI 애플리케이션 사례가 있다. 이에 관한 연구가 일부 수행되었지만, 실제 환경에서 활용되기 위해서는 많은 기술적, 윤리적 문제를 극복해야 할 것이다.

2) 교육의 공익성 확보를 위한 AI 활용

AI는 이미 교육 분야 전반에 도입되어 활용되고 있다. 그러나 AI 기반 애플리케이션들은 최첨단 기술과 고유의 능력을 발휘하여 교수 · 학습 혁신을 선도하기보다는 실습의 자동화 그 이상을 수행하지는 못하고 있다. 다시 말해 지금까지 AI 연구진과 교육계 개발자들의 관심과 노력은 복잡한 지식 암기와 기억력이라는 상대적으로 쉬운 부분에 집중되어 왔다. 협업 학습, 새로운 평가 및 점수 부여 방법 등 더 복합적인 교육 문제를 다루기 위한 제품은 상용화되기는커녕 제대로 연구되지도 않았다. 이에 따라 AI가 교육의 공익성 강화를 위해 활용될 수 있는 혁신적 방안을 제시하고자 한다.

(1) AI 기반 평생학습 동반자(AI-driven lifelong learning companions)

교육과 AI의 접목은 모든 학생들이 자신만의 선생님을 갖기를 바라는 욕구에서 시작되었다. 엄밀히 말하면 스마트폰의 기능과 관련 기술을 활용하여 학습자 개개인에게 평생 함께할 수 있는 AI 기반 학습 동반자를 만드는 것은 어려운 일이 아닐 것이다. 학습 동반자는 교육주의적 ITS 방식으로 학생들을 가르치기보다는 학생들이 무엇을 어디서, 어떻게 배울지 결정하는 데 도움을 주기 위해 개인의 흥미와 목표를 바탕으로 지속적인 지원을 제공할 것이다.

또한 학생이 새로운 목표를 해결하고 학습 관심사와 성과를 연결하면서 장기적인 학습 목표를 성찰하고 수정할 수 있도록 돕기 위해 설계된 개별화된 학습 경로를 안내할 수 있다. 이러한 장점에도 불구하고 아직 상용화된 제품은 극소수에 불가하다. 앞으로 AI 기반 평생학습 제품 개발 및 연구가 더욱 활발히 진행되어야 한다.

(2) AI 기반의 지속적 평가(AI-enabled continuous assessment)

입시 위주 시험의 타당성, 신뢰성, 정확성을 명확하게 입증할 수 있는 근거는 거의 없지만, 입시 위주 시험은 전 세계 교육 생태계의 핵심이다. 시험을 치르기 위해 교육기관은 깊이 있는 이해와 진실한 적용보다 일상적인 인지 능력과 지식 습득(AI에 의해 대체되는 지식의 종류)을 우선시한다.

실제로 AI는 이미 기존 평가에 두루 접목되고 있다. 예를 들어, AI 기반 얼굴인식, 음성인식, 키보드 역학 및 텍스트 포렌식 기술이 원격 학습자를 위한 시험에서 지원자를 검증하는 데 점점 더 많이 사용되고 있다. 그러나 AI 기반의 평가가 일부 학생들(대면 평가에 참여하기가 어려운 장애 학생들)에게 혜택을 줄 수 있지만, 이러한 도구들의 효과성은 확실하게 검증되지는 않았으며, 시험 기반 평가 관행의 문제를 개선하기보다는 고착화한다. 이 경우 학생들의 진도를 모니터링하고, 목표 피드백을 제공하고, 학생들의 숙달도를 지속해서 평가하기 위해 설계된 AI 도구가 대안이 될 수 있다. 모든 데이터는 학생들의 공교육 환경에서 계속해서 수집된다.

기존의 입시 위주 시험의 대안으로 AI 기반의 지속적인 평가를 활용하는 것은 매력적일 수 있지만, 극복해야 할 과제도 분명히 있다. 학생들이 학습하는 동안 역량을 입증할 수 있도록 하는 것은 어떤 면에서는 유리하지만, 지속적인 모니터링 없이도 역량을 평가할 수 있는 방법은 명확하지 않다. 아울러 모니터링은 많은 윤리적 문제를 수반한다.

(3) AI 기반 평생학습 성취도 기록(AI-enabled record of lifelong learning achievements)

'AI 기반 e-포트폴리오'는 학생의 비형식 학습(악기 연주 또는 기술 취득), 무형식 학습(언어 습득) 데이터와 함께 학생들이 정규(형식) 교육을 받는 동안 기록된 모든 평가 정보를 수집하기 위해 사용될 수 있다. 포트폴리오상의 기록은 블록체인 기술에 의해 작성되고 인증되어 지능형 동적 이력서가 될 것이다. 학생들은 자신의 학습경험과 성취도에 대해 시험 인증서, 자격증의 모음보다 훨씬 더 구체적이고 신뢰도가 높은 기록을 갖게 될 것이다. e-포트폴리오는 향후 진학 및 취업 시 고등 교육기관이나 고용주와 함께 공유할 수 있을 것이다.

3) AI 시대에 인간을 대비시킬 수 있는 교육

컴퓨터는 데이터, 패턴 식별, 통계적 추론을 요하는 업무에서는 인간을 능가하는 반면, 인간은 공감, 자기 방향, 상식, 가치 판단 등이 필요한 업무에서 더 나은 성과를 내고 있다. 따라서 AI 시대에 학생들이 살아가는 법을 배우기 위해서는 컴퓨터가 어떤 것을 잘하는지 집중하기보다는 인간만이 지닌 고유한 기술(비판적 사고, 의사소통, 협업, 창의력)과 생활 전반에 스며든 AI 도구를 활용한 협업 능력을 함양할 수 있는 교육이 필요하다.

4차 산업혁명은 현대 생활의 많은 측면, 특히 노동 시장에 영향을 미치고 있다. 이미 많은 나라에서 AI가 표준화되어 반복적인 작업에 대한 효율성을 혁신했지만 자연스럽게 많은 일자리가 사라지고 있다. 글로벌 컨설팅 기업들의 분석에 따르면, AI에 의해 대체되거나 새롭게 창출되는 일자리에 대해서는 구체적인 의견은 나뉘지만, 공통적으로 AI는 많은 새로운 일자리 기회를 창출하고 전반적으로 긍정적인 경제적 이득을 얻을 수 있을 것으로 예측한다. 장기적인 결과가 어떻든 간에, AI로 인해 고용의 본질은 바뀔 가능성이 크다(Barrett, 2017). 수백만 명의 근로자가 치명적이고 부정적인 영향을 받을 수도 있다. 따라서 많은 사람들이 재교육을 받아야 할 것이다. 새로운 기술로 일할 수 있는 사람들과 그렇지 못한 사람들 사이의 기술 격차는 계속해서 커질 것이다. 기술에서 소외된 노동자들은 고용시장에서 제외될 것이고, 중산층에게는 '공백'이 생길 것이다(Smith & Anderson, 2014). 이렇듯 기회와 위험의 조합은 AI 기술의 발전이 모든 사람에게 어떻게 도움이 될 수 있는지를 판단하기 위한 범세계적인 협업이 필요하다.

최근 ILO 보고서인 '더 나은 미래를 위한 일 : 미래 직장에 관한 글로벌 위원회'에서는 다음과 같이 밝히고 있다.

> 노동 생활의 질을 높이고, 선택을 확장하고, 성차별을 해소할 수 있는 무수한 기회들이 앞에 놓여 있으며, 세계적 불평등이 초래한 피해를 줄일 수 있다. 하지만 이러한 결과는 결코 스스로 일어나지 않는다. 현존하는 불평등과 불확실성을 확대시키는 세계로 얼떨결에 빨려 들어가지 않기 위해 결단을 내려야 할 때이다.

AI가 기존의 불평등을 악화시키지 않기 위해서 모든 시민들이 AI가 무엇인지, 어떻게 작동하는지, 그리고 AI가 삶에 어떤 영향을 미칠 수 있는지 고찰해야 한다. 이를 'AI 리터러시'라고 일컫는다. AI 리터러시 강화를 위해 교사들의 역할이 매우 중요해질 것이다. 교육은 사람들의 역량, 고용 능력, 사회에 기여할 수 있는 능력을 세울 수 있도록 평생학습을 지원하는 쪽으로 전환

되어야 한다. 다시 말해, 전 세계의 교육과 훈련 접근법은 모든 시민들이 AI 시대에 조화롭게 살고 일할 수 있도록 사회적 차원의 대응을 해야 할 것이다.

AI 시대에 필요한 인간의 가치와 기술을 함양하기 위해서는 사회체계 전반에 걸쳐 몇 가지 보완점을 포함한 프레임워크를 필요로 한다.

- 모든 사람(특히 노년층)이 AI(특히 AI 알고리즘에 의해 데이터가 선택, 조작 및 해석되고 이것이 개인과 사회에 미치는 영향)와 그 의미를 확실히 이해할 수 있도록 평생학습을 촉진한다.
- 기초적인 AI 학습을 교육과정(컴퓨팅 사고, 데이터 및 알고리즘 리터러시, 코딩 및 통계 포함)에 통합하고, 이를 통해 젊은이들이 자신의 AI 도구를 생성할 수 있도록 한다.
- 심화되는 기술 격차를 해결하고 전 세계적으로 창출되는 AI 일자리를 메우기 위한 차세대 AI 전문가 양성 교육이 필요하다.
- 혁신적 공평한 AI 개발을 위한 고등교육 및 연구기관을 육성한다.
- 증가하는 AI 인력의 다양성과 포용성을 보장한다.
- 직원과 고용주의 새로운 요구사항을 예측하고 기술 향상 또는 재교육의 기회를 제공한다.

AI 시대에 인간을 대비시키기 위한 교육 프로그램 사례는 다음과 같다. 한편 이러한 기술을 지원하기 위한 다양한 AI 플랫폼과 도구들도 생산되고 있다.

- 중국에서 '알고리즘과 컴퓨터적 사고'는 교육부의 '고3 ICT 표준 교육과정'에 포함되었고, '고등교육기관 인공지능 혁신실행계획'은 중국 대학의 AI 역량강화를 목표로 하고 있다. 또한 교육부는 교사의 AI 역량강화를 목표로 하는 시범 프로그램인 'AI Boosts Teachers' Team Development'

를 발표했다.

- 미국 펜실베이니아주의 몽투르 학군은 아이들에게 AI 코딩을 가르쳐 공익을 위한 AI 설계 경험을 제공한다.
- 싱가포르의 유치원 수업에서 아이들에게 프로그래밍과 다른 STEM 과목을 소개하기 위해 휴머노이드 로봇(Nao, Pepper 등)이 사용되고 있다.
- 영국, 케냐의 Teens In AI 이니셔티브는 차세대 AI 연구자, 기업가, 리더에게 영감을 주는 것을 목표로 한다. 해커톤, 액셀러레이터, 부트캠프, 멘토링 등을 통해 젊은이들에게 사회적 인식이 높은 AI 구축 기회를 제공한다.
- 싱가포르의 SkillsFuture 이니셔티브는 디지털 역량강화 및 재교육에 초점을 맞추고 있다. 특히 AI 과학자와 엔지니어에게 기술 교육을 제공하고 AI 시대의 원활한 생활법 등 AI에 대한 기초적인 이해도 제고 교육을 제공한다.
- 핀란드 헬싱키 응용대학과 협업 개발된 AI 애플리케이션인 Headai는 채용공고를 모니터링하고 대학 교육과정을 분석해 AI 기술의 수요와 공급을 비교하는 역량 지도를 만들어 시장의 요구를 신속하게 해결할 수 있도록 했다.
- US AI4K12 이니셔티브는 인공지능진보협회와 컴퓨터공학교사협회가 공동으로 후원하는 US AI4K12 이니셔티브로, 교사들이 학생들에게 AI를 교육하도록 돕기 위해 고안된 자원을 제공한다.
- 유네스코의 'Teaching AI for K12' 포털은 전 세계 모든 교사, 또는 홈스쿨링 학생들에게 AI 교육 자원을 제공한다.

CHAPTER 03

실감미디어와 교육

CHAPTER 03

실감미디어와 교육

제1절 실감미디어의 정의

1. 실감미디어란 무엇인가?

4차 산업의 시작과 함께 우리의 삶도 과거와는 다르게 다양하게 변화하고 있다. 최근 우리는 인공지능, 빅데이터, 핀테크, 가상현실을 활용하여 과거보다 더 편리한 삶을 누리고 있다. 초기의 가상현실은 고가의 하드웨어와 양적 또는 질적 콘텐츠의 문제로 일상생활에 빠르게 스며들지 못했다. 그러나 코로나19 팬데믹 현상으로 전 세계가 언택트(untact) 환경으로 변화하면서 VR(가상현실), AR(증강현실), XR(확장현실, eXtended Reality)을 넘어 메타버스(metavers)까지 현실과 가상을 이어주는 실감미디어 서비스가 큰 주목을 받고 있다.

실감미디어란 가상의 콘텐츠를 '실감' 나도록 체험할 수 있게 만드는 기술을 말한다(다음 백과, https://100.daum.net/encyclopedia/view/). 즉, 오감을 통해 미디어 콘텐츠를 체험하는 기술이라 할 수 있다. 과학기술이 발전하면서 미디어의 종류도 더욱 다양해졌으며, 이러한 미디어의 발전은 '보다 실감 나는 미디어'와 연결되게 되었다. 더욱 큰 화면, 더욱 깨끗한 화질, 더욱 풍성한 오디오 등 이 모든 것들은 이용자들에게 더욱 현실감 있게 다가가기 위해 만들어진 것들이다.

이러한 것들과 함께 등장한 실감미디어의 대표 주자가 바로 3D, 4D 기술이다. 우리가 단순히 시각적으로만 즐기는 것에서 그치지 않고 오감을 이용해 체험할 수 있게 하거나, 입체적으로 볼 수도 있게 해주고 있다. 가상현실을 직접 체험하는 듯한 착각을 불러일으키는 VR, 몸에 직접 착용해서 사용하는 웨어러블 기기, 스크린 없이도 영상을 연출하는 홀로그램 등도 여기에 포함된다.

2. 실감형 콘텐츠

가상현실이라는 공간 속에서 실제와 비슷함을 느낄 수 있도록 하기 위한 실감형 콘텐츠는 문화, 교육, 금융, 건설, 의료, 국방 등 다양한 산업과 융합되면서 우리 삶의 질 향상에 영향을 주고 있다. 최근에는 고사양 하드웨어가 등장하고, 5G 통신을 통해 고용량 및 고품질 콘텐츠가 제공되면서 사물 및 경험에 대한 몰입감을 높이고 자유로운 상호작용을 통해 사용자의 경험 영역도 확장되고 있다.

1) 실감형 콘텐츠의 개념

콘텐츠를 어떤 소재나 내용에 여러 가지의 문화적 공정을 통해 가치를 부여하거나 가치를 드높인 것으로 정의한다면, 실감형 콘텐츠는 정보통신기술(ICT)을 기반으로 인간의 오감각을 극대화하여 실제와 유사한 경험을 제공하는 차세대 콘텐츠를 말한다. 이는 인간과 콘텐츠의 능동적 상호작용성과 오감을 만족시키는 경험을 제공한다. 실감형 콘텐츠는 게임, 영화를 넘어 교육, 의료, 자동차 등 다양한 분야로의 발전 가능성을 가지고 있다(강재신, 2017 : 372).

2) 실감형 콘텐츠의 유형

현대사회에서 빠르게 발전하고 있는 미디어 기술은 최근 3D TV, UHD TV, 홀로그램에 이르기까지 차세대 영상 서비스 기술로 인정받고 있으며, 나아가 인간의 오감 인식 기술을 활용한 차별적인 콘텐츠 경험을 중요시하고 있다. 우리가 살고 있는 현실과 경험을 가장 실감 나게 재현해 내고자 하는 노력이 과학기술 발전에 힘입어 실감형 콘텐츠 중심의 세계를 만들고 있다.

이제 우리는 영상과 메시지를 오감으로 느끼고, 현실과 가상이 접목된 실감형 콘텐츠 경험이 가능한 시대를 살고 있는 것이다. 우리가 느끼는 실감형 콘텐츠 경험은 놀이동산의 가상현실 체험관이나 극장에서 3D 영화를 즐기는 정도였지만, 최근의 미래형 미디어 서비스와 콘텐츠는 우리 주변에서 인간에게 더 생생한 느낌을 주고 독특한 즐거움을 주는 방향으로 발전하고 있다. 이러한 이유로 우리는 주변에서 더 쉽게, 더 가까이 실감형 콘텐츠를 경험할 수 있게 된 것이다.

실감형 콘텐츠란 '다양한 센서를 이용해서 사람의 제스처, 모션, 음성 등 사람의 행위를 인식하고 분석하는 기술을 활용하여 가상의 디지털 콘텐츠를 실제의 물체처럼 조작할 수 있게 만든 디지털 콘텐츠'를 말한다(강재신, 2017 : 372).

실감형 콘텐츠는 다양한 미디어를 기반으로 실감 나는 효과와 동기화되어 재현되기 때문에 기존의 3D 입체영상에 4D 영상과 가상현실, 증강현실, 홀로그램 등의 콘텐츠뿐만 아니라 디스플레이, 컴퓨터 그래픽스, 게임 산업과 융합되어 새로운 형태의 실감형 콘텐츠를 만들어 내고 있다(강재신, 2017 : 372). |그림 3-1|에서 볼 수 있듯이, 실감형 콘텐츠가 다양하게 활용되고 있음을 알 수 있다.

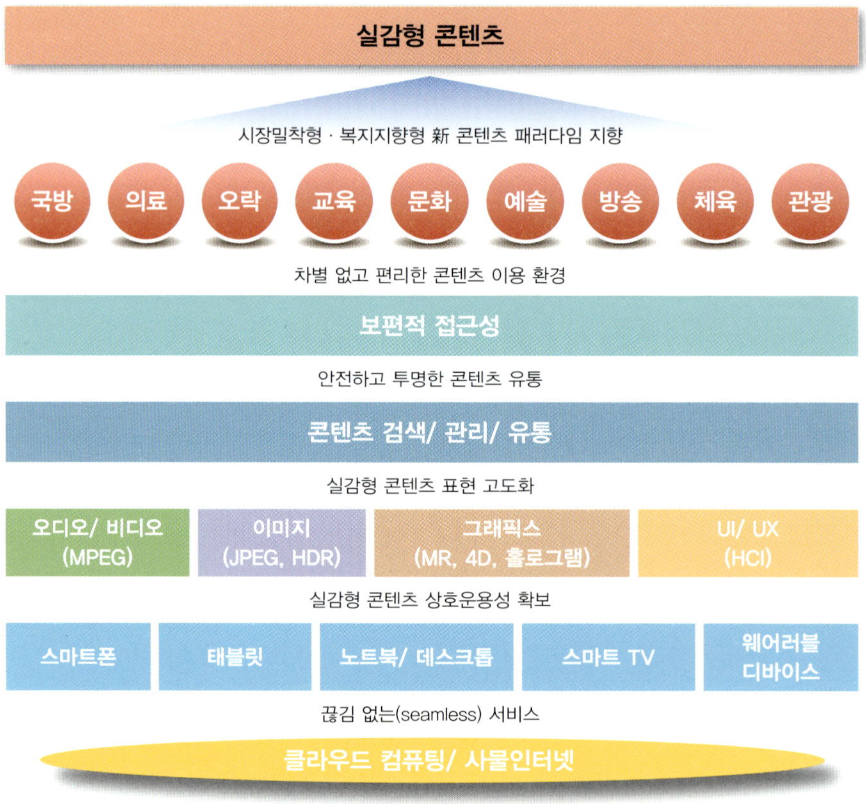

|그림 3-1| K-ICT 표준화 전략맵

출처 : 미래창조과학부(2015). K-ICT 표준화 전략맵 ver.2016 종합보고서 2.

3) 실감형 콘텐츠 활용 분야

실감형 콘텐츠는 현재 VR 체험방 같은 오락 분야 이외에도 방송, 교육, 국방, 의료 등 다양한 분야에서도 실감형 콘텐츠를 개발하고 또한 활용하고 있다.

실제로 미 항공우주국(NASA)에서는 VR 무중력 우주비행 훈련을 실시했다고 한다. 국내에서는 군부대에서 전술 훈련용 시뮬레이션과 의대생들의 백내장 수술 훈련에 VR 기술을 활용하고 있다. 광화문에 위치한 국립고궁박물관에서는 디지털 실감 영상관을 필두로 다양한 실감형 전시를 운영하고 있어, 조선시대 고궁의 정취를 생생하게 만나볼 수 있다.

4) 실감형 콘텐츠의 특징

실감형 콘텐츠는 몰입감, 상호작용, 지능화 등의 특징을 통해 높은 현실감을 제공하고, 경험의 영역을 확장하고 있다.

- immersive : 가상공간 등을 통해 오감을 극대화함으로써 실감성 제공
- interactive : 콘텐츠와 사용자 간의 상호작용
- intelligent : 데이터 분석, 인공지능 적용 등으로 지능적인 정보 제공

실감형 콘텐츠는 이용자로 하여금 어떤 환경 속에서 느끼는 실재감(sense of being)을 뜻하는 경험을 하도록 하는 것으로, 이는 가상현실이 추구하는 목표와 동일하다. 따라서 실감형 콘텐츠가 추구하는 특성에 대해 살펴보면 다음과 같다.

첫째, 사교적 풍부성(social richness)의 성격으로 미디어를 통해 상호작용할 때 사교적이거나 친밀하다고 느낄 수 있는 정도를 말한다. 둘째, 현실감(realism)의 특징으로 미디어가 얼마만큼 대상, 사건, 사람 등을 실재하는 것처럼 표

상해 낼 수 있는가를 말한다. 셋째, 이전(transportation)의 현상으로, 이용자에게 다른 어떤 곳에 존재하는 것과 같은 느낌을 준다는 것이다. 넷째, 몰입(immersion) 현상으로, 이는 매체에 의해 가상 환경 속에 빠져들어 있다는 느낌을 갖게 되는 것이라고 할 수 있는데, 지각적 몰입(perceptual immersion)과 심리적 몰입(psychological immersion)의 두 가지 모두를 포함한다. 다섯째, 매체 내 사회적 행위자(social actor within medium)의 특성으로, 이는 매체 속의 인물이나 대상과 상호작용을 하는 것처럼 느끼게 되는 경우를 말한다. 마지막으로 매체가 사회적 행위자(medium as social actor)가 되는 경우인데, 매체 내의 사회적 행위자에게 반응하는 것이 아니라 매체 자체가 행위자처럼 이용자와 상호작용하게 될 때 이용자는 보다 실재감을 느끼게 된다는 것이다. 이러한 실감형 콘텐츠 구현의 근본적인 과제는 커뮤니케이션 매체와 공간을 어떻게 결합시키느냐 하는 것에 있다. 즉, 테크놀로지와 공간의 완전한 결합, 즉 합체(embodiment)가 가상현실의 중요 쟁점이라 할 수 있다(강재신, 2017 : 372).

3. 실감미디어 서비스 구성요소

실감미디어 서비스의 한계점을 극복하려는 연구는 다양한 기술 분야에서 이루어지고 있다. 이를 보편적인 입장에서 접근하면 실감미디어 생산 및 제작, 실감미디어 유통 및 배포, 그리고 실감미디어를 소비하는 재현으로 나눌 수 있다. 실감미디어 콘텐츠를 제작하는 사업자는 영상을 촬영하는 순간부터 실감체험을 위한 효과를 고려하여 제작해야 한다. 또한 기존에 제작된 영상을 기반으로 실감미디어로 변환하는 과정은 사용자가 느끼게 되는 경험적 체험 효과를 고려해야 한다.

최근에는 영상을 촬영하는 시점에서 다양한 센서를 기반으로 실감효과가 추가된 실감미디어를 만들고자 하는 연구가 시도되고 있다고 한다. 이렇게 만들어진 실감미디어는 유통 사업자 또는 서비스 사업자에 의해 미디어 서버, 방송 서버, 유튜브와 같은 포털 서버 기술에 의해 사용자에게 전달된다. 사용자는 다양한 실감미디어를 재현할 수 있으며 실감미디어와 상호작용을 통해 새로운 실감효과를 제작할 수도 있다.

사용자에 의한 상호작용의 결과는 실감미디어 유통 사업자 서버나 실감미디어 저작 사업자에게 전달되게 되어 사용자의 경험적 실감효과가 생성되게 된다.

4. 실감미디어 서비스 기술 동향

실감미디어 서비스 요구사항에서 언급한 여러 가지 문제점들을 해결하기 위해 국내외 많은 연구가 진행되고 있다.

1) 국내 기술 동향

국내 한 기업에서는 SMMD(Single Media Multiple Devices) 기반 유비쿼터스홈 미디어 서비스 시스템 개발을 통해 실감체험을 위한 미디어 포맷 및 디바이스 제어 기술을 확보하고 있다. 또한 멀티버스 서버 기술 및 대용량 콘텐츠 전송 기술 개발을 통해 사용자가 이용하는 실감 데이터를 받아들여 가상공간의 아바타에 반영되게 하는 멀티버스 서비스 기반 실감 엔터테인먼트 게임 서비스 플랫폼을 개발하고 있다(오현우 · 윤재관 · 장종현 · 박광로, 2011 : 4).

S전자는 3D 객체의 복잡성, 크기 또는 사용자의 시청 유형에 따라 3D 객체의 중요한 부분부터 순차적으로 전송하는 기술을 개발하고 있다. 또한 실

시간으로 사람의 감정, 얼굴 표정, 움직임을 3D 아바타를 통하여 실현시키거나 제스처를 아바타를 통하여 표현하는 기술을 기반으로 모션 기반 게임을 개발하고 있다(오현우 외, 2011 : 4).

M대학교에서는 사용자가 실감효과 데이터를 편리하게 제작할 수 있도록 실감효과 타입 추가, 그룹 효과 지정 및 재사용 기능을 제공하는 4D 저작 기술을 개발하였으며, G과학기술원에서는 미디어의 장면에 따라 효과 정보를 전달하여 촉감 효과를 제공하는 기술을 개발하였다(오현우 외, 2011 : 4). 실제 실감미디어를 활용하고 있는 예로 DMZ 생생누리 실감미디어 체험관, 경주 알천미술관 실감미디어아트 홀 등이 있다.

그뿐만 아니라 인간의 촉각과 관련된 TSI(Tangible Space Initiative) 연구를 수행하여, 시청각 연구에 비해 낙후된 후각, 촉각, 오감 관련 데이터를 통합하여 콘텐츠와의 접속을 통해 지원하려는 시도도 진행되고 있다. 국내의 한 업체에서는 4D 입체 공연, 제품 홍보 발표회 등에서 실감효과를 가미하여 사용자 실감을 자극할 수 있도록 하기 위해 공연자 제스처 인식 기술과 홀로그램을 연결하는 제품인 "HyperStage"를 이용하여 S전자 휴대폰 론칭쇼, 디지로그 사물놀이 공연 등을 선보이기도 하였다(오현우 외, 2011 : 5).

2) 국외 기술 동향

실감미디어 서비스와 관련하여 국외의 기술 동향은 프랑스에서의 3D 체험 콘텐츠 제작에서부터 사용자, 소비자 누구나 제품을 3D로 제작, 공유 및 체험할 수 있는 3D 콘텐츠 제작을 위한 플랫폼 소프트웨어를 개발하였다. 그 결과 3차원적인 몰입감을 증대시키는 프로그램을 이용하여 몰입감을 제공하고 있다. 프랑스의 한 통신사에서는 특정 플랫폼을 기반으로 원격 실시간 3D 게임을 개발할 수 있는 프레임워크를 개발하기도 하였다(오현우 외, 2011 : 6).

유럽의 28개 기관에서 공동으로 가상세계(Second Life, IMVU, OpenSim, Google Earth)와 현실세계(센서, 액츄에이터, 비젼, 뱅킹, 여행 등) 사이의 상호호환성을 제공하는 프레임워크를 개발하기 위한 Metaverse 프로젝트를 수행하고 있다. 게임을 하면서 바람, 진동, 조명 효과 등을 게임의 장면에 따라 연동하여 재현시켜 주는 기술을 개발하기도 하였다(오현우 외, 2011 : 6).

대표적으로 체험형 전시관 시장을 선도하고 있는 유니버설 스튜디오에서는 3D 기법에 실감효과를 제공하는 디바이스와 소품들을 이용한 형태로 실감체험효과를 제공하고 있다. 미국의 Carnegie Mellon University에서는 "Real Time Distributed Objects for Interactive Multimedia" 프로젝트로 인터랙티브한 멀티미디어 서비스를 실시간으로 제공하기 위한 시스템 개발을 추진하고 있으며, 스마트한 환경에서 다양한 하드웨어 및 이동성을 보장하는 시스템의 구조를 연구하여 유비쿼터스 환경에서 비서와 같은 서비스를 사용자에게 제공하려고 하고 있다. 또한 인간의 뇌가 사고하는 방식으로 접근하여 3D Motion Tracker, Computer Animation, Music의 다양한 분야의 기술을 스탠퍼드대학 등과 협력하고 있다고 한다(오현우 외, 2011 : 6).

제2절 실감미디어를 활용한 교육

이미 교육 분야에서는 PC나 노트북, 스마트폰과 태블릿PC 등 컴퓨터 디바이스를 이용한 비대면 원격 수업을 병행해 왔다. 이에 실감미디어로 기존 시각교육 중심이 아닌 실제 체험 경험을 구현해서 학습 효과를 높이고자 노력하고 있다. 가상현실이라는 공간 속에서 실제와 비슷한 감성을 느낄 수 있도록 하기 위한 실감형 콘텐츠는 문화, 교육 이외에도 다양한 산업과 융합되어 활용되고 있다. 최근 다양한 콘텐츠가 제공되면서 몰입감을 높이고 다양한 상호작용을 통해 사용자의 경험적 영역을 확장시키고 있다. 그 예로 어린이들을 위한 통일교육을 살펴볼 수 있다.

1. 실감미디어를 활용한 교육

한반도 통일미래센터에서 운영 중인 'KTX VR 통일열차'와 강원도 고성군 제진역에서 북한으로 떠나는 기차여행 'PTX 통일교육' 등 실감미디어를 활용하여 북한에 대한 이해, 평화와 통일에 대한 가치관 및 한반도에 대한 미래 지향적 사고를 만들어가고 있다.

실감미디어를 활용한 통일교육은 기존 교육과 또 다른 매력을 보여주고 있다. 다시 말하면 가상현실에서 실제로 보고 느낄 수 없는 북한의 다양한 모습을 실감미디어 콘텐츠로 구현할 수 있기 때문이다. 현세대들이 경험하지 못한 전쟁, 분단이라는 것과 북한의 생활문화를 가상으로 경험함으로써 평화에 대한 보편적 가치를 쉽게 이해하고, 과거와 현재, 그리고 미래의 남과 북의 모습을 보며 민족공통성 회복 등 다양한 경험을 얻을 수 있도록 하고 있다. 비록 가상현실이지만 이렇게 체험화된 경험이 쌓이면 기존 통일교육의 한계를 넘어 새로운 통일교육의 패러다임을 구축해 나갈 수 있을 것이다.

이러한 장점 때문에 통일부와 유관기관에서 다양한 실감미디어를 기반으로 한 서비스를 준비하고 있다. 실제 교육에 활용된 실감형 콘텐츠로 'VR로 본 강화도 민통선 지역', '미디어아트로 구현한 화엄동굴' 등을 그 예로 들 수 있다.

가볼 수 없는 곳을 가상의 공간에서 안전하게 경험할 수 있다는 것이 최대 장점이다 보니 통일교육을 실감미디어로 구현하게 되면 북한의 생활문화, 북한의 주요 관광지를 가상현실을 통해 보고 느낄 수 있을 것이다(https://blog.naver.com, 2022, 통일에 새로운 상상을 더하다, 실감미디어로 바라본 통일교육).

2. 실감미디어를 활용한 교육의 한계

국내 교육 분야에서 본격적으로 실감미디어를 도입한 사례를 쉽게 찾아보기는 어렵다. 그 이유는 실감미디어 콘텐츠를 구현할 수 있는 환경적인 여건 마련에서의 제약 때문이다.

최근 교육 분야에서의 실감미디어 콘텐츠 활성화를 위해 개발 환경 개선과 이용자 표준을 정립하여 환경 여건을 마련하는 중이다. 그 일례로 교육부에서는 디지털 뉴딜의 초석 마련을 위해 초중고 대상으로 과학실험공간을 구축할 계획을 가지고 있으며, 과학기술정보통신부에서는 경찰 훈련에서 특공대원을 대상으로 AR 기반 복합테러 상황 대응교육 시스템 개발을 논의 중이다. 또한 방송통신위원회에서는 초등학생, 장애아동에 대한 교육 효과를 높이기 위해 EBS 실감형 교육 콘텐츠 제작 지원을 발표하기도 했다. 앞으로 보다 나은 교육을 위한 실감미디어 활용을 위해서는 다음 사항에 대해 고려해 보아야 할 것이다.

첫째, 콘텐츠는 요리와 같다. 좋은 재료를 써야 좋은 음식이 나오듯, 좋은 원천자료를 확보해야 가공과 편집을 통해 좋은 콘텐츠가 나올 수 있을 것이다.

둘째, 모든 세대가 공감할 수 있는 스토리텔링을 구축해야 한다.

셋째, 실감미디어 기반 교육을 위한 거버넌스 구축이다. 재미와 학습, 그리고 기술적 표현에 따라 오히려 잘못된 인식과 편견이 양산될 수 있다. 엔터테인먼트적 요소가 강한 실감미디어에 교육이라는 사명이 더해져 교육의 방향성을 잡아야 한다.

CHAPTER 04

교육용 콘텐츠

제1절 교육용 콘텐츠의 정의

제2절 교육용 콘텐츠의 종류

제3절 교육에서 교육용 콘텐츠 적용 사례

CHAPTER 04

교육용 콘텐츠

제1절 교육용 콘텐츠의 정의

교육용 콘텐츠는 교육과 콘텐츠의 합성어로 교육이라는 방식을 전하는 모든 형태를 교육용 콘텐츠라 할 수 있다. 개인 소장 목적이 아닌 타인에게 보여주기 위함 혹은 전달하기 위한 목적이 크다는 것이 콘텐츠가 가지는 특성이다. 그런 점에서 교육과 일맥상통한다. 교육 역시 개인이 소장하는 혹은 즐기기보다 누군가에게 전달하는 것을 목적으로 하기 때문이다. 그리고 교육은 과거 아날로그 시대 활자 중심에서 이루어질 수밖에 없었으나 현재 기술의 발전으로 입체적인 형태의 교육용 콘텐츠들이 생산되고 있다. 활자 중심 교육에서는 특정 연령이나 특정 타깃 등을 배제하는 상황을 만들었다. 이는 의도치 않았지만 발생한 상황이라 할 수 있다. 예를 들어, 시력이 안 좋거나 장애인의 경우 활자 접근성이 낮을 수밖에 없다. 또한 해당 교육을 듣기 위해 거리가 먼 경우에도 문제는 생길 수 있다. 혹은 비용에서도 진입 장벽은 존재한다.

이런 문제점을 극복하고 더 많은 사람들에게 교육이라는 콘텐츠에 대한 접근성을 낮출 수 있는 역할이 디지털화된 혹은 기술적인 발전을 통해 가능해졌다.

활자 중심 교육용 콘텐츠

자체제작 디지털 형태의 교육용 콘텐츠

활자 중심 교육에서 디지털 형태의 교육용 콘텐츠로 넘어오면서 생기게 된 변화는 교육 시장 전체에 변화를 가져왔다. 활자 중심 교육에서 전할 수 있는 분야의 한계를 극복하게 됐다. 기존 교육이라는 분야의 통념적 이미지는 정규 교과 중심 혹은 학교에서 진행하는 교육의 틀 속에 존재했다. 하지만 지금의 교육 장벽은 학교를 넘어 모든 분야에서 접할 수 있다. 이는 교육 시장에 대한 변화를 뜻하고 거기에 반응하여 다양한 형태로 공급이 이루어지게 만들었다.

현재 교육 시장은 나노 시장 혹은 마이크로 시장이라고도 불린다. 이렇게 불리게 된 이유에는 교육 시장의 수요 변화가 크게 기여한다. 현재 교육 시장의 소비자들은 취미, 일상, 그리고 사소한 분야까지도 교육 수요가 존재하며, 전문성을 갖추길 원한다. 예를 들어, 취미와 일상의 경우 가방 만들기, 반려동물 장난감 만들기, 캔들 만들기 등이 있다. 이는 기존에도 수요가 있었으나 교육이라는 한 범주에 속하기에는 부족함이 있었으며, 사회적 통념도 그렇지 못했다. 하지만 디지털 형태의 교육용 콘텐츠 제작이 활발해지면서 교육 시장에서의 수요, 공급도 크게 증가했다.

우리 일상 속 사소한 분야까지도 교육용 콘텐츠로 제작하기 시작했다는 말이다. 예를 들어, 청소하기, 수납함 정리하기, 좋은 식당 선택 방법, 그리고 씻는 방법 등 과거에는 당연했던 일들이 이제는 교육용 콘텐츠로 만들어지기 시작했다. 그리고 전문화된 교육 과정을 거쳐 커리큘럼, 자격증, 직업으로 만들어지고 있다. 사소한 일상이 사회적으로 하나의 생산적인 영역을 차지하는 창직(Job Creation)으로 이어지고 있다.

다음 사진에서 볼 수 있듯 예전에는 교육이란 분야에서 접할 수 없던 부분들까지 하나의 콘텐츠로 제작되어 사람들에게 전달되고 있으며 소비되고 있다. 이러한 변화는 과거 활자로만 전달할 수 있었던 한계를 극복하고 다양한 형태, 즉 디지털 콘텐츠의 특성으로 인해 생긴 변화이다.

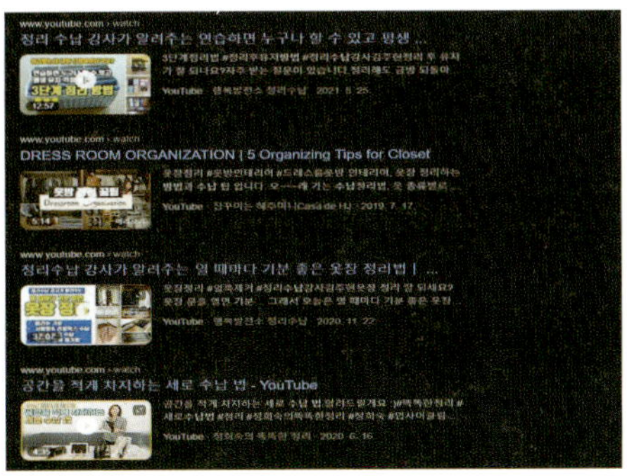

수납함 정리 방법 소개 콘텐츠

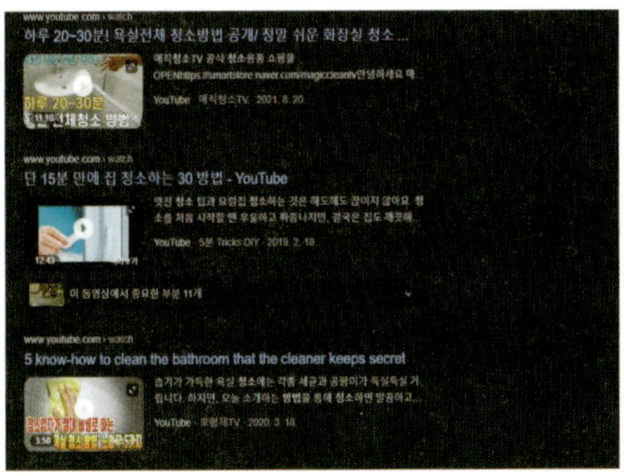

청소 방법 소개 콘텐츠

활자가 가지는 과거 권위적인 이미지가 해체되면서 생긴 변화라고도 할 수 있다. 과거 활자, 책은 사회적 고위층이 누리며, 지식에 대한 접근성을 제한

했다. 책에 담긴 내용은 접근성을 제한할 만큼 권위적이고 절대적이며 사회적으로 파급력이 있다. 힘을 담고 있는 책의 권위만큼 그 속에 담기는 내용 역시도 그에 걸맞아야 한다. 그래야만 그 힘이 유지될 수 있다. 하지만 디지털이라는 형태로 만들어진 교육용 콘텐츠는 이러한 사회적 통념을 해체하고 재구성하기 충분했다. 누구나 접근할 수 있다는 디지털 콘텐츠의 특성상 어떠한 형태로든, 어떤 내용이든 만들어질 수 있다.

또한 디지털 콘텐츠는 공간의 제약이 없고 형태에 구애를 받지 않는다. 그리고 이런 장점은 디지털 콘텐츠의 다음과 같은 특성으로 이어진다. 디지털 콘텐츠의 대표적 특성은 효과성, 지속성, 확산성이다. 가장 먼저 효과성은 기존 활자 형태보다 전달력에서 뛰어나다. 콘텐츠의 제작 목적이 '나'가 아닌 '상대방' 입장에서 제작해야 한다는 점에서 디지털 형태는 기존보다 친절한 형태라 할 수 있다.

시각 장애인의 경우 해당 아날로그 형태의 교육이 가지는 진입장벽에 가로막힌다. 하지만 디지털 형태의 교육용 콘텐츠는 장소에 구애받지 않으며, 시각이 아니더라도 다른 방법들을 제공한다. 음성, 촉각, 그리고 오감으로 이어지는 다양한 형태로 교육을 수강할 기회가 생긴다. 이런 시각에서 본다면 디지털 형태의 교육용 콘텐츠는 과거보다 친절하고 효과적이라 정의할 수 있다. 또한 교육이 가지는 권위와 수직적인 과거 이미지에서 벗어날 수 있는 기회를 만든다. 텍스트로만 이루어진 콘텐츠보다 영상 및 이미지를 활용하여 제작된 콘텐츠가 효과적이며, 수요가 높다는 것은 이미 피부로 느끼고 있다. 가장 가까이서 확인할 수 있는 예로는 검색 시장의 변화이다. 과거 우리는 국내 검색 포털 사이트인 네이버를 이용하여 원하는 자료를 찾았다. 요리하는 방법이나 식당, 길 찾기, 법률문제까지도 말이다. 하지만 지금에 와서 똑같은 상황에 처했을 경우를 가정한다면 동영상 플랫폼인 유튜브에서 찾기 시작했다. 같은 문제를 겪고 있더라도 더 효과적으로 해결할 수 있으며, 필요하다는 방법을 선택한 것이 바로 디지털 콘텐츠로 정보를 전달하는 유튜브이다.

2021년 조사에서 알 수 있듯 유튜브를 이용하는 이용자가 57.4%에 달한다. 유튜브가 검색 플랫폼이 아니라는 것을 보면 이 수치가 유의미하다는 것을 알 수 있다. 또한 10대, 20대로 내려갈수록 유튜브를 이용한다는 인원이 69%까지 보인다. 그리고 50대, 60대 역시도 유튜브를 통해 정보를 찾고 있다. 이를 통해 가까운 미래에는 정보를 습득할 수 있는 기회와 방법을 발전된 디지털 형태로 제공받는 형태로 나아갈 것이다. 결국 우리 사회는 정보 전달 혹은 교육이라는 차원에서 콘텐츠 형태가 디지털로 변화할 수밖에 없다는 것을 보여주고 있다.

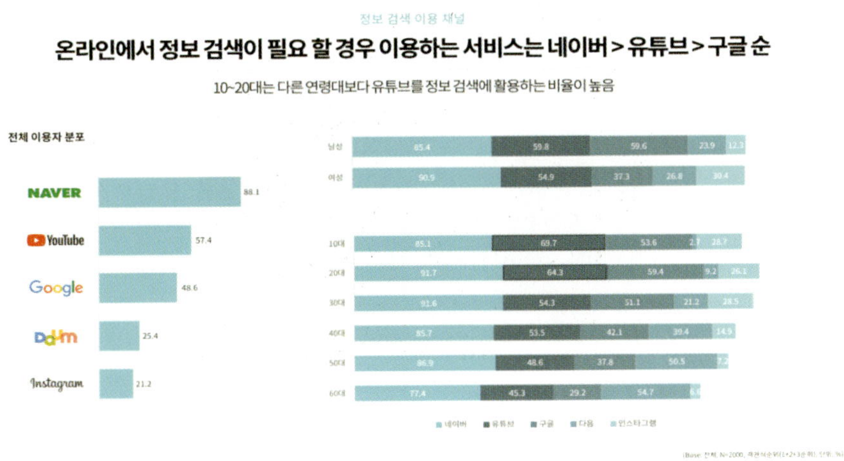

출처 : 나스미디어(2021). 2021 인터넷 이용자 조사 NPR.

다음 특성은 지속성이다. 디지털 콘텐츠는 특수한 형태 혹은 의도한 목적이 아닌 경우를 제외한다면, 처음 1회만 제작할 경우 지속적으로 사용할 수 있다. 이는 파괴되거나 삭제하지 않는 이상 영구적으로 보존할 수 있다. 디지털 콘텐츠가 가지는 지속성은 교육이라는 그릇을 담는 콘텐츠에서 더욱 빛을 볼 수 있다. 교육 진행 시 필요한 교보재, 내용, 자료들을 매번 새롭게 제작하는 수고를 줄일 수 있으며, 일정 수준 이상의 준비를 요구한다. 하지만 교육 진행자의 역량에 따라 달라지고, 낮아질 수도 있다. 디지털 형태로 제작했을 경우 처음 1회만 제작해 둔다면 이러한 문제를 없앨 수 있으며, 효과적으로 교육 운영이 가능해진다. 또한 디지털 콘텐츠는 1회 제작 이후 수정도 지속적으로 가능하다. 분야에 따라 정보가 가지는 기존 정보의 절대성은 시간이 갈수록 변화하고 약해지는 만큼 수정 · 보완이 필요하다. 그런 점에서 디지털 형태의 교육 콘텐츠는 정보가 가지는 절대성의 약점을 보완할 수 있다.

절대적인 영역이라 생각했던 과학 역시도 절대성을 가지지 않으며,
시간이 지날수록 약해지고 변화하기 때문에 수정 · 보완이 필요하다.

마지막 특성은 확산성이다. 디지털 형태는 장소와 시간에 제약을 받지 않는다는 점에서 자유롭게 이동할 수 있다. 그리고 콘텐츠 제작자가 허락하는 범위 내에서 어디에서, 누구에게, 언제든지 접할 수 있도록 만들 수 있다. 당장 수험생들이 인터넷 강의라는 방법을 선택하고, 서울에서 진행하는 인기 강사의 교육을 부산 학생이 수강할 수 있다. 또한 유튜브를 통해서 공유된 강의 등도 누구든 제약을 받지 않는다. 그리고 콘텐츠 자체의 확산성에도 의미가 있지만 콘텐츠가 그릇이라면 내용물인 정보의 확산성 역시 클 수밖에 없다. 예를 들어, 유튜브에서 '기름 때 묻은 옷을 가정에서 지우는 방법'이라는 정보를 아들이 접했다. 그러면 아들은 집 구성원들, 친구들에게도 확산시킬 기회를 가진다. 이런 점에서 본다면 콘텐츠 자체, 정보 자체의 확산성 모두에서 힘을 가진다.

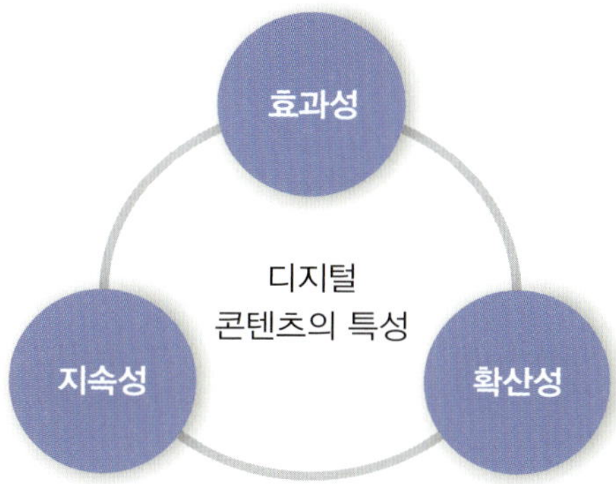

|그림 4-1| **디지털 콘텐츠의 특성**

제2절 교육용 콘텐츠의 종류

디지털 형태로 제작된 교육용 콘텐츠는 우리가 접하는 화면 너머 모든 것들로 표현할 수 있다. 당장 출력된 책 및 자료를 사진 촬영하거나 스캔하여 이미지 파일로 저장한 뒤 교육용 콘텐츠로 활용한다면 디지털 형태로 변화된 것이라 할 수 있을까? 그렇게 만들어진 자료는 하나의 이미지 형식을 갖고, 디지털로 구현된 자료임은 분명하다. 이는 앞서 언급한 디지털 콘텐츠의 세 가지 특성도 모두 충족한다. 효과성은 낮지만 책 전체에서 특정 부분만 스캔하여 전달한다는 점에서 정보 전달 측면에서 효과적이고, 이미지로 제작됐다는 점에서 삭제하지 않는 이상 영구 보존이 가능하며, 원하는 곳에 공유할 경우 확산성도 갖는다. 그런 점에서 화면 너머로 존재하는 모든 것들을 디지털 콘텐츠라 부를 수 있다.

물론 이러한 형태는 높은 기술을 가진 디지털 형태는 아니며, 기술적인 부분에서 낮은 수준의 디지털 콘텐츠라 할 수 있다.

출력된 책, 자료를 사진 촬영과 스캔을 통해 디지털 이미지로 바꾼 것도 디지털 콘텐츠라 할 수 있을까?

높은 기술을 가진 디지털 형태는 아니지만 기술적인 부분에서 낮은 수준의 디지털 콘텐츠라 할 수 있다.

앞서 언급한 책의 스캔과 같은 상황은 위와 같이 스캔 방법 혹은 제작 수준에 따라서 전자책(E-book)으로 불릴 수도 있다.

디지털 콘텐츠의 모든 형태를 정의하거나 범주를 정하는 것은 어려운 작업이며 무의미한 작업이기도 하다. 또한 낮은 수준의 디지털 콘텐츠인지, 높은 수준의 디지털 콘텐츠인지 따지는 것도 무의미하다. 후술하겠지만 과거 전자책은 단순히 텍스트를 스캔한 형태로만 존재했다. 하지만 현재는 챗봇이나 오디오북과 결합한 형태로 만들어지기도 한다. 한 영역 안에서도 다른 기술과 표현 방법에 따라 높은 수준의 디지털 콘텐츠로 불릴 여지가 존재하기 때문에 단순히 한 분야가 효과적이라 정의하기보다 교육용 콘텐츠로서 시장에서 효과적이고 수요가 있거나 미래에 유망한 형태들을 찾는 것이 보다 효과적일 것이며, 그 안에서 새로운 방법을 고민해 볼 필요가 있다.

〈표 4-1〉 교육용 디지털 콘텐츠의 종류

종 류	세부 내용
전자책	디지털로 변환한 형태의 책으로서 본연의 형태와 목적에는 가장 부합한다. 기초적인 형태이기 때문에 제작이 쉽다.
오디오북	음성으로 제작되는 교육용 콘텐츠이다. 시각적인 부분을 제외하기 때문에 운전자 및 특정 대상에게 효과적이다.
카드뉴스	디지털 그래픽 혹은 이미지, 사진으로 된 형태로서 가장 범용적으로 사용하고 있으며, 효과적인 전달이 가능하다.
웹툰	어려운 분야를 쉽게 접할 수 있도록 진입장벽을 낮출 수 있다.
동영상	동영상은 교육이 가지는 시간, 공간, 인원(선생님 혹은 진행자)의 제약 없이 진행할 수 있다.
AR	AR(증강현실)은 가상의 사물 혹은 공간을 합성할 수 있는 만큼 공간과 교육자료의 제약을 크게 줄일 수 있으며, 학생의 흥미를 크게 이끌어 낼 수 있다.
VR	VR(가상현실)은 실제와 유사한 가상 환경에서 진행하며 AR보다 높은 수준의 몰입도 있는 교육이 가능하다.
MR	MR(혼합현실)은 AR과 VR의 혼합된 형태로 현실과 상호작용이 가능하고, 교육에서 수준 높은 몰입감을 제공한다.
게임	교육적 목적을 가진 혹은 그러한 운영이 가능한 목적의 게임을 통해 높은 흥미를 제공한다.

교육용 디지털 콘텐츠의 종류에 대해 자세히 살펴보면 다음과 같다.

(1) 전자책(E-book)

E-book 혹은 digital book이라고 불리는 전자책은 기존 책을 디지털 형태로 변화시킨 경우이다. 기존 내용들을 해치지 않고 그대로 확인할 수 있다는 것과 디지털 콘텐츠 중 비교적 제작이 쉽다는 장점이 있다. 이러한 전자책을 제작하는 방법은 텍스트를 입력해서 제작하거나 스캔 그리고 코딩을 통해 높

은 수준의 움직임과 효과를 줄 수도 있다. 실제 책을 넘기는 듯한 효과도 줄 수 있다. 그렇기 때문에 누구나 제작할 수 있지만 높은 수준으로 구현하기 위해서는 이를 뒷받침하기 위한 기술이 필요하다.

대표적인 사례로 챗북이라는 형태가 있다. 챗북은 채팅 형식으로 책을 읽을 수 있도록 만든 콘텐츠이다. 긴 텍스트를 부담스러워하는 문제를 해결하고 채팅이라는 흥미로운 소재로 전자책을 제공한다는 점에서 혁신적이라는 평가를 얻고 있다. 국내 전자책 브랜드인 밀리의 서재에서 제공하는 챗북은 채팅형 독서 콘텐츠를 표방하며 시장에서 긍정적인 반응을 이끌고 있다.

전자책은 제작이 용이하다는 점과 분량이 많은 책의 경우 특정 부분을 빠르게 찾을 수 있는 디지털 형태의 장점과 결합하면 정보 전달에는 효과적일 수 있다. 가령 200페이지 정도의 책에서 필요한 페이지들만 검색하고, 이를 보여줄 수 있는 것만으로 기존 책이 가지는 단점을 해결한 것이다. 가장 큰 장점은 쉽게 제작, 준비할 수 있다는 점에서 교육현장에서 여전히 활용하고 있는 디지털 콘텐츠이다.

반면 단점이 뚜렷한 형태이다. 활자를 읽기 힘들거나 피하는 연령에게 전달하기에는 효과적인 형태가 아닐 수 있으며, 일정 수준 이상의 표현과 구현이 불가능한 한계점이 존재하여 시력이 안 좋은 노인 혹은 어린이, 시각 장애인 등을 대상으로 진행하기에는 부족함이 많은 형태이다. 그리고 문해력이 부족한 학습자라면 진입장벽이 높을 수 있다. 하지만 챗북과 같

은 콘텐츠 전달 방식의 변화로 수준 높은 교육용 콘텐츠를 제작할 수 있다는 점에서 발전 가능성은 여전히 남아 있다.

(2) 라디오(오디오북)

오디오북은 음성으로만 이루어진 디지털 콘텐츠이다. 전자책과 마찬가지로 디지털 형태 중에서도 기초적이며 원시적인 형태라 할 수 있다. 하지만 오디오북의 경우 교육용 콘텐츠로 활용하기 위한 다양한 시도가 이루어지고 있으며 필요성도 충분하다. 이를 보여주듯 오디오북 교육 시장도 형성되어 활발히 소비가 이루어지고 있다.

2020년 한국콘텐츠진흥원이 발표한 자료에 따르면 지식정보 분야가 전체에서 12.8%를 차지하면서 오디오북 산업이 크게 활성화되고 있음을 밝혔다. 국내에서 대표적인 오디오북 시장 리더는 리디북스, 밀리의 서재, 윌라 등이다. 후발주자들 역시 계속해서 등장하고 있다. 이는 오디오북의 수요도 있겠지만 접근성과 제작 진입장벽이 낮은 것도 기여한다. 지루하게만 느껴질 수 있는 고전 시가나 소설 등을 인기 연예인이 읽어줌으로써 접근성을 높이거나, 읽는 도중 특정 효과음 등을 제공하여 작품을 상상하며 더욱 풍부하게 즐길 수 있도록 만드는 등 오디오북 시장은 단순히 텍스트를 읽는 형태를 넘어선 콘텐츠를 제공하고 있다.

오디오북은 시각적인 내용을 제공할 수 없다는 치명적인 단점이 있다. 하지만 청각에만 집중하면 된다는 점에서 더욱 몰입감 있는 콘텐츠 제작이 가능하다. 그리고 제한된 감각에서 제공하기 때문에 높은 기술력에 고민하지 않아도 된다. 교육현장에서 누구나 콘텐츠 표현 방법과 내용에 집중할 수 있으면 전자책과 마찬가지로 제작 진입장벽이 낮다는 점에서 누구나 쉽게 교육용 콘텐츠로서 제작과 활용이 가능하다.

또한 텍스트를 읽기 힘든 연령과 상황에 처한 대상들에게 효과적이다. 예를 들어, 문해력이 떨어지거나 활자와 친숙하지 않은 어린이, 시력이 나빠진 노인과 시각 장애인, 그리고 운전 중인 사람의 경우 운전 외에 시각을 차단함으로써 집중할 수 있는 환경을 제공해야 하는데, 그런 점에서 운전자를 대상으로 한 영어 교육 등은 과거에도 존재했다. 이런 수요 덕분에 현재는 오디오북 시장에서 운전자를 명확히 타깃팅한 서비스를 출시, 운영하고 있는 상황이다.

그렇기 때문에 특정 연령과 상황에 놓인 학습자들에게 필요한 콘텐츠인 만큼 지속적인 고민과 발전이 필요하다.

(3) 카드뉴스(이미지)

여기서 말하는 이미지화된 디지털 콘텐츠는 모든 그래픽 형식의 이미지를 지칭하는 것이 아닌 카드뉴스만을 한정해서 소개한다. 카드뉴스는 현재 가장 많이 제작되고 있으며, 소비되고 있는 형태의 콘텐츠이다. 당장 SNS 접속 혹은 포털 사이트에 검색했을 때 제공되는 화면의 대부분이 카드뉴스이다. 카드뉴스는 교육, 마케팅, 공지 등 모든 분야를 막론하고 제작되고 있다. 그만큼 정보를 전달하기에 효과적이며 수요도 많다.

카드뉴스의 특징은 다음과 같다.

첫째, 스토리 순서로 배치하여 내용을 제공할 수 있다. 원하는 정보만큼 하나의 화면에 담는다. 그리고 다음 정보는 다음 화면에 배치한다. 이렇게 카드마다 정보들을 제한하여 제공하는 것이 가능하다. 이를 통해 보다 몰입도 있는 정보 전달이 가능하며, 궁금증을 유발할 수도 있다. 짧은 정보를 빠르게 찾길 원하는 현 트렌드를 잘 보여주는 디지털 콘텐츠의 표본인 셈이다.

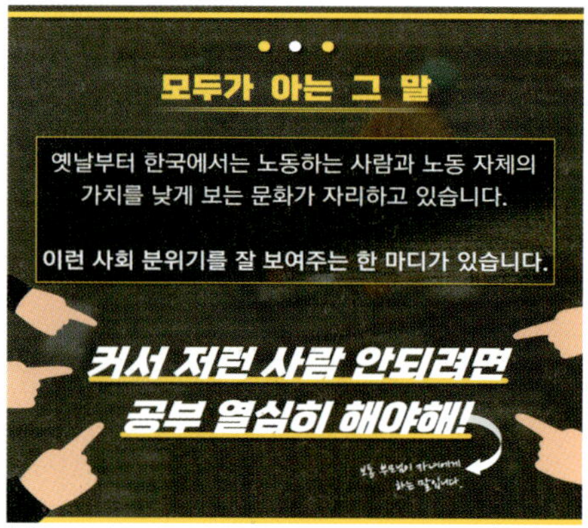

위 카드뉴스를 보면 왼쪽 사진에서 '공부 안 하면 나중에 저런 사람 된다?'라는 텍스트를 배치한다. 이는 읽는 사람으로 하여금 다음 문장을 궁금하게 만들어 본 콘텐츠에 대한 흥미를 유발할 수 있도록 제한된 정보만을 제공한 셈이다. 그리고 다음 내용으로 손이 가도록 만든다. 이러한 특징은 카드뉴스가 가지는 제한된 정보만을 화면에 배치할 수 있게 되면서 생기는 장점이다.

둘째, 한 화면에 텍스트와 이미지가 결합된 형태이다. 내용의 이해를 도울 수 있거나 관련된 이미지, 사진이 존재한다. 그리고 텍스트를 함께 배치함으로써 효과적인 내용 전달이 가능하다. 해당 내용을 접한 사람은 사진만 보더라도 어떤 흐름과 분위기인지 대략적인 유추가 가능해진다. 이것은 카드뉴스가 텍스트 중심의 콘텐츠가 아닌 이미지 중심의 콘텐츠이기 때문에 가능하다. 카드뉴스를 접할 때 하나의 정리를 마치 이미지로 받아들이기 때문이다. 아래 카드뉴스에서도 단순히 텍스트만을 배열하지 않고, 텍스트라도 이미지 형태로 보일 수 있는 디자인적 요소를 가미하여 제작하였다. 이러한 카드뉴스의 특징은 문해력이나 독해 능력이 떨어질 수 있는 대상들에게도 효과적이라는 것이다.

카드뉴스의 디지털 콘텐츠로서의 장점은 누구나 쉽게 제작할 수 있다는 점이다. 기초적인 프로그램 조작법만 알면 누구나 쉽게 제작할 수 있으며, 이것도 힘들다면 인터넷에 존재하는 양식(템플릿)에 맞춰서 텍스트, 이미지만 교체하는 방법도 가능하다. 결국 카드뉴스는 제작에 필요한 진입장벽이 낮다는 뜻이다.

하지만 앞서 언급했듯 카드뉴스의 특징이 이미지 중심의 콘텐츠인 만큼 시각 장애인들 대상으로는 지극히 제한적이란 지적이 있다. 기존 텍스트 콘텐츠는 점자 변환기 혹은 음성 출력으로 읽을 수 있지만, 이미지로 제작된 카드뉴스는 이마저도 불가능하기 때문에 문제해결을 위한 고민이 필요하다.

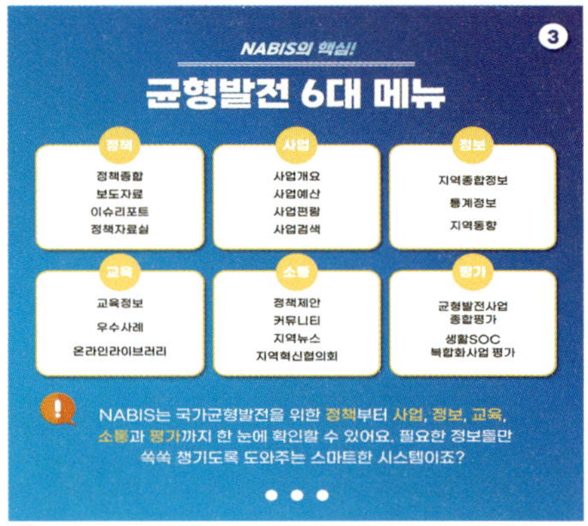

(4) 웹툰

만화를 이용한 교육용 콘텐츠 제작은 과거에도 꾸준히 이루어졌다. 교육 소비자들이 활발히 소비했으며 효과적인 수단으로 증명된 바 있다. 우리나라 사람들이 다른 신화들은 모르지만 그리스 로마 신화만큼은 알고 있는 이유가 무엇일까. 교육용 만화 시장에서 그리스 로마 신화는 베스트 셀러 작품이다. 지금도 새로운 시리즈가 생산되고 있으며, 판매된다. 만약 그리스 로마 신화를 활자 가득한 책으로 전달했다면 우리나라에서 그리스 로마 신화를 접한 사람들이 몇이나 있을까. 그만큼 교육용 만화는 정보 전달에서 효과적이며 진입장벽을 허물었다 할 수 있는 수준이다.

어려운 장르와 내용이라도 만화로 접하게 되면 장벽은 낮아진다. 대표적으로 'why?'와 'who?'가 있다. why?, who?는 어려운 과학, 철학의 내용들을 효과적으로 전달한 교육용 만화로 1989년 출간하여 지금까지 꾸준히 사랑받고 있는 작품이다(why?의 전신인 왜?의 기준이다). 앞에서 언급한 두 작품이 아니더라도 현재 교육용 만화는 장르를 불문하고 생산되고, 사랑받고 있다. 그만큼 만화라는 장르와 교육은 뗄 수 없는 분야로 자리했다.

그리고 이러한 흐름은 웹툰과 교육을 접목시키는 것으로 이어졌다. 웹툰 시장은 급속도로 성장하고 있으며, 2017년 집계 이후로 177% 성장했으며 지금도 가파른 성장세를 보인다. 또한 1조 원 규모에 육박하는 강력한 콘텐츠 시장이다. 그만큼 효과적이고 파급력 있는 콘텐츠인 만큼 과거 만화책과 결합했던 것과 같이 교육용 웹툰들이 출시되고 있다.

과거에는 정부기관, 협회, 연구원 등 비교적 수직적인 문화를 가진 곳에서 단순 뉴스 기사, 텍스트 형식으로 홍보와 교육 내용들을 전달했다. 지금은 웹툰 형식으로 정보 전달과 교육 콘텐츠를 제작하고 있다는 점은 유의미한 변화로 확인된다. 또한 일반 웹툰 플랫폼이 아닌 교육용 웹툰을 전문적으로 다루는 플랫폼까지 등장한 만큼 단순 웹툰 시장만의 성장이 아닌 향후 교육용 웹툰이란 시장이 독립적으로 구축될 수 있는 가능성도 있다.

교육용 콘텐츠로서 웹툰은 이미 시장에서 보여주는 파급력만 보더라도 효과적인 것을 확인할 수 있다. 기존 교육용 만화책은 효과적이긴 했지만 단점도 명확했다. 우선 만화책이라는 유형의 사물인 만큼 시공간 제약을 분명히 받는다. 하지만 웹툰은 이러한 한계점이 해결된 형태이다.

또한 한계점은 해결하면서도 디지털 형태 특성상 파급력도 높으며, 내용 전달에 있어서도 효과적이다. 비교적 두껍고, 많은 내용을 담은 만화책이 부담스럽게 느껴질 수 있다. 반면 웹툰은 가볍게 필요한 부분만 즐길 수 있다. 또한 만화책은 출판 과정에서 생기는 비용 문제가 생길 수 있다. 그에 비해 웹툰은 제작 비용 측면에서도 진입장벽이 낮다. 소비자 입장에서도 교육용 만화책은 높은 비용을 지불하게 만든다. 교육용 만화책 특성상 1권이 아닌 시리즈 형식이기 때문에 많게는 30~50권인 만큼 부담스러운 것이 사실이다. 반면 웹툰은 무료 혹은 교육용 만화책과 비교할 수 없을 정도의 소액으로도 충분히 즐길 수 있다는 점에서 학습자의 접근성이 뛰어난 작품이다.

종합적으로 교육용 콘텐츠로서 전달력과 효과가 입증된 만큼 교육용 웹툰은 향후 지속적인 성장을 기대할 수 있다. 또한 오디오북과 전자책의 사례처럼 같은 내용이더라도 더욱 풍부하게 혹은 다른 콘텐츠와 결합하여 효과적인 전달을 위한 고민을 통해 질적 수준을 높일 가능성이 여전히 존재한다.

(5) 동영상

디지털 형태 교육용 콘텐츠라 했을 때 가장 유망한 분야 중 하나이다. 동영상의 경우 정보 전달 목적과 흥미, 그리고 제작에 필요한 진입장벽 등 여러 측면에서 효율적인 콘텐츠 중 하나이다. 전자책은 음성이 없다는 점, 오디오북은 시각적인 부분이 제공되지 않는다는 점 등을 모두 해결할 수 있다. 그러면서도 이 둘의 장점은 모두 가지고 있다. 또한 웹툰처럼 제작에 필요한 기술과 기본적인 능력이 없더라도 제작이 가능하다. 당장 카메라만 있더라도 가능하다. 이것도 없다면 스마트폰을 이용해서도 충분히 제작 가능하다. 결국 교육용 디지털 콘텐츠로서 동영상은 제작이 쉽다는 장점 및 오디오북과 전자책의 장점을 모두 갖고 있다.

이런 영상 콘텐츠에도 단점은 존재한다. 현재 동영상을 활용한 교육 콘텐츠 시장은 과포화 상태이다. 이미 이 수준을 넘어서 모든 곳에서 동영상을 활용한 교육 콘텐츠를 내놓고 있다. 소비자들은 수많은 선택지에 놓이게 되면서 더 나은 수준의 콘텐츠를 선택할 수밖에 없는 상황이 된다. 이를 표현하면 다음과 같다.

|그림 4-2| **동영상 콘텐츠 과포화 시장에서의 소비자 선택**

유튜브의 수많은 영상들은 무료로 즐길 수 있다. 하지만 그 수많은 콘텐츠 중 우리가 구독 및 시청하는 채널은 시간이 지날수록 좁혀진다. 좁혀지는 이유는 같은 영화 리뷰 채널이더라도 시간이 지날수록 콘텐츠의 수준이 A채널과 B채널이 비교되거나 더 나은 채널이 등장할 수 있는데, 이 경우 모든 채널이 무료이지만 선택할 수밖에 없기 때문이다. 동영상의 경우 기본적으로 시청 시간이 존재한다. 20분짜리 영상이면 20분을 시청하는 것이 일반적이다. 그렇기 때문에 모두 무료라도 선택해 가며 나에게 맞는 혹은 더 나은 수준의 콘텐츠를 선택해 나간다.

그렇다면 다시 돌아와서 교육용 콘텐츠로서 동영상은 여러 장점을 갖고 있지만 효과적으로 전달 및 도달하기 위해서는 높아진 눈높이를 맞춰야 한다. 눈높이를 맞추기 위한 방법은 동영상 제작에 고비용을 쏟아부어 영상 퀄리티를 높이는 것만을 말하지 않는다. 구글에서 밝힌 성공한 유튜브 콘텐츠의 특징 열 가지는 〈표 4-2〉와 같다.

〈표 4-2〉 성공한 유튜브 콘텐츠의 특징

특 징	세부 내용
공유성	정보성 및 흥미, 유익하기 때문에 공유할 수 있는 콘텐츠
대화	시청자와 공감하며 친밀감을 느낄 수 있도록 만든 콘텐츠
상호작용	댓글 등 시청자들이 다음 영상으로 이어질 수 있도록 만든 콘텐츠
일관성	하나의 주제를 전하며 전문성을 갖춘 콘텐츠
타깃팅	명확한 타깃팅은 장기적으로 성장할 수 있는 원동력
지속가능성	지속적으로 제작하여 살아있는 콘텐츠로 자리
검색 가능성	타깃들의 니즈를 반영한 콘텐츠 제작
접근성	어렵고 진입장벽이 높은 내용 지양 및 독립적으로도 시청했을 때 이해가 가능한 콘텐츠
공동작업	다른 콘텐츠 제작자와 함께할 수 있는 가능성
아이디어 얻기	짜깁기한 것이 아닌 전문성과 순수한 열정, 에너지

(6) AR

AR(증강현실)은 현실세계에 가상 정보를 입히는 기술을 말한다. 가상현실(VR)보다 가볍게 운영할 수 있다는 점에서 교육용 콘텐츠로 자리하기 쉽다. 구현 수준에 따라 장비가 다르지만 일반적인 교육용 콘텐츠의 경우는 스마트폰으로 사용되고 있다. 증강현실의 경우 현실세계에 가상 정보를 입히는 방법이기 때문에 디지털로 표현하기 위해 필요한 데이터 수가 비교적 적은 데 비해 효과적인 구현이 가능하다. 가상현실은 모든 부분이 데이터이기 때문에 비용, 구현에 큰 제약이 있다. 하지만 증강현실은 특정 사물과 구성만 표현하면 된다는 점에서 언제 어디서든 가능하다는 장점이 있다.

AR을 활용한 교육용 콘텐츠는 교재, 교구, 스마트 기기 등 다른 학습 도구들과 상호작용할 수 있는 부분이 많다는 점에서 호기심을 자극하고 흥미를 이끌기 쉽다. 과거에는 동물들을 사진, 그림으로만 접했다면 이제는 AR 기술로 동물 사진을 화면에 비추면 입체적인 형태로 비춰진다. 이러한 뛰어난 표현 형태는 향후 교육 진행에서 자발적이고 적극적으로 참여할 수 있게 만든다.

단점으로는 화면을 통해 제공된다는 점에서 사고 위험이 높다. 교육 참여 인원이 많아지게 될 경우 이러한 문제는 크게 증가하는 만큼 이를 사용하기 위한 넓은 공간 및 통제할 수 있는 수단이 동반되어야 한다.

(7) VR

VR(가상현실)은 가상의 현실을 제공하는 것을 말한다. 증강현실이 현실에서 데이터화된 현상을 보여준 것과 달리 모든 부분을 데이터화된 현상으로 제공한다. 이는 단순히 시각적인 부분을 넘어 사용자가 오감을 체험할 수 있는 단계에 이른다. 가상현실은 교육용 콘텐츠가 가지는 시공간 제약을 넘어설 수 있으며, 실습과 체험까지 가능하다는 점에서 실제와 같은 교육이 필요한 분야에서 더욱 필요한 기술이다. 예를 들어, 군사훈련에서 VR 등의 기술을 접목하여 비용과 사고를 줄이기 위해 시행하고 있다. 특히 비행훈련에서 발생하는 비용, 시간, 공간, 자원 문제 등을 모두 해결할 수 있다. 또한 의료계에서도 VR을 접목하여 기술력을 높이기 위한 시도 역시 이루어지고 있다.

이러한 VR은 높은 수준의 몰입도와 실습까지 가능하다는 점에서 지금까지 소개된 디지털 콘텐츠 중 가장 효과적일 수 있다. 또한 기술적으로 지속 성장하고 있는 분야인 만큼 향후 더욱 높은 수준의 표현이 가능할 것이다.

그렇지만 VR에도 단점은 존재한다. AR의 경우 스마트폰으로 충분히 구현 가능하지만 VR은 추가적인 장비가 필요하며, 표현 수준이 높아질수록 장비의 부피, 비용이 크게 증가한다. 이러한 문제는 교육 참여 인원이 극적으로 제한된다는 점에서 문제가 생긴다. 교육 참여의 기회가 골고루 이루어질 수 없으며, 도입하기 위한 비용과 공간 확보 문제를 해결하지 않는다면 쉽게 적용하기 힘든 콘텐츠이다.

(8) MR

MR(혼합 현실)은 AR과 VR을 접목하여 구현되는 기술로서, AR과 VR의 장점을 모두 갖고 있다. VR은 현실과 동떨어지고, 현재 보여지는 화면이 타인에게는 제한적으로 보여지지 않거나 제한적인 부분이 있다. 하지만 MR의 경우 AR과 같이 현실에서 VR의 디지털화된 콘텐츠와 상호작용 및 반응한다. VR에서 경험하던 것을 타인과 공유하며 교류할 수 있다. 이는 단순히 화면에 특정 디지털 형태가 떠다니는 것이 아닌 현실의 사물, 객체가 디지털로 출력되는 콘텐츠에도 영향을 미치는 것을 의미한다. 가령 수술 화면을 보여줄 경우 해당 환자의 상태에 따라 뼈대 혹은 장기의 위치, 상태 등이 실시간으로 환자 상황에 맞게 출력되는 것을 의미한다. 이러한 높은 수준의 표현은 디지털 콘텐츠이지만 현장과 학습자 상황에 맞춰 변화한다는 점에서 개인에게 맞는 가장 적합한 훈련이 가능할 것으로 예상된다.

현재 MR은 특정 기업, 연구원 등에서 제한적으로 특수 목적으로 활용되고 있으나 보편적으로 사용하기에는 기술 개발이 더욱 이루어질 필요가 있으며, 뚜렷한 킬러 앱이나 시장 리더가 없는 만큼 교육용 콘텐츠로 활용하기에는 시간이 더 필요해 보인다.

(9) 게임

교육용 콘텐츠는 디지털 콘텐츠로서 게임과 이전부터 밀접한 관계를 맺고 성장했다. 국제교육콘퍼런스에서 김기영 줄라마 한국법인 대표는 '교육의 본질은 학습에 대한 흥미를 유도하는 것'이라 밝혔으며, '교육이라는 지루한 단어에 게임을 결합하면 흥미진진한 단어가 된다'고 언급했다. 그런 만큼 게임은 학습자가 지루할 수 있는 교육환경을 흥미진진하게 느낄 수 있는 환경으로서 제공한다. 학습이 꾸준히 이루어져야 한다는 점에서 학습자가 흥미를 느끼고 따라오도록 만드는 것은 큰 숙제이다. 그런 점에서 게임이 가진 가치는 이를 해결해 줄 수 있다.

게임은 계속하고 싶게 만드는 중독성이 있다. 학습 참여자가 어려운 문제를 겪더라도 좌절하지 않고 도전할 수 있는 기회를 제공하게 만든다. 도전

욕구를 불러일으키고 이것은 학습 참여자가 결국 해결했을 때 성취감을 제공한다. 교육의 성과가 시험이나 장기적인 관점에서 결과가 나타난다는 점에서 성취감을 느끼게 만들기 어렵지만 게임은 가능하다.

게임은 어떠한 문제를 제공하고 이를 해결하면 보상, 성취감이 즉시 제공된다. 문제해결 능력을 기를 수 있으며, 해결하기 위한 과정에서 지속적인 반복 훈련이 가능해진다. 교육, 학습이 반복적으로 진행되기 힘들며, 성취감을 가시적으로 보여주기 힘들다는 기존 방법을 게임은 해결할 수 있다.

또한 방법에 따라 교육용 게임은 개인을 넘어 팀 단위로 함께 문제를 해결하면서 정보 습득 외 감정, 교류, 소통 등을 통해 인간적인 가치 성장까지 가능하다. 이는 코로나19와 같은 비대면 시대에서 겪는 인간적인 교류와 가치 성장의 기회가 부족한 학습자들에게 효과적인 대안을 제시할 수 있다.

마지막으로 스마트폰을 활용한 교육용 게임들이 많이 공개됐다. 기존 데스크톱, 노트북을 활용해야 교육용 게임에 접근할 수 있던 문제를 해결하면서 비용과 공간 확보 문제를 해결할 수 있게 됐다.

앞서 언급한 9개의 교육용 디지털 콘텐츠들의 몰입도와 진입장벽을 정리하면 다음과 같다. 학습자에게 높은 몰입도를 제공할수록 교육현장에서 도입하기에는 비용, 시간, 기술적인 진입장벽이 높다. 이는 AR, VR, MR 등이 현재 지속 개발 중이며 부족한 부분 역시 존재하기 때문이다. 당장 현장에서 사용하기에는 무리가 있지만 향후 기술적인 문제해결과 함께 대중화가 이루어진다면 진입장벽 역시 낮아질 것이다. 그리고 진입장벽이 낮은 경우 몰입도는 낮은 것을 볼 수 있다. 이러한 문제는 전자책이라도 챗북과 오디오북의 추가적인 콘텐츠 활용을 통해 풍부한 경험을 제공하는 사례처럼 극복할 수 있다.

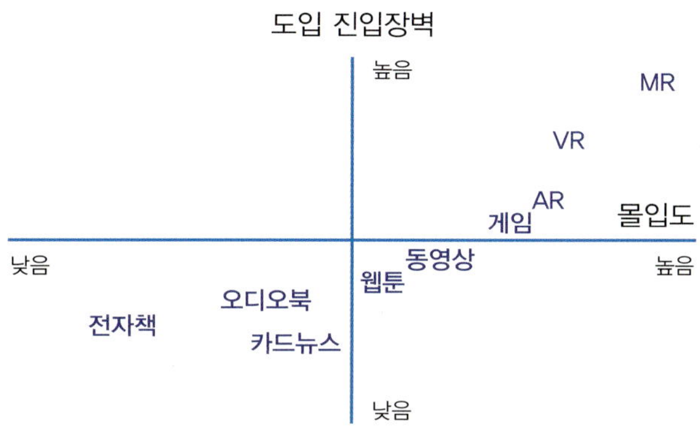

|그림 4-3| 교육용 디지털 콘텐츠의 몰입도 및 진입장벽

제3절 교육에서 교육용 콘텐츠 적용 사례

지금까지 살펴본 디지털화된 교육용 콘텐츠들은 각각의 장단점이 존재한다. 그리고 현장에서 적용 및 제작할 수 있는 콘텐츠들은 제한적이다. 특히 AR, VR, MR, 게임 등과 같은 기술은 교육자가 직접 제작하고 준비할 수 없는 분야이기 때문에 현장에서 운영 · 제작할 수 있는 디지털 콘텐츠를 소개한다. 그리고 본 디지털 교육용 콘텐츠 활용방안을 소개한다.

소개하는 제작방법은 파워포인트를 활용한 동영상 디지털 콘텐츠 제작을 목표로 한다. 많은 프로그램 중 파워포인트를 선택한 이유는 파워포인트를 활용한 디지털 콘텐츠 제작은 객체별 편집이 가능하기 때문이다. 이는 한 화면에서 사물, 이미지, 텍스트마다 움직임, 효과를 줄 수 있다는 장점이 있다. 다음 이미지를 보면 전구를 따로 움직이며, 인물들을 움직이거나 깜박이거나 하는 등의 객체별 편집이 가능하다는 뜻이다. 반면 촬영된 영상의 경우 영상 내에서 인물 및 배경 등에 따로 효과를 주는 것은 일반 프로그램으로는 구현이 불가능하며 편집에도 굉장한 시간이 소요된다.

일반 동영상 편집 프로그램을 선택하지 않은 이유는 촬영된 영상을 편집한 형태는 컷 편집 및 자막을 추가하는 것이 주를 이루기 때문이다. 또 촬영 방법과 현장 컨디션 유지 등 외적인 부분이 크게 작용하는 만큼 본 교재에서 다루기 부적합하다.

그렇기에 객체별 편집이 가능하며, 비교적 조작 난이도가 쉽고 접근성이 좋은 파워포인트를 이용하여 제작하는 방법을 소개하려 한다. 그리고 이를 통해 제작되는 결과물은 하나의 이미지 형태이기도 하지만 동영상으로 변환할 수 있다는 점에서 교육 상황에 맞춰 다양하게 활용 가능하다. 동영상으로의 변환은 파워포인트에서 제공하는 영상으로 저장하는 기능을 통해 가능하다.

어떤 방식으로 만들 수 있을까?

1차 제작

원하는 콘텐츠를 그래픽 이미지로 만들 수 있는 방법을 배웁니다.

2차 제작

제작된 그래픽 이미지를 영상으로 만들 수 있는 방법을 배웁니다.

하나의 콘텐츠를 제작하기 위해서는 사전에 방향성 및 점검을 위한 계획서가 필요하다. 이 계획서는 제작하고자 하는 교육 콘텐츠의 전체 흐름을 파악하고, 제작 중 부족한 부분 및 발생할 수 있는 문제들을 사전에 확인하고 대응할 수 있도록 만들어준다. 교육 콘텐츠 제작에 필요한 계획서를 작성할 때 유의할 점은 누가 보는지에 따라 작성 방법을 달리 해야 한다는 점이다. 만약 제작자 혼자 확인하기 위한 용도로 작성한다면 지나치게 세부적으로 작성하며 시간을 뺏기지 않아야 한다. 계획서 작성은 콘텐츠 제작을 위한 하나의 과정일 뿐이며 결과물이 아니다. 그렇기 때문에 알아볼 수 있으며, 계획서 작성의 목적에만 부합할 수 있으면 된다. 하지만 팀 작업을 하거나 누군가와 공유해야 하는 계획서는 다르다. 내가 작성한 계획서를 누가 봐도 알아볼 수 있으며, 그것만 봐도 이해하며 제작할 수 있는 것이 중요하다. 세부적으로 작성하고, 어떤 이미지가 들어갈 것이며 소리는 어떤 것을 사용하는지 등 최대한 자세하게 표현해 줘야 한다.

계획서에 들어가는 내용들은 제작되는 형태에 따라 달라질 수 있으나 공통적으로 고민해야 하는 요소들은 다음과 같다. 첫째, 누가 보는지 고려해야 한다. 교육 콘텐츠의 목적은 개인 소장이 아닌 학습자에게 전달하기 위함이다. 보는 사람 입장에서 고민해야 하며, 전체적인 느낌과 분위기, 메시지들을 고려해야 한다. 예를 들어, 10대가 보는 카드뉴스와 30대가 보는 카드뉴스가 다른 것을 상상하면 알 수 있다. 둘째, 콘텐츠의 목적이다. 같은 교육 콘텐츠라 하더라도 경고성 메시지를 담은 콘텐츠, 단순 정보 전달을 위한 콘텐츠, 감동을 주기 위한 콘텐츠, 새로운 소식을 홍보하기 위한 콘텐츠 등 사용되는 목적에 따라 다르게 제작해야 한다. 왜 제작하는지 결정했다면 특정 텍스트와 내용에 집중할 것인지, 전제적인 스토리 흐름을 전달하는 것에 집중할 것인지, 특정 사건에 집중할 것인지 역시도 결정하면서 자연스럽게 전체 콘텐츠의 방향성이 달라진다. 셋째, 스토리 보드를 작성한다. 스토리 보드는 특정 부분이나 장면에서 어떤 텍스트, 효과, 음성 등이 나타나는지를 순차적으로 보여주는 것을 의미한다. 스토리 보드에 작성하는 장면들은 모든 장면들을 보여주기보다 핵심이 되는 부분, 배경이나 무대가 바뀌는 부분 등 콘텐츠 제작자가 착오 없이 제작할 수 있도록 보여줄 수 있어야 한다. 이는 앞서 언급한 것처럼 콘텐츠 제작자와 계획서 작성자가 다를 경우라면 더욱 세밀하게 작성해야 한다.

계획서 작성은 교육 콘텐츠 제작에 있어 더 나은 결과물을 위한 과정이기 때문에 연습해 두는 것이 좋다. 완벽하게 만들며, 한 장면의 계획에 시간을 뺏기기보다는 전체적인 스케치를 한다는 개념으로 접근한다. 중요한 것은 부담 없이 만들면서 연습하는 것이다. 이러한 계획서 작성을 연습할 때는 너무 어려운 분야거나 막연한 것을 선택하기보다는 잘 알고 있으며, 공감대를 형성하기 좋은 분야를 선택해서 연습하는 것이 좋다. 가령 공감대 형성이 쉬운 여행이나 브이로그, 먹방 등을 선택해도 좋다.

만약 여행을 주제로 한 디지털 콘텐츠를 제작한다면 지역과 지역 선정이유가 따라와야 한다. 선택한 이유에 따라 해당 콘텐츠의 방향성이 달라지며, 전달하려는 메시지, 방문 지역이 결정된다. 지역 선정이유 다음은 여행 내용을 작성한다. 어떤 형태의 여행 콘텐츠를 제작할 것이며 브이로그, 핫플 · 먹방 소개, 나만의 힐링 스팟 소개 등 본인에게 가장 잘 맞는 방법을 작성한다. 다음은 구체적인 내용을 작성한다. 어디를 방문할 것이며, 어떤 식으로 촬영할 것인지, 어떤 메뉴를 먹을 것인지 등 최대한 상세하게 작성할수록 좋다. 마지막으로 고려사항을 작성한다. 혹시 생길 수 있는 날씨 문제, 예약, 장비 대여 등 현장에서 발생할 수 있는 문제들을 예측하여 사전에 예방하도록 한다.

계획서를 작성하지 않는 것보다 옆의 사진과 같이 간략하게나마 작성하는 것이 좋다.

콘텐츠의 전체적인 흐름을 볼 수 있으며, 작성 중에 보이는 콘텐츠 제작에 필요하거나 현재 부족한 요소들을 확인할 수 있다.

계획서 쓰는 연습을 해봅시다.

주제는 여행으로 해봅니다.
*지역은 국내로 한정할게요

지역과 선정이유	지역을 선택하고 그 이유를 적으면 됩니다.
여행 내용	브이로그로 할 것인지 그렇다면 핫플 · 먹방으로 할 것인지, 힐링물로 할 것인지 여행지에서 진행할 콘텐츠 선정
구체적인 내용	어디를 방문하고, 촬영할 것인지 전체 흐름을 구성합니다. (상세할수록 좋습니다.)
고려사항	날씨를 체크하거나 카메라 대여가 필요한지 등 콘텐츠 제작 전 필요하거나 고려해야 할 부분들을 적습니다.

중요한 것은 어렵게 작성하는 것이 아니라 연습은 가벼운 마음으로 작성해 보는 것이다. 혹시 유튜브에 올릴 콘텐츠를 만들어 보고 싶다면 당장 시작하는 것보다 먼저 주변의 공책이나 A4 용지 혹은 패드에 앞서 언급한 부분들을 차례로 적어나간다. 누군가에게 보여줄 것이 아니라면 낙서처럼 적어도 괜찮다. 적으면서 부족한 점을 찾고, 발전해 나가면 된다. 그렇게 계획서를 한 번 작성해 보는 것으로 디지털 콘텐츠를 작성하기 위한 발걸음을 내디딘 셈이다.

시험 공부는 며칠에는 수학을 공부하고, 며칠 동안은 영어를 공부한다는 계획을 작성하는 일이 비효율적이라고 말한다. 그 시간에 하나라도 더 읽으라면서 말이다. 하지만 하나의 콘텐츠를 제작하는 것은 실행하기 전 계획서를 작성하는 일이 필요하며, 남들보다 한 걸음 더 빨리 시작하는 일이다.

콘텐츠 계획서

<table>
<tr><td>주 제</td><td colspan="2"></td></tr>
<tr><td>타 깃</td><td colspan="2"></td></tr>
<tr><td>제작방법 혹은
콘텐츠 결과물 형태</td><td colspan="2"></td></tr>
<tr><td colspan="2"></td><td></td></tr>
<tr><td colspan="2"></td><td></td></tr>
<tr><td colspan="2"></td><td></td></tr>
<tr><td colspan="2"></td><td></td></tr>
<tr><td>주의사항</td><td colspan="2"></td></tr>
</table>

앞의 이미지와 같은 형태 혹은 추가로 필요한 사항들이 있는 경우 기입하여 작성한다. 그리고 계획서 작성의 핵심은 한 장면 혹은 한 장을 고민하며 작성하는 것이 아닌 전체를 그리며 제작하는 것을 목표로 한다. 아래와 같이 10페이지 정도의 카드뉴스 콘텐츠를 제작한다면 어떤 내용들이 페이지별로 들어갈 것인지 구상하는 것을 말한다. 어떤 내용과 텍스트, 이미지들이 들어갈 것인지만 설정한다.

1. 기획 그리고 스토리 라인

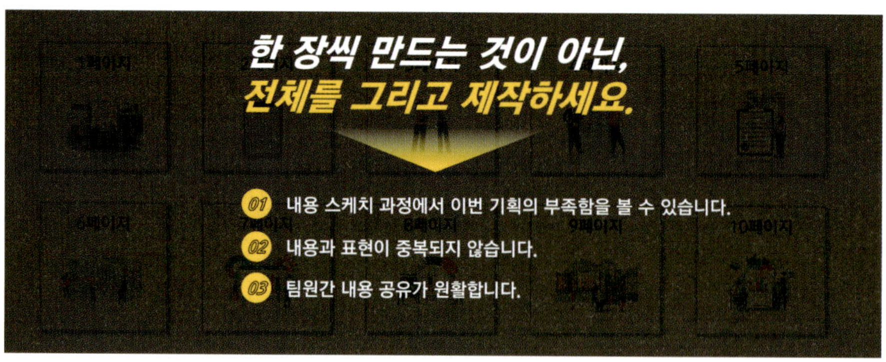

이렇게 작성했을 때 해당 콘텐츠의 부족한 점을 확인할 수 있으며, 중복되는 표현과 메시지가 없어진다. 또 전체 내용을 10페이지에 담기 부족하거나 많을 수 있는 상황을 계획서 작성 단계에서 확인하여 대처할 수 있다. 한 장씩 제작하게 되면 3페이지에서 썼던 내용이나 문장을 7페이지에 와서 다시 사용하는 실수를 범할 수 있다. 결과적으로 계획서 혹은 스토리 보드 작성은 제작된 콘텐츠의 수준을 높일 수 있다.

계획서까지 작성했다면 이제 교육용 디지털 콘텐츠 제작 준비를 마친 상태이다.

본 교재에서 다루는 디지털 콘텐츠의 구체적인 제작 결과물은 하나의 구연동화를 제작하는 것으로 예시를 들며 설명할 예정이다. 구연동화 외에도 일반적인 교육용 콘텐츠를 제작하는 방법 역시 동일하다. 따라서 구상한 내용과 주제에 맞춰 제작할 수 있는 방법들이다.

우선 구연동화라는 콘텐츠를 제작하기 위해서는 콘텐츠에 등장하는 객체들을 제작해야 한다. 이러한 객체들은 등장하는 모든 요소들을 지칭한다. 이미지, 그림, 텍스트 등 시각적으로 확인할 수 있고 콘텐츠 제작자가 통제할 수 있는 형태이다. 콘텐츠에 등장하는 객체는 지나치게 많이 등장하거나 규모를 크게 설정하지 않는다. 또한 제작자 기량을 넘어서 구현 불가능한 수준으로 제작하지 않도록 한다. 이와 같이 진행할 경우 전체 콘텐츠 제작에 필요한 시간과 에너지를 해당 객체 제작에 소요하게 된다. 결과적으로 제작자는 이후 과정에서 힘을 쏟기 힘들며, 처음은 괜찮게 시작했으나 뒤로 갈수록 따라가지 못하는 용두사미와 같은 결과로 이어진다.

등장 요소들을 만드세요.

등장하는 객체들은 위 네 가지가 등장했을 때 하나의 콘텐츠를 제작할 수 있다. 등장하는 인물과 동물, 사물, 자연환경, 배경 등이다. 콘텐츠에 등장하는 객체들을 아기 돼지 삼형제라는 동화를 예시로 들며 설명한다. 먼저 인물은 엄마 돼지, 아기 돼지 삼형제, 늑대가 있다. 사물은 엄마 돼지의 집, 첫째 돼지 집, 둘째 돼지 집, 셋째 돼지 집 등이다. 자연환경은 늑대가 부는 바람, 부서지는 효과, 불, 구름, 태양 등이다. 배경은 작품이 진행되는 무대를 말하며, 제작하기 어려운 경우 색상만 사용해서도 가능하다. 예시로 든 객체 외에 더 많은 표현과 세세한 스토리 전개를 원할 경우 더 많은 객체들을 제작한다.

콘텐츠에 등장하는 객체들을 구상하는 것은 앞선 단계인 계획서를 작성할 때 고려하고 결정한다면 수월하게 콘텐츠를 제작할 수 있다. 하지만 객체 제작은 콘텐츠 제작 중 어느 단계에서 진행하더라도 차질이 없는 만큼 더 나은 콘텐츠를 제작하기 위해서 다양한 객체들을 제작하는 것이 좋다.

이제 어떤 객체들을 제작해야 하는지 결정했다면 객체들을 제작하는 단계로 넘어간다. 객체 제작방법은 크게 두 가지로 나누어진다. 첫 번째는 손 그림으로 그리는 방식이다. 이는 컴퓨터나 패드와 같은 프로그램 사용이 힘든 경우 선택한다. 이러한 방법은 크레파스와 같은 특정 질감 표현이 가능하다는 점과 유치원 유아가 직접 그린 그림을 구연동화에 등장시킬 경우 그대로 적용 가능하다는 장점이 있다. 하지만 이 경우 디지털 이미지로 변환하는 과정에서 해상도가 떨어지거나 색감이 변하는 등 문제가 동반된다. 그리고 추가적인 작업을 통해 손 그림의 배경 색상을 제거해 주는 작업이 필요하다.

아래 두 이미지를 보면 왼쪽은 배경 색상이 남아 있다. 이럴 경우 다른 객체들과 조화를 이루지 못하고 남은 배경 색상에 다른 객체들이 보이지 않거나 잘려 보이는 문제가 생긴다. 반면 오른쪽 배경이 없는 이미지의 경우 다른 객체들과 배치하더라도 문제가 생기지 않는다.

배경 제거 전

배경 제거 후

위와 같이 배경이 남아 있는 경우 다른 객체들과 어울리지 못하며 완성도가 낮아지게 된다. 그렇기 때문에 오른쪽 이미지처럼 전체 배경색을 제거해 준 뒤 원하는 개체만 남을 수 있도록 해줄 수 있어야 한다. 이러한 작업은 손 그림을 스캔 혹은 사진 촬영으로 디지털 이미지로 변환했다면 꼭 진행해야 한다.

그렇다면 배경을 지우기 위해서는 어떤 방법들이 있을까. 가장 첫 번째는 포토샵을 이용해서 지우는 방법이다. 포토샵의 경우 빠르고 정밀하게 진행할 수 있다. 하지만 포토샵은 현장에서 활용하기에는 제한점이 크기 때문에 다른 방법들을 소개한다.

첫 번째는 파워포인트에 포함된 배경제거 기능을 사용하는 방법이다. 배경제거 방법은 다음과 같은 순서로 진행해 주면 된다.

1 배경을 지우고 싶은 사진을 파워포인트에 넣습니다.
2 그리고 '그림서식 → 배경제거'를 클릭해줍니다.

가장 먼저 스캔 혹은 촬영한 파일을 파워포인트 슬라이드에 넣는다. 이후 상단 메뉴에 있는 그림서식을 클릭한 후 가장 왼쪽에 배치된 배경제거를 클릭해 준다. 파워포인트 버전에 따라 배경제거 기능이 없거나 수준이 다를 수 있다.

'배경제거'를 클릭하게 되면 이렇게 사진의 색상이 바뀌게 된다.
보라색 영역은 지워질 곳을 의미한다. 그대로 둘 경우 얼굴 부분도 함께 지워질 수 있다.

배경제거를 클릭할 경우 위와 같이 이미지에서 보라색 색상들이 차지한 영역들이 나타난다. 이 보라색 영역은 배경제거 기능이 우선적으로 배경이라 판단한 부분들을 선택한 것이다. 처음부터 배경들만 선택됐다면 괜찮겠지만 파워포인트 배경제거 기능은 높은 수준으로 판단하지 못하기 때문에 콘텐츠 제작자가 배경으로 없앨 부분들을 추가적으로 선택하거나, 배경이 아닌 부분들을 선택해 주는 작업이 필요하다.

예를 들어, 위 이미지에서 인물의 손과 얼굴, 그리고 신발 부분들이 보라색이다. 이 상태로 배경제거를 확정할 경우 함께 사라지기 때문에 추가 작업을 진행해 준다.

1 '보관할 영역 표시'를 클릭해 삭제하지 않고 남길 부분을 표시해준다.
(한 번에 완성되지 않기 때문에 여러 번 시도한다.)
2 '제거할 영역 표시'는 깔끔하게 지워주지 않은 부분들을 표시해준다.
3 모든 작업이 끝났다면 변경 내용 유지를 클릭해서 마친다.

추가 작업은 보관할 영역 표시, 제거할 영역 표시를 사용해 가능하다. 여기서 영역 표시는 마우스를 이용해 해당 영역들을 표시해 주는 것으로 가능하다. 얼굴 및 손 등 살리고 싶은 부분은 보관할 영역 표시를 선택한 뒤 설정해 주면 된다. 그리고 배경이 혹시 남아 있다면 제거할 영역 표시를 선택해

앞선 방법과 같이 영역을 설정해 주면 된다. 위와 같은 작업은 한 번 선택했더라도 즉각적이고 완벽하게 이루어지지 않기 때문에 원하는 결과물이 나올 때까지 영역 선택 작업을 진행해 줘야 한다.

위와 같은 과정을 거친 후 변경 내용 유지를 클릭하면 배경 없는 이미지를 파워포인트에서 제작할 수 있게 된다. 배경제거 기능은 세부적인 조정이 가능하지만 이미지 혹은 스캔과 촬영 방법에 따라 작업 난이도가 달라지는 만큼 최대한 깔끔한 이미지를 사용하는 것이 좋다. 예를 들어, 용지로 사용한 곳에 얼룩이나 다른 낙서, 그림 등이 남아 있다면 파워포인트에서 배경 인식률이 떨어지게 된다.

배경이 사라지고 깔끔한 형태로 남은 이미지가 제작된다.

다음 방법은 배경제거를 도와주는 웹사이트를 통해 진행하는 방법이다. 'removebg'라는 사이트를 통해 진행하는 방법이며, 아래와 같은 과정으로 이미지에서 배경을 제거할 수 있다.

1 파란색 박스인 '이미지 업로드'를 클릭하여 원하는 이미지를 선택한다.

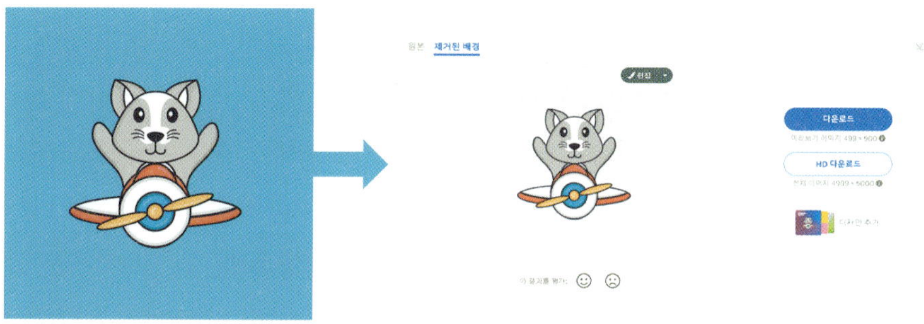

배경색상이 사라진 것을 확인할 수 있다. 혹은 편집이 필요한 경우 '편집'을 클릭하여 세부적인 조정이 가능하다.

removebg에 접속한 후 이미지 업로드 혹은 이미지를 드롭하여 박스 안에 삽입한다. 이후 위 사진과 같이 배경을 지운 이미지가 나타나게 된다. 이 경우 프로그램이 임의로 진행한 것이기 때문에 앞선 파워포인트 배경제거 기능처럼 원하는 수준으로 구현되지 않는 경우가 생길 수 있다. 이 방법 역시 추가적인 편집 작업을 통해 원하는 부분은 살릴 수 있고, 지워야 하는 부분들을 추가로 선택할 수 있다. 두 방법 모두 스캔 혹은 촬영된 이미지가 배경 영역을 혼동하지 않도록 좋은 품질로 변환한다면 빠른 작업이 가능하다.

객체 제작방법 두 번째는 컴퓨터, 패드를 활용한 제작이다. 손 그림과 달리 작업을 디지털 그래픽으로 진행하기 때문에 배경을 지울 필요 없이 바로 삽입이 가능하다. 제작에 필요한 프로그램은 어떠한 것을 사용해도 무방하다. 패드의 경우 해당 기기에서 제공하는 이미지 제작 프로그램을 사용하면 된다.

컴퓨터로 진행할 경우에는 포토샵이나 일러스트레이터를 이용하여 원하는 형태로 이미지 제작이 가능하다.

다음으로 알아볼 것은 객체들을 제작할 때 유의할 점들이다. 첫 번째로 단순히 인물, 캐릭터 객체만 제작하는 것보다 이와 함께 어우러지는 다양한 자연환경, 건물, 요소들을 제작해야 한다. 이는 객체들의 움직임을 다양하게 해주면서 보다 풍부한 표현을 보여줄 수 있는 콘텐츠 제작을 위한 밑거름이 된다. 두 번째는 배경을 제작하지 않는 것보다 제작했을 때 완성도가 높아진다. 또한 소량만 제작해도 큰 변화 없이 유용하게 사용할 수 있다. 마지막으로 배경에 어우러지는 요소들의 변화가 생기는 표현을 주고 싶다면 따로 제작하는 것이 필요하다. 예를 들어, 같은 공간에서 구름이 이동해야 하거나 태양의 위치가 이동해야 한다면, 제작해야 하는 객체는 배경화면과 태양, 구름 세 가지이다. 이렇게 제작해 주어야 배경화면은 움직이지 않지만 태양과 구름에 움직임을 줄 수 있다.

위 이미지와 같이 각각의 동물들이 객체를 이루고 있는 경우 모두 개별적으로 움직임을 넣어줄 수 있다. 개별 움직임이 가능해지면 다양한 움직임들을 넣을 수 있으며, 다른 객체들을 추가했을 때 더 나은 수준으로 구현이 가능하다.

제작할 때 유의할 점?

호랑이가 떡을 뺏어서 먹는다
라는 애니메이션을 만들어야 한다면…

호랑이가 떡을 들고 있는 모습이 아닌 호랑이 + 떡을 따로 그려줘서
떡이 이동하는 듯한 혹은 뺏긴 모습들을 표현해야 합니다.

위 사진의 떡을 먹는 호랑이 예시를 확인해 보자. '호랑이가 떡을 뺏어서 먹는다'는 스토리라면 손으로 떡을 움직이거나 가져오는 듯한 효과를 줄 수 있어야 한다. 그러기 위해서는 호랑이의 손과 떡이 각각의 객체로 존재해야 한다. 혹은 오른손, 왼손을 다른 객체로 만든다면 좀 더 세세한 움직임을 부여해 줄 수 있다.

이는 콘텐츠에서 특정 사물이 움직이는 듯한 효과를 부여하거나, 스토리 흐름상 필요한 움직임이 있을 경우 등장하는 객체들이 각각 존재해야 하는 것을 의미한다.

객체가 만들어졌다면 다음은 해당 구연동화에서 보여줄 텍스트에 적절한 폰트를 사용해 준다. 같은 텍스트라도 어떤 폰트를 사용하느냐에 따라 완성도와 분위기가 달라진다. 일반적으로 사용하는 폰트로는 고딕체, 명조체, 손글씨체가 있다.

고딕체의 경우 정보 전달 목적에 가장 부합하며, 깔끔하고 정돈된 느낌을 주기 때문에 가독성을 높이기 좋다. 명조체는 감성적이고 주목도를 높이거나 분위기를 환기시키기 위한 용도로 사용하기 좋다. 손글씨체는 인물이 말하는 듯한 효과를 주거나 특별히 강조하고 싶은 메시지에 사용해 주면 좋다.

폰트를 잘 선택해야 합니다.

아기돼지 삼형제	아기돼지 삼형제
아기돼지 삼형제	아기돼지 삼형제
아기돼지 삼형제	아기돼지 삼형제
아기돼지 삼형제	아기돼지 삼형제
아기돼지 삼형제	아기돼지 삼형제
아기돼지 삼형제	아기돼지 삼형제

위와 같이 같은 '아기돼지 삼형제'라는 텍스트이지만 분위기가 확연히 달라지게 된다. 왼쪽의 글씨들은 딱딱하고 동화에 사용하기에는 부족함이 보이는 폰트들이다. 반면 오른쪽에 위치한 폰트들은 귀여운 느낌이 들거나 특징을 잡아주기 좋은 폰트들이다. 이렇게 폰트 하나만 잘 설정해 줘도 제작되는 콘텐츠의 전체 분위기를 바꿔줄 수 있다.

폰트를 잘 선택해야 합니다.

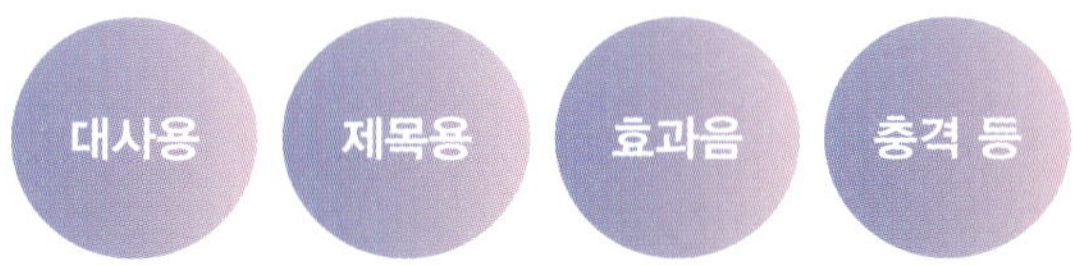

폰트를 결정할 때 한 가지가 아닌 사용하는 목적에 맞춰 다르게 설정해 두는 것이 좋다. 대표적으로 대사, 제목, 효과음, 충격 등이 있다.

대사의 경우 가장 많은 텍스트량을 보이기 때문에 가독성이 낮은 폰트보다 일반 고딕체를 사용하여 정돈된 느낌과 가독성을 높이는 것이 좋다. 명조체도 괜찮으며, 손글씨체는 많은 텍스트를 표현할 경우 가독성이 낮은 만큼 피하는 것이 좋다. 제목은 고딕체 중에서도 굵고 힘 있는 폰트를 사용하거나 제작하려는 구연동화 분위기에 맞춰 귀엽거나 차분한 분위기를 선택하는 것도 좋다. 반면 감성적인 느낌의 콘텐츠라면 상황에 따라 명조체 혹은 손글씨체를 사용해 줄 수 있다. 효과음을 표현하는 폰트는 대사와는 구분되는 것이 좋다. 대사와 효과음을 구분해서 사용할 경우 해당 콘텐츠를 소비하는 입장에서 구분하기 쉬우며 내용 이해에도 도움이 되기 때문이다. 마지막으로 충격 등이 있다. 충격음이나 기타 강조해야 하는 등장 효과를 보여주기 위한 폰트의 경우 특징적인 폰트를 선택하여 주목도를 높여준다.

그리고 폰트를 선택할 때 가장 중요한 것은 상업적 이용이 가능한 무료 폰트를 이용하는 것이다. 교육 콘텐츠의 경우 상업적으로 이용 가능하다는 조건이 붙어야만 적용할 수 있다. 그렇다면 무료 폰트를 사용하기 위해서는 어떤 방법이 있을까?

'눈누'라는 사이트에서 무료로 사용 가능한 폰트들을 소개하고 있다. 포털 사이트에 눈누로 검색해서 노출되는 사이트를 클릭하면 접속이 가능하다. 눈누를 보다 효과적으로 사용할 수 있는 방법들은 다음 이미지를 참고하면 된다.

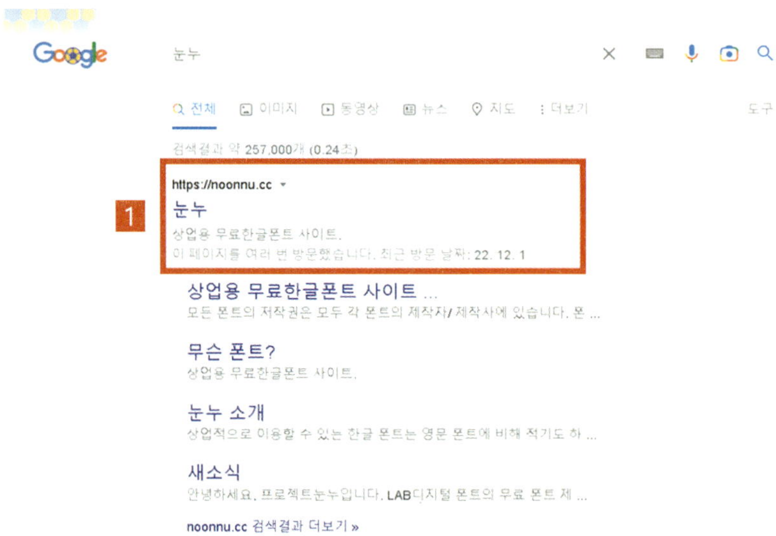

1 눈누를 검색했을 때 나타나는 사이트를 클릭하세요.

검색 포털 사이트에서 눈누를 입력하면 나오는 사이트를 클릭해서 들어가면 된다. 혹은 https://noonnu.cc를 입력하면 된다.

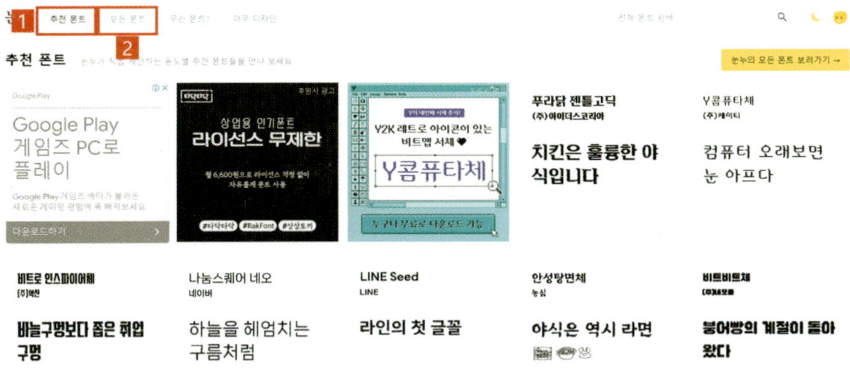

1 눈누에서 추천하는 폰트들을 요약해서 볼 수 있습니다.
2 눈누에서 제공하는 모든 무료 폰트들을 볼 수 있습니다.

눈누에 접속하면 위와 같은 모습을 확인할 수 있다. 폰트를 찾기 위해 확인해야 할 것은 추천 폰트, 무료 폰트를 확인하는 것이다. 추천 폰트에서는 눈누에서 추천하거나 신규로 등록된 상업용 무료 폰트를 확인할 수 있다. 그리고 모든 폰트에서는 눈누에서 소개하는 상업용 무료 폰트들을 모두 만나볼 수 있다.

1 모든 폰트를 클릭합니다.
2 폰트 형태를 클릭하여, 나에게 필요한 형태를 선택합니다.

원하는 폰트를 찾기 위해서는 모든 폰트를 클릭해서 들어간다. 모든 폰트를 클릭한 후 원하는 스타일의 폰트들만 선택해서 확인한다. 고딕체, 명조체, 손글씨체 등 폰트 스타일을 선택할 수 있다.

1 예시로 확인이 필요한 텍스트를 작성합니다.
2 모든 폰트들이 해당 텍스트로 바뀐 것을 확인할 수 있습니다.

눈누에서는 해당 폰트들이 어떻게 바뀌는지 미리 입력해서 확인할 수 있는 기능을 제공한다. 위 사진과 같이 ‘교육용 콘텐츠’라는 텍스트를 입력하게 되면 아래 모든 폰트들이 해당 텍스트에 맞춰 ‘교육용 콘텐츠’로 변환되는 것을 확인할 수 있다. 이 기능을 사용하여 제작하려는 콘텐츠에 적합한 폰트를 선택할 수 있다.

눈누에서는 상업용 무료 폰트를 제공하지만, 폰트들마다 상업적 이용 가능 범위를 확인할 필요가 있다. 상업적 이용 가능 범위는 해당 폰트를 클릭하면 상세하게 기술되어 있다. 이를 통해 콘텐츠 제작에 필요한 폰트들을 저작권 걱정 없이 사용할 수 있다.

객체 제작, 폰트까지 설정했다면 파워포인트 슬라이드에 객체와 대사들을 넣으며 제작을 시작한다. 이 단계에서는 전체적인 배치까지만 진행해 주면 된다. 이때 주의할 점은 한 슬라이드에 너무 많은 대사들이 등장하지 않는 것이 좋으며, 대략 2~4개의 말풍선이 등장하는 것이 안정적이다. 많은 수의 대사들이 등장할 경우 애니메이션 설정이 힘들 수 있으며, 제작 시 오류가 발생할 수 있다. 그렇기 때문에 적당한 수준으로 객체 및 대사들을 배치해야 한다.

가장 첫 페이지는 본 콘텐츠를 소개하는 표지에 제목과 부가적인 설명이 들어가게 된다. 콘텐츠를 실행한 뒤 스토리가 바로 전개되는 것보다 표지가 등장하며 시작하는 것이 좋다. 표지에는 제목만 깔끔하게 들어가거나, 등장인물들을 배치하여 제작하는 방법들이 있다.

다음과 같은 표지 제작방식은 제목과 배경이 숲이라는 주제에 어울리는 이미지, 컬러를 사용하여 조화를 이루고 있다. 간단하지만 어떤 내용이 전개될 것인지 예상할 수 있게 만들었다는 점에서 효과적인 표지 제작방식이다.

다음의 표지 제작은 등장인물과 제목이 등장하는 형식이다. '아기 돼지 삼형제'라는 동화에 적절한 귀여운 폰트를 제목으로 사용하여 조화를 이루고 있다. 그리고 제목과 함께 등장인물을 표지에 배치했다. 이처럼 제목과 등장인물과 같은 객체들이 등장할 경우 빈 배경에 제목만 등장하는 것보다 풍부하게 표현되는 것을 알 수 있다. 그리고 포함된 '시각장애인과 안내견'이라는 교육 콘텐츠의 경우도 텍스트와 등장인물이 조화를 이루는 것만으로도 효과적으로 표지가 제작됨을 확인할 수 있다.

표지에서 가장 중요한 것은 제목이 해당 콘텐츠의 내용과 부합하는 적합한 폰트를 설정해 주는 것이다. 제목에 적합한 폰트는 얇은 것보다는 굵은 느낌으로 가장 먼저 눈에 들어올 수 있는 것으로 선택하며 콘텐츠 분위기에 맞는 폰트로 선택해 준다. 마지막으로 제목과 함께 부제목 및 설명을 적어주는 것도 좋은 방법이다.

표지 제작을 마쳤다면 파워포인트 슬라이드에 객체들을 배치해 나간다. 객체 배치는 콘텐츠의 시각적인 수준을 결정하는 만큼 정돈되고, 효과적으로 배치할 수 있는 방법을 고민해야 한다.

다음 이미지와 같이 한 슬라이드에 보는 사람이 이해할 수 있는 수준으로 객체들이 배치되어야 한다. 대사와 내레이션의 경우 상단이나 하단 중 내용 전개에 방해되지 않는 곳으로 선택하며, 한 번 위치를 정한 후 특별한 이유가 없다면 고정하는 것이 좋다. 또한 대사는 자막 형태로 처리해도 되지만 인물에게 말풍선을 달아서 진행하는 방식이 일반적이다. 객체들을 배치할 때는 가장 위로 배치되어야 하거나 아래로 배치되어야 하는 것들을 확인하여 제작 후에 다른 객체가 묻히지 않도록 주의한다. 객체들의 배치 순서는 객체를 오른쪽 클릭하게 되면 앞으로 혹은 뒤로 배치할 것인지 설정할 수 있다.

1 대사 및 내레이션을 입력합니다. 배치는 상단, 하단 중 원하는 곳에 배치합니다.
2 인물(캐릭터)을 배치합니다.
3 주변 자연환경이나 사물, 요소들을 배치합니다.

다음 이미지에서 돼지만 배치된 것이 아닌 지푸라기들도 확인할 수 있다. 돼지만 늑대에 의해 날아가도 충분히 개연성에 문제가 없으며 이해가 된다. 하지만 지푸라기들을 함께 배치함으로써 풍부하게 표현된 것을 확인할 수 있다. 그리고 이렇게 배치할 경우 돼지가 날아가는 것과 지푸라기가 날아가는 방향 혹은 방법, 속도 등을 다르게 부여할 수 있다.

1 돼지가 날아가는 효과를 주기 위해서는 돼지와 지푸라기가 다른 객체로 존재할 경우 보다 풍부한 효과를 줄 수 있습니다.

1 머리 위 효과들과 남자가 서로 각각의 객체이기 때문에 다른 효과를 줄 수 있습니다. 예를 들어, 남성이 움직이면서 머리 위 효과는 반짝일 수 있습니다.

만약 달리기를 하는 모습을 표현한다면, 달리는 사람, 땀 혹은 달리는 효과가 서로 다른 객체로 존재할 경우 달리는 사람은 앞으로 가는 움직임이 존재하며, 땀은 아래로 내려가는 움직임이 존재할 수 있다. 그렇기 때문에 한 객체가 존재할 경우 다른 객체들을 추가적으로 배치하여 콘텐츠의 표현력을 높이는 것이 중요하다. 이런 추가적인 객체로는 당황하는 표현, 맞았을 때 별이 보이는 표현, 아이디어가 떠올랐을 때 전구 등이 있다.

1 

1 배경을 제작하기 어려운 경우, 사진으로 대체하여 흐림 효과를 주게 되면 자연스럽게 어우러질 수 있습니다.

제작해야 하는 객체들 중 배경의 경우 실제 사진을 활용하여 표현하는 방법이 있다. 예를 들어, 카페가 배경인 장면이라면 예전에 찍어뒀던 사진 혹은 인터넷에서 카페 무료 사진을 사용해 준다. 사진을 무료로 사용할 수 있는 사이트는 언스플래시(unsplash)를 검색해서 접속해 준다. 해당 사이트는 한글 검색을 지원하지 않기 때문에 영문으로 검색해야 한다.

배경으로 사용하는 사진은 가급적 고해상도, 용량이 높은 사진을 선택하는 것이 중요하다. 원하는 사진을 찾았다면 파워포인트에서 제공하는 흐림 기능을 사용하거나 채도를 낮추는 방법 등을 통해 배치해 준다. 사진을 추가적인 작업 없이 그대로 사용하게 되면 내용에 등장하는 인물이나 대사 등이 배경 사진에 묻히게 된다. 가급적 사진을 배경으로 사용한다면 앞서 언급한 작업들을 수행해 준다.

위와 같이 슬라이드마다 장면들을 구성했다면 이제 객체들에 움직임을 주어 콘텐츠에 생동감을 불어 넣을 차례이다. 여기서는 파워포인트의 애니메이션 기능을 사용하게 된다. 파워포인트의 애니메이션 기능은 단순히 등장하는 것 외에도 추가적인 시간 설정, 지연, 제거, 움직임 등을 줄 수 있어 충분한 수준으로 제작할 수 있다. 파워포인트에서 사용되는 대표적인 애니메이션 효과들은 다음과 같다.

애니메이션 효과들 실습

자주 사용하는 애니메이션들

나타내기	투명	사라지기	선
밝기변화	연하게만들기	밝기변화	타원
날아오기	어둡게만들기	날아가기	회전
올라오기	굵게 나타내기	가라앉기	추가이동경로
확대/축소	밑줄 긋기	확대/축소	
회전	물결표현	바운드	
		회전	

왼쪽의 초록색 글씨들은 모두 객체들이 등장하면서 나타나는 효과들이다. 주황색 글씨들은 추가적으로 강조하기 위한 효과들이다. 등장 이후 해당 객체가 특정한 상황에 처했을 때 효과를 줄 수 있다. 빨간색 글씨는 객체가 사라지면서 보여주는 효과들이다. 위험에 처했거나 날아가거나 하는 등 퇴장해야 하는 경우 단순히 사라지는 것이 아닌 특정 효과를 주어 풍부한 표현력을 가질 수 있다. 마지막으로 검은색 글씨는 객체들에게 움직임을 줄 수 있다. 파워포인트를 이용한 교육용 콘텐츠를 제작할 경우 가장 많이 사용하며, 원하는 방향의 제작이 가능해지는 효과이다.

지금까지 소개한 애니메이션들은 중복으로 적용 가능하다. 가령 한 객체가 등장한 뒤 5초 뒤에 사라지거나, 등장 후 5초 뒤 이동한다거나 하는 것을 한 슬라이드 내에서 한 객체로 모두 표현 가능하다.

1 애니메이션을 클릭한 뒤 보이는 화살표를 클릭합니다.

1 다양한 형태의 애니메이션 효과들을 한 번에 확인할 수 있습니다. 객체가 표현해야 하는 효과를 선택합니다.

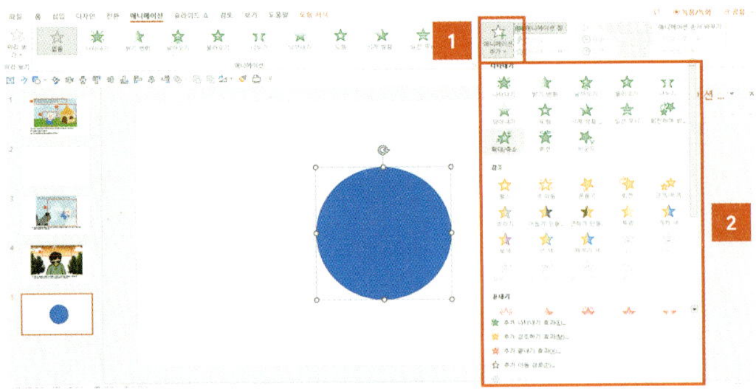

1 애니메이션 추가를 클릭하게 되면 한 객체에게 추가적인 효과들을 줄 수 있습니다.

2 화면에서 원하는 효과를 선택하면 됩니다.

파워포인트 애니메이션의 경우 '추가 애니메이션'으로 적용하지 않을 경우 애니메이션들이 덮어쓰기가 된다. 그래서 한 객체가 다양한 움직임을 표현하길 원하는 경우 추가 애니메이션을 사용한다. 그리고 더 많은 애니메이션 효과들을 확인하기 위해서는 '추가 효과'를 통해 가능하다.

다른 애니메이션 효과들은 선택하는 것으로 적용이 된다. 하지만 이동의 경우는 콘텐츠 제작자가 경로를 설정해 줘야 한다. 파워포인트에서 제공하는 이동에는 선과 타원, 회전, 도형, 반복, 사용자 지정 등이 있다. 소개한 이동 효과들은 이름 그대로 선과 타원, 회전, 도형, 반복되는 형태로 이동하는 것을 의미한다. 그래서 비교적 단순한 움직임들을 적용하기 위해 사용한다. 하지만 객체가 특정 위치로 이동하길 원하거나 걷거나 하는 효과를 주기 위해서는 사용자 지정을 선택해야 한다.

이동에서 사용자 지정은 현 객체가 다음 설정한 지역까지 시간 내에 이동하도록 효과를 주는 것이다. 토끼와 거북이 동화에서 달리기를 예로 든다면 토끼는 거북이보다 빠르게 이동하고, 거북이는 훨씬 느리게 해당 경로까지 이동하도록 설정해 주면 된다. 같은 이동이지만 시간을 다르게 설정함으로써 스토리 전개에 적합하도록 콘텐츠를 제작할 수 있다. 그리고 이를 위해서는 다음 사진과 같이 설정하면 된다.

1 추가 애니메이션 중 사용자 지정을 선택합니다.

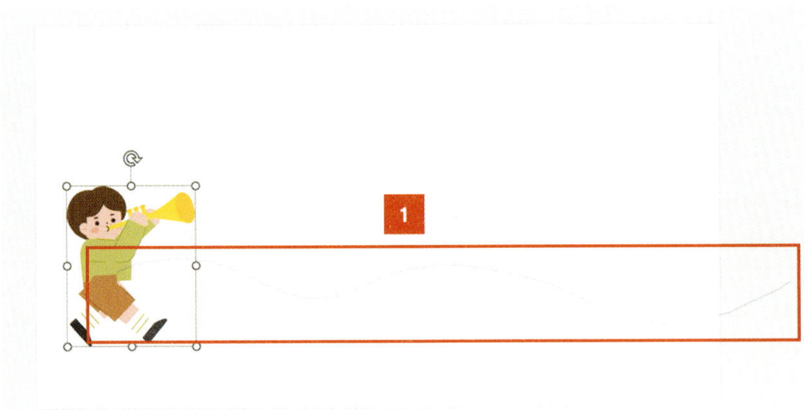

1 원하는 위치까지 이동하도록 설정합니다. 이때 일직선보다는 물결 형태를 이루어 단조롭지 않게 이동하도록 만들어주는 것이 좋습니다.

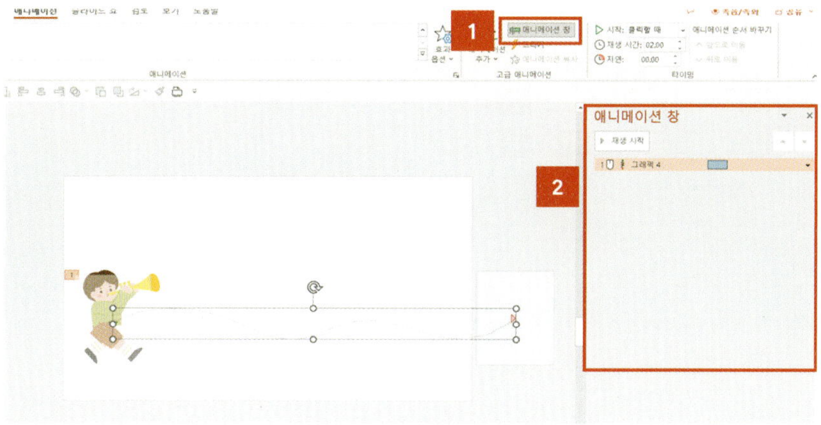

1 움직임을 설정해 준 뒤 애니메이션 창을 클릭합니다.
2 애니메이션 창이 나타나면 객체에 효과를 준 것이 보여집니다.

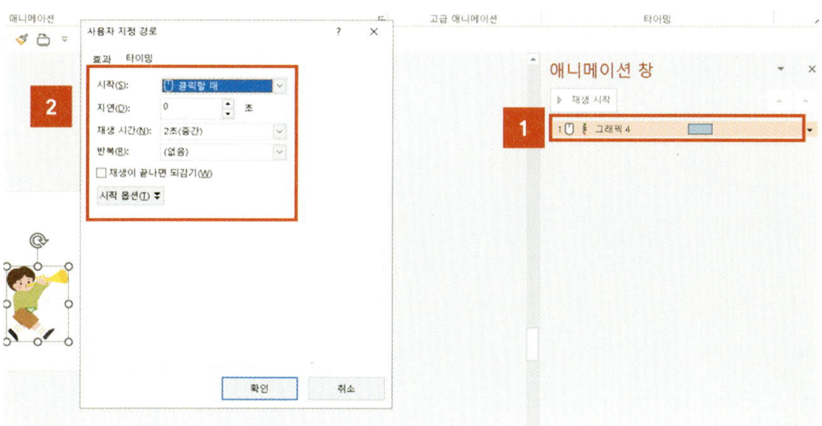

1 세부적으로 수정해야 하는 효과를 더블클릭 해줍니다.
2 창이 나타나면 '지연', '재생시간', '반복', '효과' 등을 줄 수 있는 항목들이 보입니다. 원하는 수준으로 표현하기 위해 각 항목들을 수정합니다.

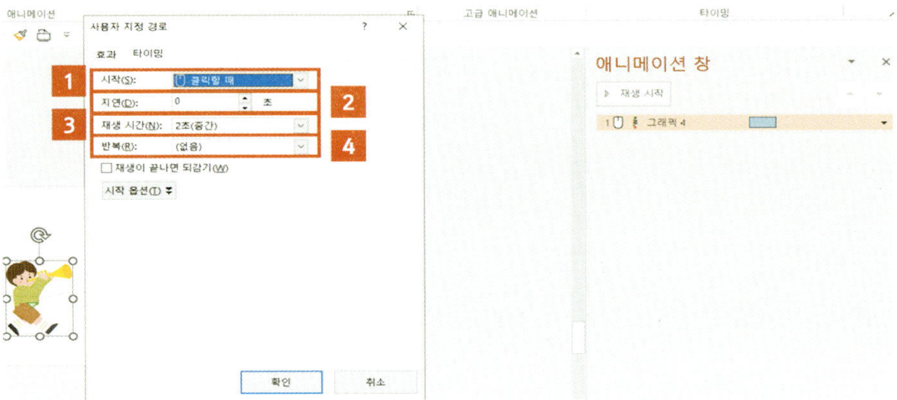

1 시작 타이밍을 설정합니다. '클릭했을 때', '이전 효과와 함께', '다음 효과와 함께'가 있습니다.
클릭했을 때 : 애니메이션 시작을 마우스를 클릭하면 해당 효과가 시작됩니다.
이전 효과와 함께 : 클릭하지 않더라도 이전 효과가 시작되면 해당 효과도 시작됩니다.
다음 효과와 함께 : 클릭하지 않더라도 이전 효과가 끝나면 해당 효과가 시작됩니다.

2 지연 시간을 설정합니다. 해당 효과 시작 시간으로부터 지연 시간만큼 지난 뒤 시작하도록 설정합니다.

3 재생 시간을 선정합니다. 시간이 길수록 재생 시간도 길어집니다. 자연스럽게 해당 애니메이션의 움직임이 느려지게 됩니다. 반대로 짧으면 애니메이션의 움직임이 빨라집니다.

4 반복을 설정합니다.

1 보이는 슬라이드에 표현되는 애니메이션 효과의 타임라인입니다. 어떤 순서로 진행되며, 어느 정도 길이인지 확인이 가능합니다.

2 마우스를 클릭했을 때 나타나는 것을 보여줍니다. 옆의 숫자는 해당 슬라이드에서 몇 번을 클릭했을 때 표현되는가를 보여줍니다.

3 이전 효과와 함께 시작할 것인지, 다음에 시작할 것인지를 보여줍니다.

애니메이션을 실행해 보면 처음 위치에서 설정한 궤도를 그리며 움직이는 것을 확인할 수 있습니다.

위와 같은 방법으로 객체마다 원하는 애니메이션들을 적용한다. 이때 객체 간 등장 시간에 주의해야 한다. 본 교재에 담긴 교육용 콘텐츠는 객체들의 움직임을 통해 진행되는 형식이다. 객체들이 어떻게 움직이고 등장하며, 제작자가 의도한 바대로 순차적으로 움직여야 한다. 이러한 움직임을 가능하게 만드는 것이 파워포인트 애니메이션 타이밍이다.

A라는 캐릭터가 등장하며 A-대사를 한다고 가정한 상황이라면 A 등장 효과 이후 A-의 시작 시점을 '이전 효과와 함께'로 설정한다. 혹은 완벽하게 등장한 뒤 대사가 나와야 한다면 '다음 효과와 함께'를 설정해 주면 된다. 혹은 지연, 반복 등을 사용한다면 더 자연스럽고, 의도한 움직임들을 적용할 수 있다.

이 름	세부 내용
클릭했을 때	효과 시작을 마우스, 키보드를 입력한 시점을 기준으로 시작하게 된다.
이전 효과와 함께	효과 시작을 이전 효과가 시작하는 시점을 기준으로 시작하게 된다. 객체 간 조화를 이루거나 움직임을 자연스럽게 이어주기 위해 사용하기 좋다.
다음 효과와 함께	효과 시작을 이전 효과가 끝나는 시점을 기준으로 시작하게 된다. 객체 간 등장 및 효과의 서사적 흐름을 이어주기 위해 사용하기 좋다.

다음으로 적용할 요소는 '전환'이다. 흔히 동영상 편집 프로그램에서 트랜지션이라고 불리는 전환은 슬라이드가 넘어가는 순간 특별한 효과 및 지연 시간을 설정해 자연스럽게 진행되도록 만들 수 있다. 전환을 적용하는 방법 및 종류는 다음과 같다.

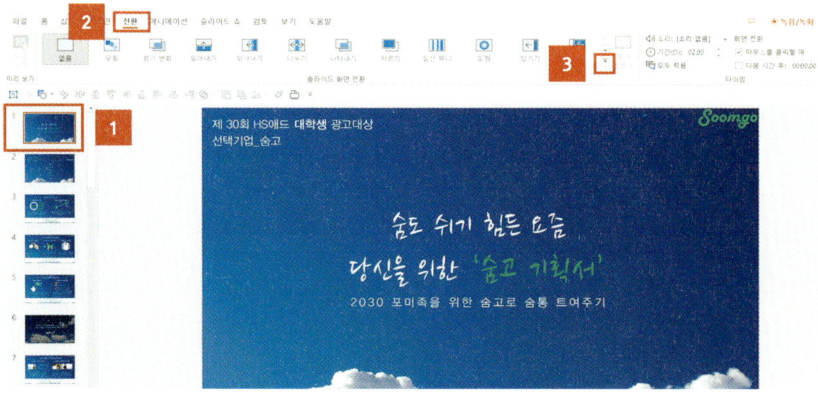

1 전환 효과를 주고 싶은 슬라이드를 클릭합니다.
2 상단의 전환을 눌러 원하는 효과들을 확인하고 선택합니다.
3 아래 화살표를 클릭하면 더 많은 전환 효과들을 확인할 수 있습니다.

파워포인트에서 제공하는 전환 효과들은 다음과 같다.

위에서 소개한 파워포인트의 전환 효과 중 해당 콘텐츠의 흐름과 내용에 적합한 것을 선택해 주면 적용이 된다. 이때 슬라이드 전환 효과 종류를 지나치게 많이 사용하는 것은 지양하는 것이 좋다. 전환 효과는 다른 효과들에 비해 화려하기 때문에 한 가지로 통일하거나 극적인 부분에서 다른 효과를 사용하는 것이 좋다. 결과적으로 한 콘텐츠에 전환 효과는 특별한 목적이 아니라면 1~3개를 사용하는 것이 좋다. 그리고 사용하는 시기는 다음과 같다.

이 름	세부 내용
시작	콘텐츠 시작 부분으로 구연동화의 경우 커튼(막)이 열리는 식의 효과로 완성도를 높일 수 있다.
장면 전환	모든 슬라이드에 공통으로 적용하는 것으로 지나치게 화려한 것, 전환 시간이 긴 것 등은 피한다.
극적인 부분	반전, 극적인 긴장감, 절정에 다다른 순간 등 주목도를 높이기 위해서 기존과 다른 장면 전환을 사용한다.

위와 같이 커튼이 사라지면서 본격적인 스토리가 전개되는 식의 효과를 줄 수 있는 것이 전환 효과이다. 일반적으로 많이 사용되는 전환 효과로는 모핑, 밀어내기, 닦아내기, 커튼, 늘어뜨리기, 바람, 등장하기, 벗겨내기, 비행기가 있다. 이 외 효과들은 콘텐츠 자체가 아닌 전환 효과에 시선이 뺏기기 쉽다.

다음으로 추가할 요소는 AI 음성이다. AI 음성은 콘텐츠에 생기를 불어넣을 수 있는 요소로서 기존 녹음을 통해 이를 해결하거나 현장에서 직접 소리를 내어 말하는 것을 대체할 수 있다. 기존 콘텐츠에 음성을 입히는 방법들의 경우 다음과 같은 문제점들이 있었다.

첫째, 녹음 환경에 영향을 크게 받는다. 기존 제작자 혹은 자체 더빙을 진행할 경우 녹음 환경이나 장소, 녹음 장비 등의 영향을 크게 받는다. 그리고 이런 부분이 서툰 경우 녹음되는 음성마다 음역대가 달라지는 등의 문제가 발생해 매끄럽게 이어지지 못하게 된다. AI 더빙을 사용할 경우 제시한 것과 같은 외부 환경에서 발생하는 문제들을 최소화할 수 있다. 둘째, 개인 간 역량 문제가 존재한다. 녹음하는 사람의 발성에 따라 해당 높은 수준의 결과물이 나올 수도 있지만 훈련받지 않은 사람이라면 이를 극복할 수 있는 방법을 찾기란 힘들다. 또한 현장에서 직접 말하며 진행해야 한다면 교육 수준이 강사의 역량에 크게 좌지우지되는 만큼 해당 문제를 극복할 필요성이 있다. AI 더빙은 똑같은 수준과 음역대 등을 보유하고 있어 이러한 문제들을 극복할 수 있다. 셋째, 다양한 목소리 표현이 가능하다. 전문 성우가 아닌 이상 일반인이 1개 이상의 목소리를 제대로 표현하기란 어렵다. 그렇기 때문에 똑같은 목소리로 제작해야 하는데, AI 더빙의 경우 연령, 성별, 성격 등을 반영하여 다양한 목소리들을 표현하는 것이 가능하다. 한 콘텐츠에 등장하는 남자 어린이, 할머니, 엄마, 아빠 등 모두 표현이 가능하다는 점에서 자체 녹음을 진행하는 경우보다 완성도가 있고 표현력 있는 콘텐츠 제작이 가능하다.

필요성

녹음 환경에 영향을 받지 않습니다.

- 자체 더빙은 녹음 환경, 장소에 영향을 많이 받습니다. AI 더빙은 해당 문제를 해결할 수 있습니다.

개인 간 역량 문제를 해결할 수 있습니다.

- 더빙자의 역량에 따라 수준이 많이 달라집니다. AI 더빙은 똑같은 수준을 유지하기 때문에 안정적으로 제작할 수 있습니다.

다양한 목소리를 표현할 수 있습니다.

- 결정적으로 개인이 낼 수 있는 목소리는 제한적입니다. AI 더빙은 다양한 연령, 성별의 목소리를 표현할 수 있어 더욱 풍부한 콘텐츠 제작이 가능합니다.

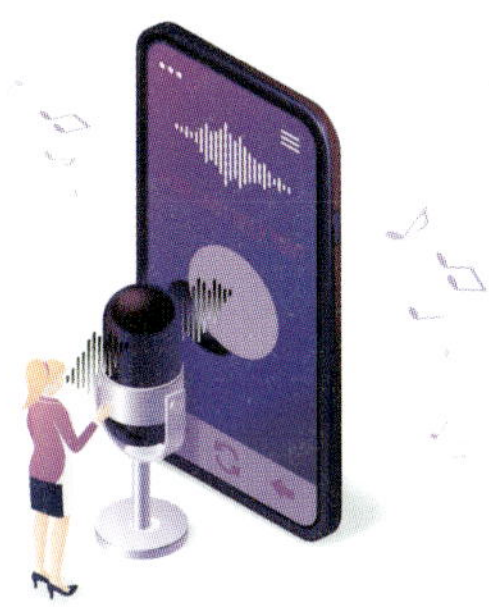

국내 AI 더빙의 경우 이미 시장에서 많이 찾아볼 수 있다. 대표적인 포털 사이트인 네이버에서도 '클로바 더빙'이라는 이름으로 AI 더빙 서비스를 제공하고 있다. 다른 플랫폼, 프로그램들도 존재하지만 목소리 표현 범위 및 비용, 호환성 등의 문제 등을 생각했을 때 클로바 더빙 사용을 추천한다.

별도의 프로그램을 설치할 필요 없이 웹사이트에서 바로 실행이 가능하다. 사용법은 로그인 후 원하는 텍스트를 입력하고, 목소리까지 설정하면 어떻게 음성이 출력되는지 확인할 수 있다. 자신이 원하고 해당 콘텐츠 분위기에 적합한 목소리들을 쉽게 찾을 수 있다.

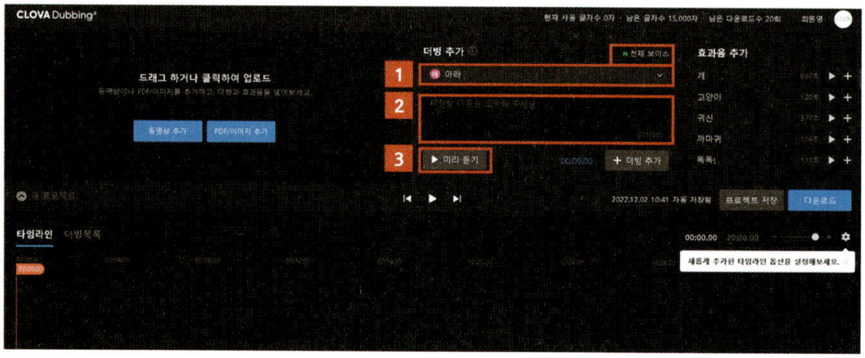

1 서비스하고 AI 목소리들을 확인하고 선택할 수 있습니다.
2 필요한 음성을 텍스트로 입력해줍니다.
3 미리 듣기를 클릭하면 작성한 텍스트가 선택한 AI 음성으로 만들어진 것을 확인할 수 있습니다.

클로바 더빙을 열면 위와 같은 작업 화면이 나타난다. 중앙 부분의 더빙 추가에서 여러 AI 음성들을 확인할 수 있으며, 원하는 텍스트를 입력 후 미리 듣기가 가능하기 때문에 마음에 들지 않는다면 다른 목소리로 대체할 수 있다. 그리고 선택이 됐다면 더빙 추가를 클릭해 준다.

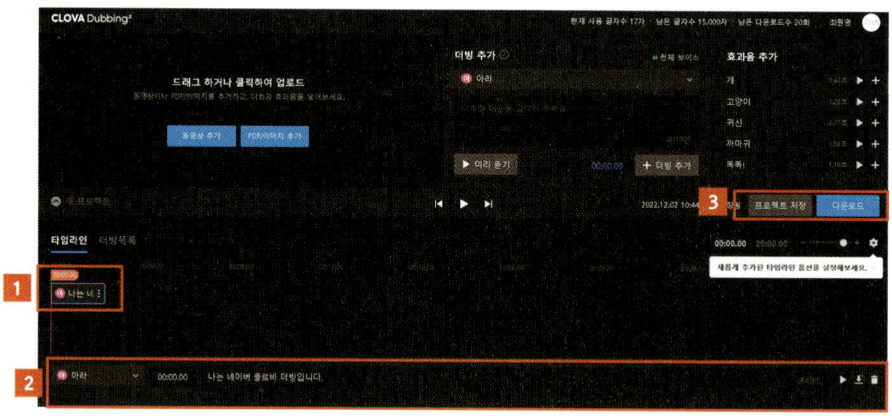

1 더빙 추가를 했을 때 타임라인에 옮겨진 것을 확인할 수 있습니다.
2 한 번 추가한 더빙도 목소리 및 텍스트를 수정하는 것이 가능합니다.
3 모든 음성들을 추가했다면 다운로드를 눌러 저장하면 됩니다.

추가한 더빙이 타임라인에 옮겨진 것을 확인할 수 있다. 해당 타임라인을 통해 추가한 음성들은 개별 선택이 가능하며, 원한다면 다른 영상을 가져와 바로 음성을 입히는 것도 가능하다. 그리고 한 번 추가한 더빙 음성이라도 목소리 종류를 바꾸거나 텍스트도 수정할 수 있다.

이렇게 원하는 음성들을 모두 제작했다면 다운로드를 클릭하여 '개별 더빙 파일'로 다운로드를 해준다. 클로바 더빙의 저장은 '개별 더빙 파일', '음원 파일'이 존재하며, 음원 파일은 모든 음성이 하나의 파일에 저장된다. 음원 파일로 저장하게 되면 음성마다 개별 파일로 저장되지 않는다. 반면 개별 더빙 파일 형식으로 저장하면 모든 음성들이 개별 파일로 존재하게 된다. 이 경우 객체와 음성이 함께 등장하거나 필요한 시점에 출력될 수 있도록 만들 수 있기 때문에 개별 더빙 파일로 저장해 준다.

소개한 네이버 클로바 더빙은 무료로 사용이 가능하지만 결제를 하지 않을 경우 워터마크를 삽입해야 한다. 워터마크 삽입은 영상 시작 구간에 5초간 '클로바 더빙으로 제작한 AI 보이스입니다'를 노출하는 것이다. 이 문구만 작성해 둔다면 저작권 걱정 없이 이용하는 것이 가능하다.

또한 무료 이용자는 다음과 같이 이용할 수 있다.

AI 더빙 프로그램 사용방법

실제 적용까지 해봅시다.

네이버 클로바 더빙은 월 20회 다운로드, 글자 수 15,000자의 제한이 있습니다.

그래서 여러 문장들을 한 번에 저장해둔 뒤, 이걸 잘라서 각 부분에 입혀서 사용하는 방법이 있습니다.

네이버 클로바 더빙은 필요한 목소리들을 많이 제공하기 때문에 더욱 좋은 콘텐츠를 만들기 쉽습니다.
그리고 네이버 클로바를 이용해 더빙을 사용할 시 출처를 표기해야 합니다.

출처 표기 방법입니다.
"클로바 더빙으로 제작한 AI 보이스입니다."

노출 시기는 동영상의 시작 시점 5초간 노출

음성 더빙 파일은 월 20회 다운로드가 가능하며, 글자 수는 15,000자로 제한된다. 다운로드 제한이 있기 때문에 한 번에 많은 음성들을 제작해 두는 것이 유리하다. 글자 수의 경우 15,000자는 일반 콘텐츠 제작자가 사용했을 때 무리 없이 이용 가능한 숫자이다.

이렇게 음성 더빙 파일까지 제작했다면 원하는 곳에 음성들을 노출시켜 인물이 말하는 것처럼 만들거나 내레이션, 설명 등을 추가하여 콘텐츠를 완성하면 된다. 음성 더빙 파일의 경우 파워포인트 2010 이하 버전의 경우는 호환성이 낮아 오류가 발생하기 쉽다.

원하는 음성을 원하는 시기에 등장시키는 방법은 아래 순서로 진행하면 된다. 가장 먼저 음성을 파워포인트에 삽입한다. 해당 슬라이드 내에 '복사+붙여넣기'로 가져오면 된다. 2010 이하 버전의 경우 파워포인트 작업 기능인 음성을 개별 선택하여 삽입하는 것이 가능하다. 이 경우 앞서 언급한 것처럼 삽입하더라도 호환성이 낮다.

앞으로 진행되는 음성 파일의 출력 시기를 설정하는 작업들은 앞에서 나온 애니메이션 창에서 모두 이루어진다. 음성 파일을 해당 슬라이드에 붙여 넣었다면 어떤 동작 다음에 설정할 것인지 확인해야 한다. 예를 들어, A 캐릭터가 등장하는 시점에 맞춰 대사도 출력되는 상황이라면, 등장하는 애니메이션 다음에 음성을 배치하고, 이전 효과와 함께 시작을 클릭해 주면 가능하다. A 캐릭터 음성 이후 B 캐릭터가 말해야 하는 상황이라면, A 음성 뒤에 B 캐릭터의 음성을 배치한 뒤 이전 효과 다음에 시작을 클릭해 주면 가능하다.

파워포인트에서 객체들의 움직임에 따른 효과를 주는 것은 이전 효과와 함께 시작 혹은 이전 효과 다음에 시작만 적절히 사용해 주면 자연스럽게 이어지는 것이 가능하다. 만약 음성이 가장 먼저 등장해야 한다면, 애니메이션 창 가장 상단에 음성을 배치하고 이전 효과와 함께 시작을 클릭해 주면 가장 먼저 자동으로 출력된다.

목소리 삽입 방법 안내

Ctrl C + Ctrl V만 알면 됩니다.

1. 음성 파일을 복사한 뒤 해당 슬라이드에 붙여넣기 합니다.
2. 파워포인트 애니메이션 창에서 어떤 동작 다음에 설정할지 확인합니다.
3. 음성을 동작 다음에 배치한 뒤 '이전 효과와 함께 시작'을 선택하면 됩니다.

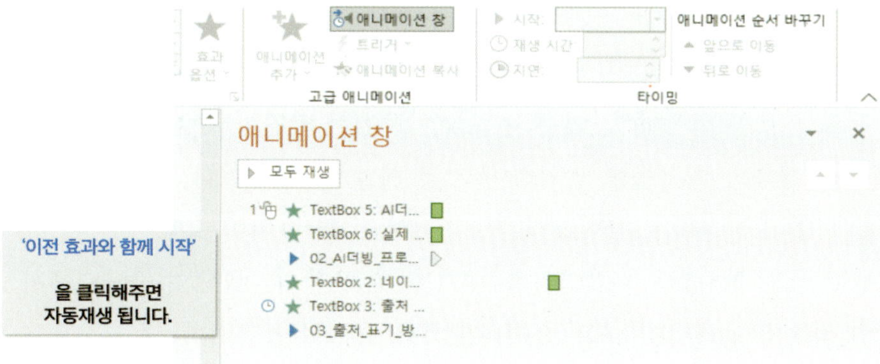

위 화면에 보이는 것과 같이 애니메이션 창에서 음성 파일들을 이전 효과와 함께 시작 혹은 이전 효과 다음에 시작을 클릭하여 자동으로 재생되도록 만들어 준다. 화면에 보이는 것 중 파란색 화살표가 음성 파일을 뜻한다.

지금까지 살펴본 교육용 콘텐츠를 제작하기 위한 흐름을 정리하면 다음과 같다.

첫째, 스토리 보드(계획서)를 작성한다. 어떤 주제와 스토리를 설정할 것이며, 제작 목적, 타깃 등을 고민하여 전체적인 분위기와 장면을 구상하며 작성한다. 이 과정에서 필요한 인물, 요소, 배경 등의 객체를 확인하며, 제작 과정에서 겪을 수 있는 문제들을 파악한다.

둘째, 등장하는 객체들을 제작한다. 등장하는 객체들의 경우 인물(캐릭터), 사물, 자연환경, 배경 등을 만들어준다. 이 과정에서 너무 간략하게 만들거나 혹은 너무 화려하고 제작이 어려울 정도로 만들지 않도록 한다. 하나의 콘텐츠에서 등장하는 객체들은 모두 비슷한 수준으로 보여주며 통일성을 유지하는 것이 좋다.

셋째, 제목, 대사, 내레이션을 담는 폰트를 선택한다. 이 폰트는 제작하는 콘텐츠의 전체 분위기에 맞으며, 제목, 대사, 내레이션과 같은 용도에 따라 적합한 것을 선택해 주는 것이 중요하다. 사용 시 꼭 상업적으로 이용 가능한 무료 폰트를 선택하며, 이는 눈누 사이트에서 확인하고 설치가 가능하다.

넷째, 객체와 대사들을 삽입하여 기본 틀을 만들어 둔다. 이 단계는 음성 더빙 이후에 진행해도 무방하다. 이 단계에서 한 슬라이드에 지나치게 많은 대사량이나 애니메이션 효과들을 넣지 않도록 한다. 해당 슬라이드에서 모두 표현하지 않더라도 다음 슬라이드에서 표현이 가능하며, 동영상으로 변환 혹은 제작 중에 예기치 못한 오류를 예방할 수 있다.

다섯째, 콘텐츠에 생명을 불어넣어 주는 AI 음성을 더빙하는 것이다. 현재 시장에 공개된 서비스 중 네이버 클로바 더빙 사용을 추천하며, 해당 AI 음성을 통해 해당 콘텐츠의 분위기에 맞으며, 인물들의 성격에 따라 적합한 AI를 선택한다. 현재 많은 수의 AI가 존재하는 만큼 다양한 음성을 들어보고 가장 좋은 목소리를 선택한다. 이러한 AI 음성은 더빙을 추가했더라도 지속적으로 수정이 가능하다.

여섯째, 더빙된 음성들을 객체들과 조화를 이루어 출력되도록 만든다. 음성들은 애니메이션 창에서 출력 시기를 설정할 수 있으며, 스토리 흐름상 자연스럽게 출력되도록 만드는 것이 중요하다.

제작 순서

스토리 보드 및 계획서 작성 진행

↓

동화에 등장하는 객체 그리기(만들기)

↓

적절한 폰트 설정하기

↓

AI 음성을 활용하여 더빙 진행

↓

파워포인트 한 장씩 제작해 나가기

|그림 4-4| **교육용 콘텐츠 제작 순서**

콘텐츠가 모두 제작됐다면 파워포인트에서 영상으로 변환하는 작업이 필요하다. 그냥 저장할 경우 파일 형식이 .ppt 혹은 .pptx로 되면 움직임을 주기 위해서 매번 클릭해 줘야 하며, 의도했던 영상으로 제작할 수 없다. 그래서 동영상으로 저장해야 한다. 파워포인트에서 '다른 이름으로 저장'을 실행한다. 실행 방법은 단축키 'Ctrl + Shift + S'를 클릭하거나 파워포인트 상단 '파일 → 다른 이름으로 저장'을 클릭한다. 이때 나오는 화면에서 파일 형식을 MPEG-4 비디오, Windows Media 비디오 중 하나로 선택하고 저장한다. 영상 저장은 시간이 소요되는 작업이기 때문에 컴퓨터 상황에 따라 다를 수 있지만 3~10분 정도 소요된다. 여기까지 진행했다면 동영상으로 구현되는 교육용 콘텐츠 제작이 완료됐다.

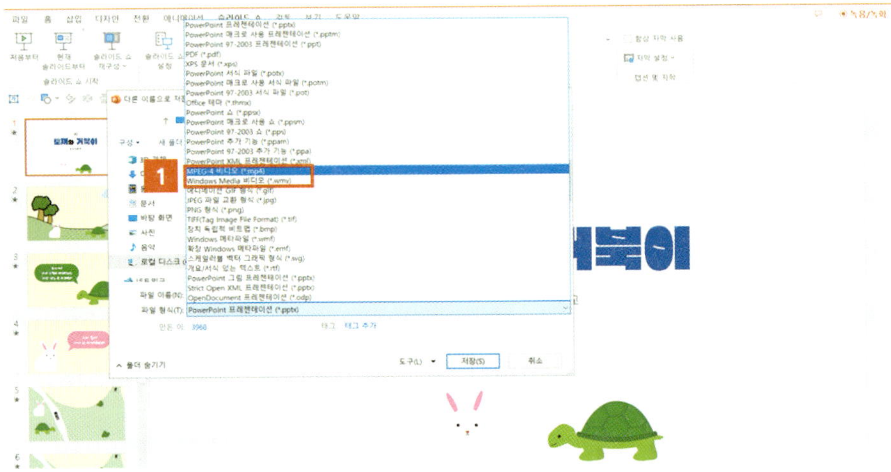

Ctrl + Shift +S를 클릭하여 다른 이름으로 저장을 실행합니다.

1 MPEG-4 비디오 혹은 Windows Media 비디오를 선택하고 저장합니다.

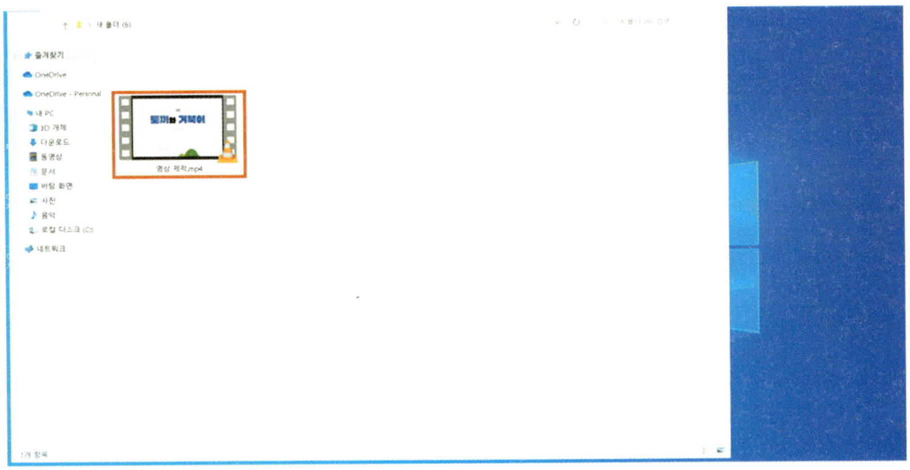

저장이 완료된 후 확인해 보면 정상적으로 파워포인트에서 작업한 파일이 동영상으로 저장된 것을 확인할 수 있습니다.

본 콘텐츠 제작방법을 통한 활용방안으로 자체 콘텐츠 개발이 가능해진다. 유아 혹은 특정 대상이 구상한 동화나 그림으로 제작하는 것이 가능해지며, 이는 콘텐츠를 수요하는 현장에서 지속적으로 개발 · 유지가 가능하다. 기존 동화들의 경우도 그대로 사용하거나 재해석, 재구성하는 방법으로 특별한 콘텐츠를 개발할 수 있게 된다.

디지털 콘텐츠의 경우 자체 제작을 진행하지 않고 대다수가 구매 혹은 대여하는 방법을 선택한다. 자체 콘텐츠를 제작하거나 개발하는 일이 힘들기 때문이다. 혹은 진행하는 방법 및 첫 발을 내딛기 힘들기 때문이다. 그런 만큼 본 교재에 담긴 디지털 콘텐츠 개발 예시, 방법으로 경쟁력 있는 콘텐츠들을 제작해 나갈 수 있다. 또한 이런 콘텐츠를 1인이 처음부터 끝까지 제작하기 쉽지 않았다. 하지만 AI 더빙과 발전된 기술을 바탕으로 모두 가능해진 환경에서 1인이 모두 진행할 수 있게 되면서 이것이 가능한 사람과 아닌 사람의 콘텐츠 개발 역량도 향후 시장에서 평가 요소로 작용할 것이다.

활용방안

자체 콘텐츠 개발이 가능합니다.

- 유아들이 구상한 동화 및 그림으로 콘텐츠 개발이 가능합니다.
- 유치원에서 개발한 자체적인 콘텐츠를 공개할 수 있습니다.
  유치원 자체 개발 콘텐츠라는 점에서 강점을 가집니다.

기존 동화를 그대로 사용할 수 있습니다.

- 기존 동화들을 자체적으로 재구성 및 제작하여 공개할 수 있습니다.
  효율적인 운영이 가능해집니다.

CHAPTER 05

디지털 · 인공지능 교육의 실제

CHAPTER 05

디지털 · 인공지능 교육의 실제

제1절 디지털과 그림책

디지털을 활용한 애니메이션 그림책을 살펴보기 전에 먼저 그림책의 특성, 교육적 의의, 그림책의 유형을 고문숙, 김수향, 임영심, 손혜숙(2019)의 저서인『아동문학교육』을 기초로 살펴보고자 한다.

1. 그림책

그림책은 글과 그림의 상호작용을 통해 독자에게 의미를 전달해 주는 도서로 유아문학의 가장 대표적인 독특한 장르(Cullinan & Person, 2005)이다. 글 텍스트와 그림 텍스트의 두 가지 의사소통 방식을 채택한 장르(Nikolajeva, 2005)인 그림책은 언어와 인지발달의 수준이 미숙하여 글 읽기를 부담스러워하는 유아들에게 유용한 매체이다. 글 텍스트와 그림 텍스트의 상호작용을 바탕으로 이야기의 통합적인 전달을 추구(Edwards & Saltman, 2010)하는 그림책은 유아들에게 책에 대한 즐거움과 긍정적 태도를 길러줄 수 있다. 특히 그림책에서 발견되는 시각적 이미지들은 유아들의 미적 지각과 인식을 촉진시킴으로써 시각적 리터러시의 향상을 가져다줄 수 있을 뿐만 아니라 유아의 상상력과 창의성 발달에 기여할 수 있다.

루이스(Lewis, 2008)는 글과 그림의 관계를 씨실과 날실로 비유한다. 씨실과 날실로 직조작업을 진행하기 위해서는 글과 이미지는 상호 간에 매우 밀접하게 결합되어야 한다. 이런 의미에서 좋은 그림책이라는 하나의 텍스트는 직조된 그 무엇, 개별적인 부분들의 단순한 축적 그 이상이다. 그림책은 상호 내적 연관성을 갖는 글과 이미지라는 씨실과 날실로 잘 짜여진 옷감과 같은 것이라 할 수 있기 때문이다.

글과 그림은 마치 생명이 있는 유기체처럼 역동적으로 살아 움직이며 때로는 유연하게, 때로는 복잡하고 다양하게 서로가 서로에게 영향을 미치며 의미를 생성하기도 하고 변환하기도 한다.

2. 그림책의 교육적 의의

루이스(Lewis, 2008)는 그림책의 가능성은 무한하다고 본다. 이는 바로 그림책이 자신을 둘러싸고 있는 그림과 언어의 무한한 자원으로부터 스스로를 창출해 내기 때문이라고 한다. 현대 그림책은 그림과 그림, 글과 그림 간의 여러 유형의 상호작용을 창안해 내면서 독자들로 하여금 자유로운 상상과 이야기에 흠뻑 젖어들게 한다.

그림책은 유아에게 체험을 풍부하게 하는 기회를 준다. 그림책은 스스로 영상을 그려내지 못하는 어린이에게 이야기의 세계를 그려 나갈 수 있도록 도움을 주며, 어린이가 상상하고 이해할 수 있게 한다. 그림책의 시각적 이미지는 이야기의 의미를 상징적으로 전달하는 경우가 많은데, 유아들은 이 상징체계를 단서로 폭넓은 창조적 세계를 창안해 내며 작가가 창안한 글, 그림의 상징체계를 조합하여 자신들의 새로운 이야기를 만들어 낸다(고문숙 외, 2019).

그뿐만 아니라 그림책은 유아들로 하여금 어린 시절부터 문학을 즐길 수 있도록 만들어 준다. 어린 유아일수록 공부가 아닌 즐거운 놀이의 하나로 그림책을 대하기 때문에 질이 좋은 그림책은 아주 나이 어린 유아에서부터 필수적인 놀잇감이 될 수 있다(김현희 · 홍순정, 1993). 그림책에 제시된 간결하고 선명한 상징들은 리듬과 운율을 반복해서 동반하는 경우가 잦다.

이러한 반복적 리듬과 운율은 유아들에게 감각적 즐거움을 제공하여 유아들이 시각예술적 이미지 탐색에 몰입할 수 있도록 돕는 좋은 요인이 되어 준다. 유아들은 그림책의 시각예술을 탄생하는 과정에서 큰 시각적 즐거움을 만끽하게 된다. 이러한 즐거움은 어린 시절부터 독서하는 태도를 형성하도록 돕고 유아들이 그림과 글의 다양한 조합들을 창안해 내고 그 의미를 '읽을 수' 있도록 돕는다.

3. 그림책의 유형

요즈음은 어린아이부터 나이가 많은 어린이들에게 이르기까지 독자적으로 읽고 즐길 수 있는 그림책의 새로운 유형이 발전되고 있다.

오늘날 그림책은 독자층, 목적, 형식, 본문 내용과 그림의 상대적 양 등에 있어서 아주 다양하다. 이러한 차이는 절대적인 것은 아니지만 여러 가지 구체적 유형의 특성을 가지고 있는 그림책이 있음을 쉽게 발견할 수 있다. 그러나 그림책의 유형들 간에는 불가피하게 서로 겹치는 부분이 많다.

톰린슨과 린치 브라운(Tomlinson & Lynch Brown, 1996)은 그림책의 유형을 다음과 같이 분류한다.

① **아기도서**(Baby Book)

단순하게 디자인하고 밝은 그림을 그려서 0~2세 유아들을 대상으로 만든 두꺼운 그림책이다. 이 도서는 아주 어린 영아도 현저한 학습능력을 보인다는 인식을 하게 된 1980년도에 인기를 모았다. 이 도서의 본문 내용은 영아들에게 익숙한 물건들과 일상적인 일들을 다루고 있으며, 내용은 거의 없고 그림 위주로 의미를 전달하고 있다.

[『아장 아장 걸음마』 지은이 초 신타, 이선아 옮김, 보림, 2007]

② **상호교류 도서**(Interactive Books)

유아의 시각적 · 물리적 참여를 자극하도록 하는 그림책을 말한다. 이 도서는 유아들에게 직접적 질문을 해 찬트(chant) 또는 반복적인 문장을 사용하여 언어의 리듬감에 따라 몸을 움직이도록 하거나, 그림 속의 물체들을 찾아보도록 하거나, 책을 만지거나 가지고 놀도록 격려한다.

[『노란 택시』 지은이 민정영, 비룡소, 2011]

③ **장난감 도서**(Toy Books)

이 도서를 때론 기계공학적 도서(engineered or mechanical books)라 부르기도 한다. 이 도서는 물체가 책 속에서 갑자기 나타나고(pop-up), 책 전체를 지각하고, 움직여보고 변화시켜 볼 수 있도록 조작해 보거나(예 자르고, 접고, 구성해 보도록 함) 3차원적 그림을 조작해 보도록 만들어졌다.

모든 연령의 유아들을 대상으로 할 수 있으나 간단하게 조작해 보도록 하는 도서는 특히 어린 유아를 위해서 제공될 수 있다.

[『나왔다 똥』 김미애 글, 김병남 그림, 스마트베어, 2013]

④ **마더구스와 유아 리듬도서**(Mother Goose and Nursery Rhyme Books)

전래동요를 수집해서 그림으로 그려 만든 책으로, 18세기 프랑스 페로의 『마더구스 이야기(Tales of Mother Goose)』에 맨 먼저 나타났다. 이는 유아를 위한 문학의 세계를 훌륭하게 소개할 수 있는 도서이다.

잘 조직된 좋은 전래동요에는 주제를 가지고 있어서 그것이 무엇인지, 유아와 함께 생각해 볼 수 있게 한다.

[『꼬마야 꼬마야 목욕놀이 하자』 지은이 강밀아, 곧은나무, 2005]

⑤ **유아 전래동요 도서**(Nursery and Folk Songbooks)

이 도서에는 전통적으로 전해 내려오는 시와 현대시 및 음악적 암송 구절 등이 수록되어 있다. 이 도서를 선정함에 있어서 부모, 교사는 유아들의 목소리를 잘 조절할 수 있고, 놀이를 하면서 책을 볼 수 있는 악보나 가사를 수록하고 있는지를 살펴보아야 한다.

[『우리 할아버지가 꼭 나만했을 때』 지은이 주경호, 보림, 1999]

⑥ **알파벳 도서**(Alphabet Books)

철자 도서는 유아들에게 모양, 이름 등을 획득할 수 있도록 하며, 때로는 철자의 소리를 습득할 수 있도록 한다.

대부분의 철자 도서는 초보 독서가를 위해 만들어지며, 어떤 작가와 삽화가는 정보를 제시하기 위한 장치로 철자 그 자체를 사용하기도 한다.

[『기차 ㄱㄴㄷ』 지은이 박은영, 비룡소, 1997]

⑦ **셈하기 도서**(Counting Books)

셈하기 도서는 보통 1에서 10까지의 수를 제시해 어린 유아들에게 수의 모양, 이름 각각 수가 나타내고 있는 개념, 순서를 세어 보도록 한다. 이는 철자 도서와 함께 작가와 삽화가가 유아들로 하여금 보다 재미있게 이해할 수 있도록 주제를 사용하기도 하고 장치를 사용하기도 한다.

셈하기 도서는 수 개념을 모사해 선택한 주제와 물체가 유아들에게 매력적이어야 하고, 수 개념을 그림으로 명료하게 제시하고 있어야 한다.

[『줄넘기나라』 지은이 임선경, 노란돼지, 2013]

⑧ **개념 도서**(Concept Books)

개념 도서는 이야기를 말하기보다는 개념(반대가 되는 것), 물체(기차), 활동(걷는다)을 설명하고 탐색하도록 하는 도서이다.

많은 개념 도서는 플롯을 갖고 있지 않으나 그림과 내용을 도서가 결속시켜 주는 반복적인 요소를 가지고 있다. 철자 도서와 셈하기 도서는 개념 도서의 유형으로 간주된다.

[『기린아, 너랑 똑같지?』 지은이 행복의 나무, 큰북작은북, 2008]

⑨ **글자 없는 도서**(Wordless Books)

순서가 있는 이야기를 그림으로 제시해 전체가 하나의 이야기가 되도록 한다. 이는 본문이 없거나 본문이 한 장 또는 두 장 정도로 되어 있는 것도 있다.

이 도서는 일반적으로 4~6세 유아들을 위해 제작되는 것이 보통이다. 유아들은 자신의 언어를 사용해 그림을 '읽어내려 가는데', 도서의 시각적 이야기 구조는 여러 가지 방법으로 유아들에게 도움을 준다. 먼저 유아들은 시작과 끝이 있는 짜임새 있는 이야기의 개념을 발달시킨다. 둘째, 유아들은 언어를 창의적으로 시용하고 그렇게 함으로써 언어발달의 향상을 가져올 수 있다. 셋째, 앞에서 뒤로, 좌에서 우로 책을 읽는 방법을 배운다. 넷째, 책에서 나오는 이야기가 전부가 아니라 스스로 만들어 낼 수도 있다는 것을 이해하기 시작한다.

[『노란 우산』 지은이 류재수. 보림 2007]

⑩ 그림 이야기 도서(Picture Story Books)

그림 이야기 도서는 이야기를 말해주기 위해 그림과 본문이 똑같은 빈도로 나타난다. 1902년 베아트릭스 포터가 그리고 쓴 『피터 래빗 이야기』를 최로의 현대적 그림책이라 한다. 대부분의 그림 도서의 본문은 4~7세 유아들에게 큰 소리로 읽어주도록 제작된 책을 말한다.

이런 부류의 책에는 종종 어려워서 유아들이 도전을 받는 어휘가 나오기도 한다. 좋은 그림 도서는 8세 어린이 또는 그 이상의 어린이들이 독자적으로 읽으면서 즐길 수 있다.

⑪ 읽기 쉬운 도서와 패턴 도서(Easy-to-Read And Pattern Books)

읽기 쉬운 도서는 초보 독자들이 성공적으로 잘 읽을 수 있도록 만든 도서를 말한다. 이 도서는 보다 큰 활자를 사용하고 있고, 보다 넓은 공간을 두어 자간의 여백을 활용하며, 제한된 언어를 사용한다. 그뿐만 아니라 단어의 패턴, 반복적 본문, 리듬이 있는 본문, 단서가 있는 그림 등의 장치를 사용한다.

이 도서는 유아들이 읽기를 배우고자 원할 때마다 그들과 함께 사용할 수 있다. 그러나 이 도서의 유형에 적합한 대상은 5~7세 유아가 보통이다. 이 도서는 여러 가지 분명한 방식을 갖는 그림 이야기 도서의 양상과 다르다.

독립적인 독서를 하고자 하는 유아를 위해 의도적으로 만들어진 도서라고 해서 일반적 도서와 거리감이 있는 것으로 보아선 안 된다.

제2절 디지털을 활용한 애니메이션 그림책

1. 디지털을 활용한 애니메이션 그림책

4차 산업혁명 시대로 도립하면서, 유아교육에서 컴퓨터 기반 교육매체들이 자연스럽게 교육활동에서 활용되고 있다. 그중 하나가 바로 전자그림책, 일명 애니메이션 그림책이다. 전자동화의 개념은 학자들마다 조금씩 차이가 있으나 본문과 내레이션, 동영상, 배경 음악, 음향효과, 특수 효과를 결합해서 컴퓨터나 스마트폰 등등 전자매체의 화면을 통해 제공되는 도서이다(홍지영, 2003). 초기 전자책의 형태는 대부분 CD-ROM이었으나, 현재는 온라인 환경에서 제공되는 인터넷동화가 주를 이루고 있다(제수연, 2001).

혼자서 책을 읽을 수 없는 유아에게 동화책을 함께 읽어주는 성인의 역할을 대신해 줄 수 있다는 특징 때문에 유아도서 출판의 경우 성인도서에 비해 디지털화 경향이 빠른 속도로 이루어지고 있다(정진영, 2002).

애니메이션 그림책에 대해 컴퓨터 화면이나 스마트폰 화면을 통해 제공되기 때문에 유아들이 장시간 전자매체에 노출되는 부작용으로 비만, 시력 저하, 사회적 상호작용 저하 등의 문제가 제기된다. 그렇지만 기존의 종이동화책에 비해 애니메이션이나 음향효과 등 다양한 멀티미디어 기술을 사용하여 유아들의 흥미를 유발할 수 있어 주의집중을 오래 유지시킬 수 있다(Segers & Verhoeven, 2002). 또한 어린 자녀에게 그림책을 읽어줄 충분한 시간이 여의치 않은 맞벌이 부부의 증가 등 사회적 요구로 애니메이션 그림책 동화듣기 활동이 성인과 유아 간의 그림책 읽기의 대안으로 제시되기도 한다(김민진, 2008 : 369 재인용).

2. 애니메이션 그림책의 교육적 효과

애니메이션 그림책의 효과로는 우선적으로 교사와 학부모들이 구연을 하거나 특별한 준비 없이 영유아들에게 쉽게 제공할 수 있는 편리성과 용이성을 들 수 있다. 그리고 실제 전자동화와 종이그림책의 효과를 비교한 결과 6, 7세 유아들은 종이그림책으로 듣기 활동을 한 집단보다 전자동화를 활용한 듣기 활동을 한 집단이 이야기 내용에 대한 이해, 주의집중도, 호기심, 태도에서 더 높은 점수가 나타났다고 연구결과를 밝히고 있다(박남숙 · 전신숙, 1999).

그리고 단순하게 종이책이나 혹은 전자동화만 경험한 유아보다 종이책과 전자동화책을 함께 경험한 유아들이 독창성과 상상력이 높게 나타났다는 결론을 제시하였다(박현주, 2001).

또한 전자동화의 애니메이션 요소는 만 5세 유아의 이야기 이해력, 새로운 어휘습득, 읽기 흥미도 증진에 긍정적 영향을 미치는 것으로 나타났다(김민진, 2008).

즉, 종이그림책과 인터넷동화를 활용한 이야기 나누기 활동에서 인터넷동화를 사용한 이야기 나누기에서 유아와 교사 간 인지적 요구가 많은 언어적 상호작용이 이루어졌다고 밝히고 있다. 위와 같이 전자동화, 애니메이션 그림책의 긍정적 효과도 있지만, 한편으로는 부정적 효과도 나타났다. 인터넷동화를 활용한 이야기 나누기의 경우 그림책을 활용한 이야기 나누기에 비해 요약, 비교/ 대조, 판단 등의 상위 교수적 대화가 적게 이루어졌다고 보고하고 있다. 또한 도입과 마무리 과정에서 삽화와 내용에 관련된 맥락을 탐색하는 활동도 인터넷동화를 활용할 때보다 종이그림책 동화를 읽을 때 더 활발하게 이루어졌다고 밝히고 있다(홍혜경, 2006).

결론적으로 애니메이션 그림책은 영유아들에게 긍정적인 면과 한편으로는 부정적인 면이 양면적으로 나타나고 있다. 하지만 디지털 시대에 유아교육현장에서 그림책 읽기 활동에서 종이그림책에 한정된 활동으로 하기에는 사회적 변화와 함께 성장하는 데 어려움이 야기된다. 따라서 유아교육현장에서 종이그림책 역시 영유아들에게 인지, 사회, 정서, 창의성, 언어발달 측면에서 간과할 수 없다. 디지털 시대와 함께하는 유아교육이 되기 위해서는 애니메이션 그림책을 활용한 활동도 함께 이루어져야 할 것이다.

3. 애니메이션 그림책 만들기

시중에 기존의 많은 종이그림책이 애니메이션 구연동화로 제작되어 판매되고 있다. 하지만 유아교사가 직접 제작한 애니메이션 구연동화는 상품화된 교수매체에서 제공될 수 있는 그 이상의 교육적 메시지를 전달할 수 있는 교수매체의 역할을 할 수 있을 것으로 간주된다. 그런 의미에서 애니메이션 그림책 만들기 과정에 대해서 살펴보고자 한다.

애니메이션 그림책을 만들기 위해서는 디지털화된 그래픽이 필요하다. 실제 그린 그림을 스캔 혹은 촬영한 형식으로 제작할 경우 제작된 그림책의 인쇄 품질 및 해상도 등에 문제가 생길 수 있다. 또한 인쇄 환경에 영향을 받아 장면마다 다른 품질로 인쇄될 수 있다. 이런 문제를 해결하기 위해서 디지털 형식으로 제작하는 것이 좋다. 하지만 처음부터 프로그램을 이용해 그리기보다 밑그림을 그려 놓은 뒤 스캔본 위에 작업하는 것이 일반적이다. 아래 그림과 같이 미리 준비한 사진이나 그림 위에서 작업한다면 원하는 수준으로 작업물이 나올 수 있으며, 작업 시간 역시 빠르게 추진이 가능하다.

애니메이션 그림책을 제작하기 위한 전체 흐름도는 |그림 5-1|과 같다. 모든 작업이 제시한 흐름도와 같이 흘러가지는 않겠지만 일반적인 흐름도이기 때문에 참고하여 진행하면 된다.

|그림 5-1| 애니메이션 그림책 제작 흐름도

① 첫 번째 단계는 스토리 구상이다

유아교사가 애니메이션 그림책을 직접 제작함에 있어 가장 큰 장점은 본인이 원하는 이야기 혹은 구상한 이야기를 토대로 제작이 가능하다는 점이다. 물론 기존 존재하는 이야기들을 새롭게 그려서 만드는 것도 가능하다. 하지만 새로운 콘텐츠를 개발 · 제작하는 것만으로도 큰 경쟁력이 생긴다. 그리고 현재 트렌드에 맞는 교훈과 메시지를 전달하기 위해서도 유아교사가 직접 제작하는 것이 효과적일 수 있다.

하지만 직접 제작하기 위해서는 그에 맞는 준비가 필요하다. 유아들이 주

타깃인 애니메이션 그림책인 만큼 타깃에게 맞는 교훈과 메시지가 담겨야 한다. 단순 흥미 위주를 전달하는 콘텐츠가 아닌 하나의 교육자료로 활용할 수 있어야 하는 애니메이션 그림책인 만큼 어떤 교훈과 메시지를 담을 것인지 큰 줄기를 잡아야 한다. 그리고 교훈과 메시지가 결정됐다면 배경, 인물, 전체 흐름 등을 설정한다. 이러한 스토리 구상의 경우 전문 작가가 아닌 이상 교사들 간 협의체를 구성하여 진행하는 것이 좋다. 혹은 스토리 구상 단계는 0에서 출발하는 것이 아닌 다른 동화, 그림책, 애니메이션 등 모든 매체들을 참고하는 것이 좋다. 전체 부분을 카피(copy)하는 것이 아니다. 예를 들면, 다음과 같다.

문 제	참 고
첫 장, 첫 문장을 어떻게 해야 좋을지 모르겠다.	A 동화책은 인물들을 소개하며 시작한다.
등장인물 이름들을 어떻게 정해야 좋을지 모르겠다.	B 동화책에서는 생김새에 특징을 잡아 이름을 정했다.
배경 그림을 어떻게 하면 좋을지 모르겠다.	C 동화책에는 은은한 그라데이션으로만 제작했다.
주인공이 처한 문제를 해결하고 교훈을 주고 싶다.	D 동화책에서는 잃어버렸던 물건을 찾으며 진행된다.
이야기 마지막 맺는 문장을 어떻게 하면 좋을지 모르겠다.	E 동화책에서는 주인공이 교훈을 다시 한번 언급하며 끝을 맺는다.

위와 같이 구체적인 텍스트 등을 따라 하는 것이 아닌 이러한 방법, 그리고 상황 등을 참고하는 것을 뜻한다. 전문 작가들도 최대한 많은 사람들의 많은 작품들을 참고하는 만큼 스토리 구상 단계에서는 스펀지처럼 흡수해야 한다.

② 두 번째 단계는 그림 장면 구상이다

그림 장면의 경우 스토리에서 모든 내용들을 그림으로 표현할 수 없다. 영화같이 매 장면들이 필요한 것과 달리 정적인 순간을 담는 그림책의 경우 필요한 부분 혹은 핵심이 되는 장면들만 추려야 한다. 또한 이 단계에서 애니메이션 그림책의 전체 분량이 설정된다. 표현하려는 장면들이 20페이지 혹은 30페이지라면 그에 맞춰 준비 혹은 제작하면 된다는 말이다. 표현하려는 장면들의 경우 해당 장면 및 페이지에서 전하려는 가장 핵심이 되고, 중요한 부분에 초점을 맞추어 제작할 수 있어야 한다. 예를 들면, 다음과 같다. '아기 돼지 삼형제에서 늑대가 막내 돼지 집을 굴뚝을 통해 들어가다 그만 아래에 있는 벽난로 불에 당했다!'라는 이야기이다. 그렇다면 늑대가 굴뚝을 타고 내려오는 장면보다는 굴뚝 밑에 도착하여 벽난로 불에 당한 장면이 핵심이라는 것이다. 해당 장면들을 모두 표현하는 것은 만화책에서는 가능하지만 애니메이션 그림책에서는 효과적이지 못하다.

위 사진과 같이 핵심이 되는 장면을 표현하는 것이 적합하다.

③ 세 번째 단계는 기초 드로잉 작업이다

기초 드로잉 작업을 진행하는 목적은 그래픽 작업을 진행하기 전 뼈대를 잡기 위해서이다. 해당 단계는 꼭 진행할 필요는 없으나, 컴퓨터 그래픽 작업이 익숙하지 않은 경우에는 진행해 두는 것이 좋다. 드로잉을 진행해 보면서 등장인물들의 생김새나 추가적으로 필요한 인물들이 생각날 수도 있다. 해당 애니메이션 그림책을 제작하는 기간이 촉박하지 않다면 해당 단계는 진행하는 것이 좋다. 기초 드로잉의 경우 편하게 스케치하는 개념으로 접근하면 된다. 근처 아무 종이나 펼쳐두고 그림을 그려나가면 된다. 색칠까지 할 필요는 없으며, 알아볼 수 있는 수준으로만 진행하면 된다. 해당 단계는 그저 그래픽으로 옮기기 전 업무를 수월하게 하기 위함이기 때문에 지나치게 시간을 뺏기거나 에너지를 쏟아서 다른 단계에 안 좋은 영향을 끼칠 수준으로 진행할 필요는 없다.

④ 네 번째 단계는 이미지를 옮겨오는 작업이다

기초 드로잉을 진행한 경우라면 이를 컴퓨터 혹은 패드로 가져와야 한다. 그래픽 작업을 진행하려는 환경으로 가져오면 된다. 사진 촬영 혹은 스캔을 진행해 주면 되지만, 사진 촬영의 경우 촬영 각도에 따라 이미지 전체 비율이 달라질 수 있다. 예를 들어, 찍는 각도를 아래에서 찍는다면 등장인물의 상체 부분은 짧고, 하체 부분은 길게 보인다. 그렇기 때문에 완전한 탑뷰(top view) 상태에서 찍을 수 없다면, 스캔을 통해 옮겨오는 것이 좋다.

⑤ 다섯 번째 단계는 그래픽 작업이다

그래픽 작업의 경우 제작자가 가장 편하고 잘 사용할 수 있는 것을 선택해야 한다. 어떤 프로그램을 사용해도 상관없지만 중요한 것은 작업하는 그래픽 환경을 어떻게 설정하느냐이다. 아무리 그래픽으로 작업하더라도 어떻게 환경 설정을 했는지에 따라 실제 출력, 인쇄된 애니메이션 그림책의 결과물이 천차만별이기 때문이다. 작업하기 전 확인해야 하는 요소들은 사이즈, 해상도, 색상모드, 그리고 이미지 형식이다. 이 네 가지가 제작된 작업물에 가장 큰 영향을 미치는 요소들이다. 구체적인 이유를 살펴보면 다음과 같다.

요 소	발생되는 문제
사이즈	실제 출력, 인쇄하려는 사이즈에 맞춰 제작하지 않을 경우, 다시 비율을 맞춰야 한다. 이렇게 될 경우 작업을 처음부터 할 수도 있다. 작업 전 정확한 사이즈에 맞춰 제작해야 한다.
해상도	해상도가 낮을 경우 출력했을 때 품질이 낮을 수도 있다. 권장하는 해상도 값은 300이다. 이러한 해상도는 포토샵 및 기타 이미지 방식으로 제작할 때 필요하며, 벡터 형식 작업은 상관없다.
색상모드	인쇄를 진행할 경우는 색상모드를 CMYK로 해야 한다. 색상모드는 RGB와 CMYK로 나누어지며 RGB는 모니터로 보여지는 색상, CMYK는 인쇄된 환경에서 보여지는 색상이다.
이미지 형식	가장 권장하는 이미지 형식은 벡터(vector) 형식이다. 해상도에 영향을 받지 않으며, 출력했을 때 작업한 환경에 가까운 결과물을 받아볼 수 있다.

그래픽 작업은 페이지 한 장 한 장을 채워나가는 형식이기 때문에 전체 애니메이션 그림책의 수준을 결정하는 가장 중요한 단계이다. 이를 제작하려는 유아교사의 미술 역량을 크게 받는 만큼, 해당 작업이 어려운 교사라면 다른 인원에게 도움을 받거나 외주를 통해 문제를 해결하는 것도 방법이다. 시간도 가장 오래 걸리며, 어려운 작업인 만큼 효과적으로 해결하기 위해 다양한 요소들을 고려할 필요가 있다.

⑥ 여섯 번째 단계는 텍스트 입력이다

애니메이션 그림책에 등장하는 대사 혹은 문장, 설명 등은 그래픽 작업을 마친 후 적합한 위치에 배치해 준다. 해당 대사들의 경우 직접 그리는 방식도 있지만 이럴 경우 가독성이 떨어지기 때문에 유아들이 읽기 힘들 수 있으며, 통일성도 떨어지게 된다. 가능하다면 애니메이션 그림책에 포함되는 텍스트들은 컴퓨터 환경에서 입력하는 것이 좋다. 사용되는 텍스트들은 애니메이션 그림책 분위기, 스토리에 맞는 폰트를 사용하는 것이 좋다. 우리가 흔히 사용하는 기본 폰트들의 경우 상업적으로 사용 불가능한 폰트들이다. 맑은 고딕 등은 한글 프로그램 작업에서는 가능하지만 다른 결과물의 경우는 이용 불가능하기 때문에 적합한 폰트를 선택해 줘야 한다.

현재는 상업적으로 이용 가능한 폰트들을 쉽게 찾아볼 수 있으며, 애니메이션 그림책에 적합한 폰트들도 쉽게 찾아볼 수 있다. 텍스트는 내용을 전달하는 목적도 있지만, 애니메이션 그림책과 조화를 이루는 디자인적 요소가 될 수 있기 때문에 고민이 필요하다.

⑦ 일곱 번째 단계는 수정 및 보완이다

애니메이션 그림책은 인쇄가 진행되어 실물로 받게 되면 더 이상의 수정이 불가능하다. 실물로 제작하기 전 실수한 부분 및 문제들을 확인해 준 뒤 진행해야 한다. 수정 및 보완은 발생한 문제 혹은 더 나은 결과물을 위해 진행되는 만큼 꼼꼼한 검수가 필요하다. 문제를 찾기 위한 가장 좋은 방법은 실제 애니메이션 그림책을 유아들에게 소리내어 읽어주는 상황을 1~3회 가정해 보는 것이다. 이렇게 함으로써 문제들을 확인할 수 있다. 가능하다면 수정 후에도 한 번 더 해당 단계를 반복해서 발생할 수 있는 문제를 해결하는 것이 좋다.

⑧ 마지막은 인쇄 작업을 진행한다

전체 수정 및 보완까지 거쳤다면 해당 작업물을 책 형태로 제작하면 된다. 교사가 직접 제작하는 것이라면 인쇄 업체를 선정한 뒤 파일을 전송해 주면 인쇄가 진행된다. 업체를 선정할 때는 작업 단가 및 기한 등을 고려해야 하며, 가능하다면 1부를 먼저 뽑을 수 있는 업체로 찾는 것이 좋다. 인쇄는 업체에 따라 품질이 다르기 때문에 처음부터 무리해서 많은 부수를 제작했는

데 색감이나 인쇄 품질이 마음에 들지 않을 수 있다. 이를 방지하기 위해 1부를 먼저 출력하는 것이 좋다. 가격, 기한 및 인쇄 품질도 마음에 든다면 파일을 전송해 주면 된다. 파일 전송의 경우 일반적으로 업체에서는 PDF 파일 형식이나 일러스트레이터에서 작업한 AI 파일로 진행한다. 또한 칼선 및 재단선을 맞춰야 하는 곳도 있다. 이런 작업들까지 진행하기에는 전공자가 아닌 이상 힘들기 때문에 이런 부분들까지도 함께 진행하는 업체를 찾아 진행하면 된다.

하나의 애니메이션 그림책이 완성됐다면 이를 토대로 다양한 채널을 통해 콘텐츠를 재생산, 확산시킬 수 있다. 애니메이션 그림책 자체가 그래픽 형태로 완성됐기 때문에 이를 영상으로 만들 수도 있으며, 이미지 형태의 전자책도 될 수 있다. 혹은 출력한 뒤 유아들 앞에서 한 장씩 넘기며 진행하는 것도 가능하다. 다양한 콘텐츠로 확장할 수 있는 자원을 확보한 셈이다.

제3절 인공지능(AI) 교육의 실제

교육부에서는 이미 인공지능 교육을 위해 교육과정을 개편하고 교육 인프라를 구축하고 있다. 2021년부터 서울 유 · 초 · 중 · 고교에 인공지능(AI) 기반 융합역량을 기를 수 있는 교육과정이 도입되었다. 이를 통해 미래역량을 갖춘 자기주도적 인재를 양성하고, AI를 활용한 교육의 선순환 체제를 구축하기 위함이다.

목 표

AI 기반 융합 교육으로 미래 핵심 역량을 갖춘 혁신적 인재 양성

중점과제	추진전략		세부 추진내용
AI 기반 융합 교육을 통한 공교육 혁신	1–1	미래 핵심 역량 중심 교육과정 운영	• AI 기반 융합역량을 기르는 학교 교육과정 • AI 핵심교과 강화 및 진로교육 내실화 • AI 기반 교육과정 운영의 선순환 체제 구축
	1–2	도전하고 성장하는 교육공동체 지원	• 학생이 자유롭게 도전하는 자기주도적 학습환경 조성 • 새로운 배움에 열정적으로 도전하는 교원 성장지원 • 학부모 AI 융합 미래교육 이해 및 참여 지원
AI 기반 맞춤형 교육 및 교육격차 해소	2–1	모두의 성장을 지원하는 AI 기반 융합 교육	• AI 기반 교육으로 학생 개별 맞춤형 성장지원 • AI 윤리 및 AI · 디지털 리터러시 교육 강화
	2–2	AI 기반 취약계층 교육복지 강화	• AI 기반 시스템 활용 기초학력 보장 지원 • AI 튜터 활용 취약계층 맞춤형 책임교육 강화
AI 기반 초개인화 교육환경 조성	3–1	AI 기반 융합 미래형 교육환경 구축	• AI–데이터 활용 기반 교육환경 혁신 • AI–데이터 기반 통합지원 플랫폼 및 시스템 구축
	3–2	학교 안전 및 업무경감 교육환경 혁신	• 안전사고 예방 및 진단 AI 시스템 구축 • AI 기반 업무 자동화 및 학교 업무경감
	3–3	AI 기반 공유 · 협력 및 교육문화 확산	• AI–데이터 활용 민 · 관 · 학 거버넌스 구축 • AI 교육 확산으로 글로컬 공유문화 기여

|그림 5–2| AI 기반 융합 혁신미래교육 중장기 발전 계획('22~'25)

출처 : 서울특별시교육청(2022). 2022년 인공지능 · 과학 · 메이커 · 영재 · 정보 · 수학교육 주요업무계획.

먼저 유 · 초등생을 대상으로 놀이 · 체험 중심의 AI 이해 및 활용 교육을 실시한다.

유치원에서는 AI를 삶의 일부로 인식 · 활용할 수 있도록 AI 체험 중심의 2019 개정 누리과정 연계 유아교육과정을 운영하는 방식이다.

초등학교의 경우 흥미 유발과 자기주도적 학습을 위해 AI 관련 언플러그드 활동에 기반을 둔 놀이 · 체험 중심 교육과정을 운영한다.

중 · 고교에서는 AI 원리 이해를 바탕으로 한 교과 및 실생활 문제해결 중심 교육과정을 운영한다.

모든 교과에서 AI 기반 융합교육이 이뤄질 때 학생의 융합역량 함양을 극대화할 수 있다. 이를 위해 교육부(2023)는 다양한 클라우드 기반 서비스 개발 및 교육현장 적용을 통해 성공적인 디지털 기반 교육혁신 환경을 조성하고 클라우드 및 저전력 인공지능 반도체 활용을 촉진하고자 과학기술정보통신부와 「디지털 기반 교육혁신과 케이(K)-클라우드[1] 상생을 위한 업무협약」을 체결하였다. 양 부처의 주요 협력과제는 디지털 기반 교육혁신을 위한 교육 서비스 개발 및 기반체제(인프라) 구축, 국산 인공지능 반도체 및 국내 클라우드 활용 촉진 지원, 에듀테크 개발 및 활성화, 디지털 인재 양성 협력체계 구축이다. 과학기술정보통신부는 교육부의 클라우드 친화적 디지털 교육혁신 정책에 발맞춰 교육 분야의 국산 인공지능 반도체와 국내 클라우드 활용 촉진에 나선다. 또한 서비스형 소프트웨어(SaaS)[2]를 기반으로 한 교육 특화 에듀테크 서비스 개발과 디지털 인재 양성에도 힘을 모으고 있다. 이에 따라 교육현장에서 활용할 수 있는 인공지능 교육의 사례를 인공지능 이해, 인공지능의 원리와 활용, 인공지능의 사회적 영향의 3영역으로 제시하고자 한다.

1 케이(K)-클라우드 : 초고속 · 저전력 국산 인공지능(AI) 반도체를 데이터센터에 적용하여 국내 클라우드 경쟁력을 강화하고 향상된 인공지능 서비스를 제공하는 프로젝트

2 서비스형 소프트웨어(SaaS) : 응용 소프트웨어를 인터넷을 통해 설치 없이 서비스 형태로 제공

1. 인공지능(AI)의 이해

1) 인공지능은 내 친구

- 인공지능이 적용된 여러 가지 기기를 체험하고 인공지능의 편리함을 알 수 있다.

우리의 질문을 듣고 날씨나 뉴스를 알려주는 인공지능 스피커, 스스로 운전하는 자율주행 자동차와 같이 인공지능 기술은 우리 생활에 편리함을 주고 있습니다.

인공지능은 생각이나 학습과 같이 인간이 가지고 있는 능력을 컴퓨터를 통해 구현하는 기술입니다. 우리가 학교에서 수업을 듣고, 생각하고, 공부하는 것과 같이 인공지능도 사람과 비슷하게 학습하여 동작할 수 있습니다.

활 동 인공지능 스피커 체험하기

1. 인공지능 스피커에 할 질문 3개를 골라 색칠하고 예상되는 답을 [활동지]에 적어보세요.

너 몇 살이야?	내 이름 알고 있어?	너 어디서 살아?
스무고개 할래?	자기소개해 줘.	좋아하는 음식은 뭐니?
노래 불러줄래?	남자야 여자야?	오늘 날씨는 어때?

2. 인공지능 스피커를 실행하여 질문을 한 뒤, 인공지능의 실제 대답과 예상한 답을 비교해 보세요.

예상되는 답	실제 대답

2) 똑똑한 인공지능

- 인공지능이 인간보다 잘하는 것을 찾을 수 있다.
- 인공지능과 함께 사는 방법을 생각할 수 있다.

복잡한 계산을 하거나 바둑을 두는 일은 인공지능이 사람보다 정확하고 빠르게 할 수 있습니다. 하지만 친구의 기분을 파악하거나, 앞으로 일어날 상황을 파악하고, 책을 읽고 느낀 것을 표현하는 일은 사람이 할 수 있는 일입니다. 인공지능이 잘하는 것과 사람이 잘하는 것은 무엇일까요?

활 동 내가 할 수 있는 일을 인공지능도 할 수 있을까?

1. 활동 카드를 가위로 잘라서 준비합니다.

출처 : 한국교육학술정보원(2021). 인공지능과 교육.

2. 활동 카드를 준비해 카드에 적힌 내용을 모둠원과 살펴봅니다.

3. 활동 카드의 내용을 토대로 모둠원과 이야기를 나누고 인공지능 활동판에 사람이 잘하는 것과 인공지능이 잘하는 것을 나누어 봅시다. 그리고 그렇게 나눈 이유가 무엇인지 적어봅니다.

인공지능이 잘하는 것	사람이 잘하는 것
카드를 두어요	카드를 두어요

이렇게 생각하는 이유는 무엇인가요?

4. 모둠원들이 활동판에 서로 다른 카드를 놓았다면, 그렇게 생각한 이유를 이야기해 보고 내 의견을 작성해 봅시다.

5. 사람의 지능과 인공지능의 차이를 모둠원들과 이야기해 봅시다.

2. 인공지능(AI)의 원리와 활용

1) 데이터로 그림 그리기

- 숫자를 색, 그림 등 다양한 방법으로 표현할 수 있다.

우리는 사물을 그리기 위해서 사물의 모양과 색을 관찰합니다. 그렇다면 인공지능은 그림을 어떻게 보고 이해할까요?

인공지능은 그림을 수많은 네모 칸으로 나누고 칸에 있는 숫자의 규칙을 통해 그림을 이해합니다. 즉, 숫자를 읽어서 그림을 본다고 할 수 있습니다. 이때 사물의 모양이나 상태를 컴퓨터가 이해할 수 있는 형태로 바꾼 것을 '데이터'라고 합니다.

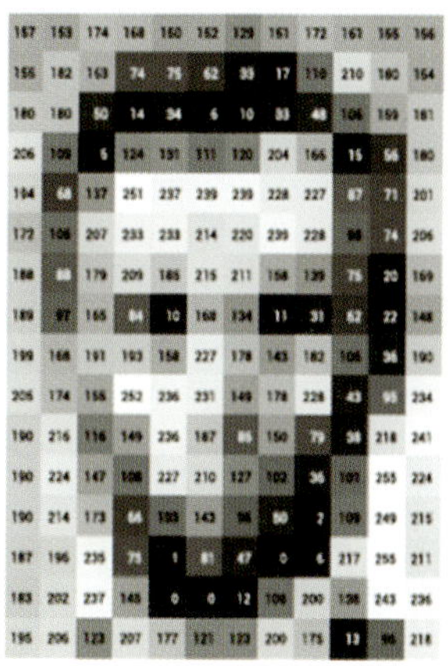

157	153	174	168	150	152	129	151	172	161	155	156
155	182	163	74	75	62	33	17	110	210	180	154
180	180	50	14	34	6	10	33	48	106	159	181
206	109	5	124	131	111	120	204	166	15	56	180
194	68	137	251	237	239	239	228	227	87	71	201
172	105	207	233	233	214	220	239	228	98	74	206
188	88	179	209	185	215	211	158	139	75	20	169
189	97	165	84	10	168	134	11	31	62	22	148
199	168	191	193	158	227	178	143	182	106	36	190
205	174	155	252	236	231	149	178	228	43	95	234
190	216	116	149	236	187	86	150	79	38	218	241
190	224	147	108	227	210	127	102	36	101	255	224
190	214	173	66	103	143	96	50	2	109	249	215
187	196	235	75	1	81	47	0	6	217	255	211
183	202	237	145	0	0	12	108	200	138	243	236
195	206	123	207	177	121	123	200	175	13	96	218

출처 : 한국교육학술정보원(2022). 인공지능수업.

활동 숫자로 그림 그리기

1. 다음과 같은 규칙에 따라 색칠을 합니다.

0 = 흰색, 1 = 빨간색, 2 = 노란색, 3 = 검은색, 4 = 파란색

2. 네모 칸들에 적힌 숫자를 확인합니다.

3. 규칙에 따라 색칠합니다.

4. 색칠하고 난 뒤 보이는 그림을 보고 무엇인지 이야기해 봅시다.

0	0	0	0	0	0	0	0	0	0	0	0	0	0	0	0	0	0	0	0	0
0	0	0	0	0	0	0	0	0	1	1	1	0	0	0	0	0	0	0	0	0
0	0	0	0	0	0	0	0	0	1	1	1	0	0	0	0	0	0	0	0	0
0	0	0	0	0	0	2	2	2	2	2	2	2	2	2	0	0	0	0	0	0
0	0	0	0	0	0	2	2	2	2	2	2	2	2	2	0	0	0	0	0	0
0	0	0	0	0	3	2	2	2	3	2	3	2	2	2	3	0	0	0	0	0
0	0	0	0	1	3	2	2	2	2	2	2	2	2	2	3	1	0	0	0	0
0	0	0	0	0	3	2	2	3	2	2	2	3	2	2	3	0	0	0	0	0
0	4	0	4	0	0	2	2	3	3	3	3	3	2	2	0	0	0	0	0	0
0	4	4	4	0	0	2	2	2	2	2	2	2	2	2	0	0	0	0	0	0
0	0	3	0	0	0	2	2	2	2	2	2	2	2	2	0	0	0	0	0	0
0	0	0	3	0	0	0	0	3	3	3	3	3	0	0	0	0	0	0	0	0
0	0	0	0	3	3	3	3	2	2	2	2	2	3	3	3	0	0	0	0	0
0	0	0	0	0	0	0	3	2	1	1	1	2	3	0	0	3	0	0	0	0
0	0	0	0	0	0	0	2	2	1	1	1	2	2	0	0	0	3	0	0	0
0	0	0	0	0	0	0	2	2	1	1	1	2	2	0	0	4	4	4	0	0
0	0	0	0	0	0	0	2	2	2	2	2	2	2	0	0	4	0	4	0	0
0	0	0	0	0	0	0	2	2	2	2	2	2	2	0	0	0	0	0	0	0
0	0	0	0	0	0	0	3	3	3	0	3	3	3	0	0	0	0	0	0	0
0	0	0	0	0	0	0	3	3	0	0	0	3	3	0	0	0	0	0	0	0
0	0	0	0	0	0	0	3	3	0	0	0	3	3	0	0	0	0	0	0	0
0	0	0	0	0	0	0	3	3	0	0	0	3	3	0	0	0	0	0	0	0
0	0	0	0	0	0	4	4	4	0	0	0	4	4	4	0	0	0	0	0	0

2) 내 주변의 데이터 찾기

- 생활 속에서 다양한 유형의 데이터를 찾을 수 있다.

우리는 일상 속에서 다양한 친구들을 살펴볼 수 있습니다. 친구들의 생김새와 목소리는 서로 같은 사람을 찾기 힘들 정도로 매우 다양합니다. 우리는 서로 다른 생김새와 목소리로 친구들을 구별합니다. 그렇다면 인공지능은 친구들을 어떻게 구별할까요?

우리가 학습을 하는 것처럼 인공지능도 여러 경험을 통해 규칙을 찾아내고 문제를 더 잘 해결하기 위해 학습을 합니다. 즉, 인공지능은 사물의 모양이나 상태를 컴퓨터가 이해할 수 있는 형태로 바꾼 데이터를 학습하며, 이러한 학습 결과로 친구들을 구별할 수 있게 됩니다.

활동 다양한 사물 속 데이터 찾기

우리 주변에서 쉽게 볼 수 있는 다양한 사물에서 데이터를 찾아봅시다.

1. 주변에서 누구나 볼 수 있는 사물을 하나 정해 봅시다.
2. [활동지]에 사물에서 얻을 수 있는 다양한 데이터를 제한 시간 안에 최대한 많이 찾아 제시된 기준에 맞게 구별해 봅시다.
3. 다른 친구들의 활동을 살펴보고, 자신이 생각해 낸 데이터를 추가해 봅시다.
4. 친구들의 활동에서 개인의 생각이나 객관적이지 못한 데이터는 지워 봅시다.
5. 활동 결과를 친구들 앞에서 발표해 봅시다.

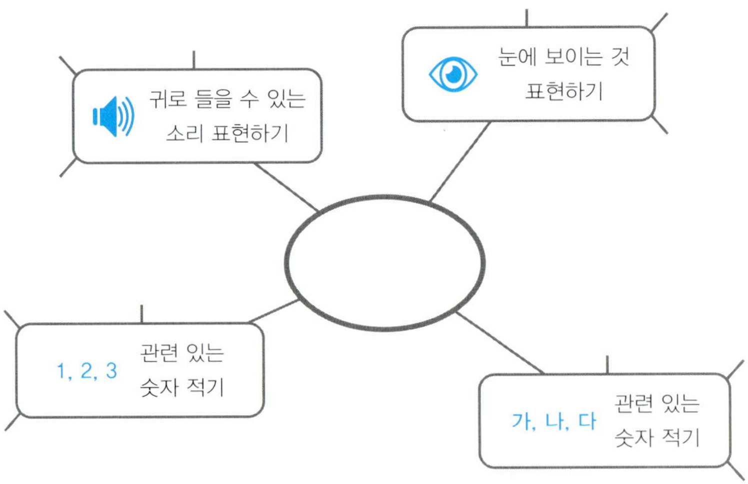

활 동 학교 소개 4컷 만화 만들기

다양한 유형의 데이터를 활용하여 우리 학교를 소개하는 4컷 만화를 만들어 봅시다.

1. 만화 틀, 필기구, 채색 도구를 준비합니다.

2. 스마트 기기를 활용하여 학교에 관한 데이터를 자유롭게 조사하여 아래에 적어봅시다.

3. [활동지]에 우리 학교를 소개하는 4컷 만화를 그려봅시다.

※ 문자 데이터, 이미지 데이터, 숫자 데이터, 소리 데이터가 모두 한 번씩 만화에 사용되도록 합니다.

(예시)

출처 : 한국교육학술정보원(2022). 인공지능수업.

3) 인공지능의 인식 장치

• 사람의 인식과 컴퓨터의 인식 방법의 차이를 알 수 있다.

우리는 친구를 알아보고 인사를 나누며, 텔레비전에서 흘러나오는 노래를 듣고 따라 하기도 합니다. 이런 일이 가능한 것은 눈, 귀와 같은 감각 기관을 통해 주변의 소리, 사물 등을 보고 들음으로써 대상이 무엇인지 두뇌가 판단하기 때문입니다. 이를 '인식'이라고 하고, 우리의 눈, 귀와 같은 감각 기관을 인식 기관이라 합니다.

우리가 주변을 인식할 때 우리 몸의 각 기관은 어떤 일을 할까요?

우리 몸의 기관	하는 일
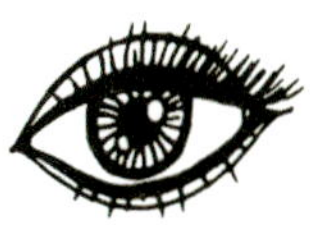	

활 동 **인공지능은 어떻게 인식할까?**

스마트폰에도 인공지능 기술이 활용되고 있습니다. 스마트폰에 노래 제목을 말하면 노래를 들려주고 날씨를 물어보면 날씨를 알려줍니다. 또한 사진을 찍으면 찍힌 사물의 이름을 알려주기도 합니다. 인공지능은 무엇을 사용해서 인식을 할까요?

1. 인공지능은 카메라, 스피커, 마이크 등을 사용하여 주변의 소리와 사물을 인식합니다. 우리 몸의 인식 기관과 같은 역할을 하는 인공지능의 인식 장치를 찾아 연결해 봅시다.

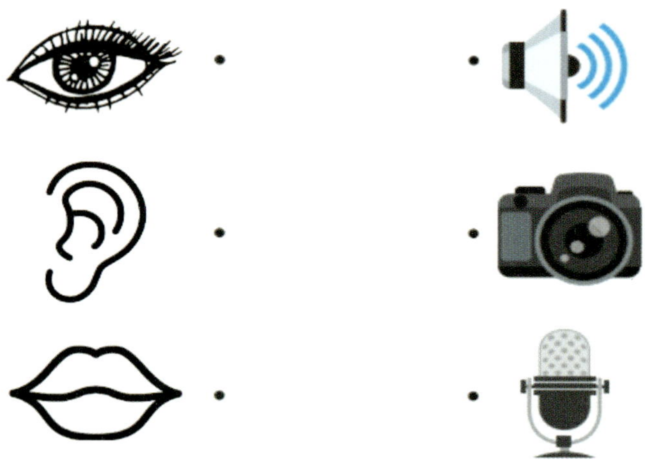

4) 그림을 인식하는 인공지능

- 인공지능이 그림을 인식하는 사례를 알 수 있다.
- 오토드로우를 체험하고 인공지능의 학습 과정을 설명할 수 있다.

스마트폰으로 사진을 찍으면 얼굴이 자동으로 인식되고, 길을 가다 이름을 모르는 식물을 사진 찍어 검색하면 이름을 알려주기도 합니다. 이들의 공통점은 인공지능이 그림을 인식한다는 것입니다.

그럼 인공지능은 어떤 원리로 그림을 인식할 수 있을까요?

활 동 인공지능은 어떤 그림을 알아볼까요?

우리는 그림을 보면 무엇인지 쉽게 맞힐 수 있습니다. 인공지능도 그럴 수 있을까요? 인공지능은 수집된 수많은 이미지 데이터를 토대로 데이터의 공통된 특징을 찾고 학습합니다. 이를 통해 새로 입력된 그림이 어떤 그림인지 알아냅니다. 활동을 통해 인공지능의 학습 과정을 알아봅시다.

1. 짝과 함께 인공지능은 어떤 그림을 잘 알아맞히는지 알아봅시다.

2. 종이, 연필, 컴퓨터 또는 태블릿 PC를 준비합니다.

3. 한 사람은 아주 간단한 그림을 종이에 그려 옆 친구에게 2~3초간 보여줍니다. 그림을 그리는 과정은 상대방에게 보여주지 않습니다.

4. 종이에 무엇을 그렸는지 맞혀 봅시다.

5. 오토드로우(autodraw.com)를 실행하고 3번 활동에서 그린 그림을 똑같이 그려봅시다.

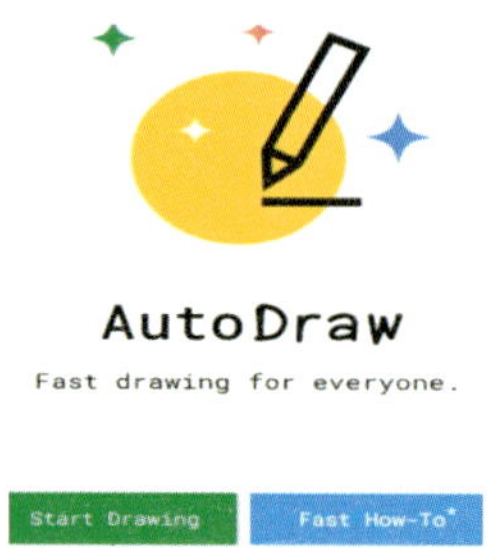

6. 내가 그린 그림이 무엇인지 적고, 오토드로우는 내가 그린 그림을 무엇으로 인식하였는지도 적어 봅시다.

내가 그린 그림	오토드로우가 인식한 그림

7. 오토드로우 인공지능이 내가 그린 그림을 알아보았을까요? 오토드로우가 어떻게 내 그림을 알아보았는지 내 생각을 작성해 봅시다.

5) 인공지능의 데이터 분류

- 인공지능이 데이터의 특징을 찾아 분류하는 과정을 따라 할 수 있다.

쓰레기를 분리수거하는 인공지능을 본 적 있나요? '인공지능 분리수거 로봇'은 캔과 페트병을 분류합니다. '인공지능 분리수거 로봇'은 자원을 재활용하여 비용을 줄일 수 있고, 환경도 보호할 수 있습니다.

인공지능은 어떻게 쓰레기를 분류하는지 생각해 봅시다.

순환자원 회수로봇 '네프론'의 모습
출처 : AI타임스.

뚝섬에 설치된 AI 자동 분리수거 기계
출처 : LG케미토리아.

활 동 인공지능 분리수거 로봇이 되어봅시다

우리가 눈으로 쓰레기를 보고 분류하는 것처럼 '인공지능 분리수거 로봇'은 분리수거 함에 들어온 물체의 모양을 카메라를 통해서 모양, 색깔, 라벨 등을 살펴보고 캔인지 페트병인지 판단합니다.

인공지능이 데이터를 분류하는 과정에 따라 쓰레기를 캔과 페트병으로 분류해 봅시다.

출처 : 한국교육학술정보원(2022). 인공지능수업.

1. 다음 특징을 기준으로 캔과 페트병의 공통된 특징을 찾아봅시다.

캔 이미지의 공통점	페트병 이미지의 공통점
• 윗면과 밑면의 모양과 크기가 같다. • 색깔이 다양하다. • 밑면이 정확한 원 모양이다. • 금속이다. • 옆면이 평평하다.	• 투명하다. • 위쪽으로 갈수록 입구가 좁아진다. • 뚜껑이 있다. • 입구 쪽에 불룩 튀어나온 부분이 있다. • 밑면과 윗면이 크기가 다르다.

※ 인공지능은 새로운 물체가 기존에 학습한 기준과 얼마나 유사한지를 판단하여 캔과 페트병으로 구분합니다.

2. 인공지능이 되어 위 1번에서 학습한 특징을 기준으로, 아래 물체가 캔인지 페트병인지 판단해 봅시다.

물 체	판단하기	
	캔	페트병

활 동 　학용품을 분리하는 인공지능 로봇이 되어봅시다

지우개와 연필을 분류하는 인공지능을 만들어 봅시다.

1. 인공지능이 학습하기 위해 연필과 지우개의 특징을 찾아봅시다.

연필 이미지의 공통점	지우개 이미지의 공통점
•	•
•	•
•	•
•	•
•	•

2. 학습한 특징을 기준으로, 아래 물체가 연필인지 지우개인지 판단해 봅시다.

물 체	판단하기	
	연필	지우개

연필인가요, 지우개인가요?		

3. 인공지능(AI)과 우리 생활

1) 인공지능으로 편리해지는 우리 생활

- 우리 주변에 있는 인공지능 서비스 · 제품을 체험해 보고, 인공지능이 우리 생활에 주는 도움을 이해한다.

인공지능 기술은 우리가 가정에서 사용하는 TV, 냉장고, 세탁기와 같은 제품에 적용되어 각자의 생활 환경, 습관, 취향 등에 맞는 서비스와 기능을 제공해 주거나 기기를 스스로 점검하고 관리해 주기도 합니다.

상점에서는 인공지능 로봇이 손님의 정보를 반영하여 주문한 음식이나 음료를 각자의 입맛에 맞게 만들어 주고, 주문을 받거나 배달을 하기도 합니다.

이처럼 인공지능 기술의 발전은 다양한 분야에서 우리의 생활에 많은 도움을 주고 있습니다.

활 동 인공지능 번역 서비스를 활용한 자기소개

여러분이 다른 나라를 여행한다면 어떤 점이 불편할까요? 아마 그 나라의 언어를 모르는 것이 가장 불편할 것입니다. 길을 모르거나 필요한 물건을 사야 할 때 온통 모르는 언어로 되어 있는 표지판이나 제품을 보며 곤란한 상황에 빠질 수도 있습니다. 이럴 때 인공지능 번역 서비스를 이용하면 쉽게 도움을 받을 수 있습니다. 인공지능 번역 서비스는 글자, 음성뿐만 아니라 사진으로 찍은 이미지 형태의 언어도 번역할 수 있습니다.

1. 스마트폰이나 태블릿PC에서 '인공지능 번역 서비스' 앱을 설치하여 실행합니다.

2 화면에서 번역하고 싶은 나라의 언어를 선택하고, 번역할 내용을 글자, 음성, 사진 이미지의 방법으로 입력합니다.

파파고 번역기

구글 번역기

3. 인공지능 번역 서비스를 활용하여 나를 소개하는 자료를 만들어 봅시다.

한국어	번역하고 싶은 언어(　　　　)

활동 인공지능 검색 서비스를 활용한 우리 주변 식물 조사하기

여러분은 새로운 정보를 얻고 싶을 때 어떻게 하나요?
보통은 검색창에 관련된 단어를 입력하여 찾아볼 것입니다. 하지만 어떤 단어를 입력해야 할지 모르는 경우에 인공지능 검색 서비스를 이용하면 대상의 이미지를 통해 다양한 정보를 얻을 수 있습니다.

1. 스마트폰이나 태블릿PC에서 '인공지능 검색 서비스' 앱을 설치하여 실행합니다.

네이버 스마트렌즈

구글렌즈

2. 친구와 인공지능 검색 서비스를 이용하여 우리 주변의 식물을 조사해 봅시다.

식물 검색 결과	식물 이름

3. 우리 생활 속에서 인공지능 검색 서비스를 활용할 수 있는 경우를 더 생각해 봅시다.

2) 주변 사람들을 도와주는 인공지능

• 인공지능이 우리에게 도움을 주는 사례를 찾아보고, 인공지능을 올바르게 사용하려는 태도를 지닌다.

인공지능 스피커는 시각 장애인에게 여러 가지 정보를 알려주고 음성으로 메시지를 보낼 수 있게 도와주거나 길을 안내해 줍니다. 또 청각 장애인이 다른 사람과 대화할 수 있도록 실시간 문자로 수어 통역을 해주기도 합니다.

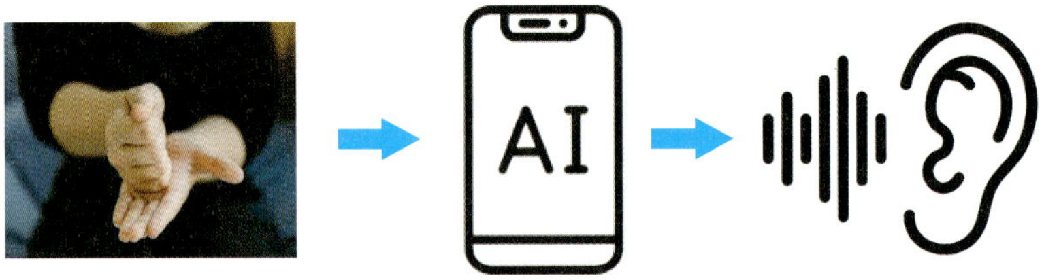

이처럼 인공지능 기술은 우리 사회에서 장애인이 소외되지 않도록 더불어 사는 세상을 만드는 데 많은 도움을 줍니다.

활 동 어떤 도움을 줄 수 있을까요?

1. 우리 주변에서 도움이 필요한 사람이 누구인지 생각해 봅시다.

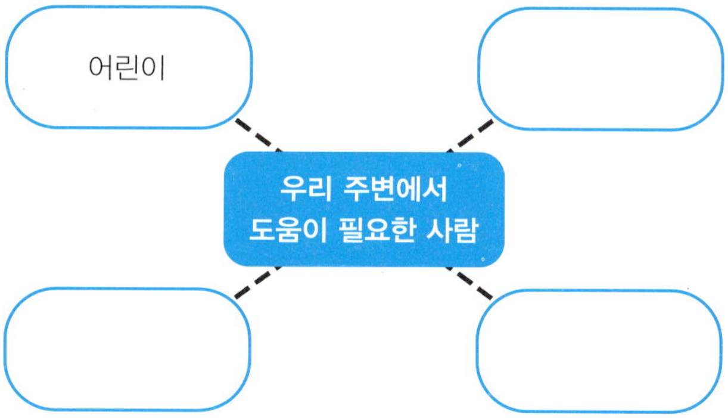

2. 위에서 조사한 사람들에게 인공지능이 도움을 주는 사례를 조사하여 적어봅시다.

도움이 필요한 사람	인공지능이 주는 도움

3. 조사한 내용을 친구들과 서로 비교하고, 도움이 필요한 사람을 위한 인공지능 기술에는 어떤 것이 있는지 더 생각해 봅시다.

4. 우리에게 도움을 주는 인공지능을 자유롭게 생각하여 그림으로 나타내어 보고, 친구들에게 소개해 봅시다.

우리에게 도움을 주는 인공지능

인공지능의 이름	
도움을 주는 대상	
인공지능이 주는 도움	

CHAPTER 06

디지털 · 인공지능 윤리

CHAPTER 06

디지털 · 인공지능 윤리

제1절 디지털 윤리

1. 디지털 윤리의 정의

디지털 윤리는 디지털 사회에서 지켜야 할 인간의 도리, 예절로 디지털 윤리 역량에는 개인의 권리, 상대에 대한 배려, 소통 역량, 신기술에 대한 이해능력, 온라인상 문제 등에 따른 법률적 이해 등이 포함된다. 즉, 디지털을 활용할 때 자신의 감정을 조절하고 타인에 대해 존중하고 배려하여 긍정적인 사회관계를 형성할 수 있는 기본소양이 되어야 한다.

윤리는 인간관계를 바탕으로 발생하는 문제 중 인간으로서 지켜야 하는 당연한 도리를 의미하는 것으로 윤리를 통해 자신과 타인의 행동에 대해 옳고 그르다는 평가를 할 수 있게 된다. 디지털 사회로 진화하면서 디지털 환경에서의 지침이 되는 디지털 윤리의 필요성도 함께 중요해지고 있다. 디지털 세계는 기존 사회의 일부분이면서도 오프라인 사회와는 달라 옳고 그름에 대한 또 다른 기준이 필요하기 때문이다(방송통신위원회 · 한국지능정보사회진흥원, 2022 : 10).

주요국에서도 디지털 윤리가 기초가 되는 이른바 '디지털 시민 역량'의 중요성이 강조되고 있다. 미국의 ISTE(국제교육기술학회, International Society for Technology in Education)는 디지털 시민 역량에 대해 "디지털 세계에서 안전하고 윤리적인 방식으로 행동하고 따르며 자신의 디지털 정체성과 평판을 관리하고 온라인에서 사회적인 상호작용 및 지적 재산권 보호, 개인정보 보호 등을 위한 기술에 대해 아는 것"이라고 정의하고 있다. 또한 캐나다에서는 '디지털 시민성'을 네트워크화된 세계에서의 인성교육으로 규정하며, 그 요소로 권리와 책임, 시민참여, 행위 또는 에티켓의 규범, 소속감 등을 포함하고 있다(방송통신위원회 · 한국지능정보사회진흥원, 2022 : 11).

결국 디지털 윤리는 개인의 권리 및 상대에 대한 배려, 원활한 소통을 위한 역량, 새로운 기술발달에 따른 열린 이해 능력, 온라인상 문제 등에 따른 법률적 이해 등을 포함하는 개념으로 이해할 수 있다. 특히 디지털 세상 속에서 혐오표현, 허위정보, 사이버 폭력, 개인정보 침해, 저작권 침해 등이 심각한 사회 문제로 대두됨에 따라 디지털 윤리가 꼭 필요하다고 인식되고 있다.

2. 디지털 윤리의 종류

1) 인터넷 윤리

정보통신 기술의 발달과 급격한 인터넷의 확산은 사이버 공간이라는 새로운 형태의 공간을 창조하였다. 사이버 공간은 단순히 커뮤니케이션, 자료 및 정보

획득, 여가 활동 등에 대한 수단의 의미를 넘어 새로운 개념의 정치 · 경제 · 사회 · 문화의 공간이다(황 정, 2021, 이청재, 2021 : 13 재인용). 이는 인간의 정체성과 인간에 대한 인식을 변화시켜 인간에 대한 이해 자체를 바꾸는 변화를 주도하고 있다. 사이버 공간에서 일어나는 사회적 상호작용들은 무한정의 불특정 다수에게 무서운 강도로 영향을 미칠 수 있게 되었다(김경동 · 김여진, 2010). 이러한 이유로 사이버 공간은 새로운 가치관과 사회적 규범에 대한 논의와 법적인 규제가 적용되는 공간이 되었다(조종숙, 2005, 이청재, 2021 : 14 재인용).

사이버 공간이라는 용어는 1984년 윌리엄 깁슨(William Gibson)의 소설에서 사이버 스페이스라는 용어로 처음 사용되었고 그 의미는 컴퓨터 네트워크 기반 가상현실을 말한다(황 정, 2021). 오늘날 사이버 공간은 온라인상의 가상공간으로 물리적인 공간인 동시에 가상의 사회적 공간이다. 사이버 공간은 데이터와 정보의 공유뿐만 아니라, 다양한 형태로 참여를 가능하게 하여 현실세계를 가상 세계로 확장하기도 하고, 현실세계와 가상세계의 벽을 허물고 있기도 하다.

사이버 공간에서는 불특정 다수가 시간과 공간을 초월하여 서로 의사소통이 가능하며 생활 제반 분야에서 영향력을 주고받고 있다(이승현 · 강지현 · 이원상, 2015). 사이버 공간에서 커뮤니케이션은 비동시적으로 발생하기도 한다. 즉, 자기가 원하는 어느 때라도 메시지를 전달할 수 있으며, 상황에 따라 즉각 반응하거나 또는 의도적으로 반응을 하지 않는 경우가 발생한다(김성식 · 유형근 · 이채영 · 조성환, 2009). 또한 사이버 공간에서는 각 구성원의 사회적 지위, 권력, 권위 등의 개인에 대한 사회적 배경과 맥락이 드러나지 않는다. 따라서 온라인에서 발생하는 메시지와 콘텐츠 자체에 집중할 수 있게 되어, 정보력과 대화 주도권에 의해 개인의 영향력이 결정된다. 또 미디어를 통한 의사소통 기술과 네트워크 사용 경력이나 빈도, 컴퓨터 지식과 역량이 뛰어난 사람일수록 타인에게 더 많은 영향력을 행사할 수 있게 되기도 하였다(김성율 · 이옥화, 2016).

사이버 공간에서는 정보의 개방성과 평등성이 보장되어 구성원들 사이에서의 수평적인 관계가 가능하다. 사이버 공간은 익명성에 의해 지배되는 사회적 공간이다 보니, 이러한 익명성은 행동의 탈억제(disinhibition)를 수반하며 사회적 관습과 자신의 정체성의 무게중심에서 벗어난 일탈행동을 하기 쉽게 만든다(홍성태, 2000). 이러한 익명성을 바탕으로 사생활 침해, 인권 침해, 해킹 등의 컴퓨터 범죄, 거짓 정보의 확산 등과 같은 문제가 빠르게 확산하고 있다(이 호, 2009).

익명성을 보장하는 공간에서, 또는 익명성이 보장되는 공간에서 자신을 숨길 수 있을 것으로 생각하는 사용자들이 공공연히 혐오와 차별을 드러내거나 특정 인물이나 단체를 비방하는 것을 볼 수 있다. 상대방과 대면하지 않은 채 온라인에서 이루어지는 소통은 비인격적인 것이 되기 쉬우며 때로는 강력한 자기주장을 담기 쉬워진다. 따라서 이러한 가상공간에서는 상대방의 인권을 무시하는 태도와 행위가 쉽게 일어날 수 있다. 이러한 것이 결국 사이버 폭력의 원인이 되며, 사이버 폭력은 사이버 공간에서 일어나는 다양한 공격 현상과 권리 침해 현상을 일컫는 말로 사이버 인권 침해, 사이버 비행, 인터넷 일탈행동, 사이버불링(cyber bullying), 사이버 권리 침해 등을 포함한다(이청재, 2021 : 15).

인터넷 윤리는 사이버 공간에서 발생하는 사회 문제를 해결할 수 있는 가장 효과인 방안으로 인식된다. 우리나라의 인터넷 윤리교육은 정보 기기의 사용, 개인정보 보호, 인터넷의 역기능, 사이버 범죄 관련 내용에 주로 초점이 맞춰져 있다(교육부, 2020). 그러나 최근에는 AI, 빅데이터 등 4차 산업혁명과 관련된 지식, 기술교육에 밀려 이마저도 점점 사라지는 추세이다(교육부, 2019, 이청재, 2021 : 16 재인용).

2) 정보통신 윤리

정보통신 윤리는 정보통신망을 통해 일어나고 있는 사이버 폭력과 같은 윤리적 문제들을 해결하기 위한 규범 체계라고 할 수 있다(한다운, 2014). 인터넷 윤리가 개인적인 온라인 활동 소양과 태도 측면의 윤리적 요소를 강조하는 개념이라면, 정보통신 윤리는 정보통신망을 통한 공유와 소통의 측면을 강조하는 포괄적인 개념이다(한다운, 2014). 이는 단순히 정보통신 기기를 다루는 것뿐만 아니라 사이버 공간의 한 구성원으로서 옳고 그름, 좋고 나쁨, 윤리적인 것과 비윤리적인 것을 올바르게 판단하여 행동하는 데 필요한 규범적인 기준체계라 정의할 수 있다(이청재, 2021 : 17).

교육인적자원부(2006)는 정보통신 윤리란 컴퓨터에 관한 개인적 또는 사회적 문제를 다룬 컴퓨터 윤리에서 더 나아가 정보통신이나 정보화 사회의 측면에서 정보를 다루는 구성원의 행동 규범 체제라고 규정하였다(황 정, 2021).

새로운 정보통신 윤리의 필요성을 주장하는 학자들은 기술 발전 속도를 인간의 윤리의식이 따라가지 못한다고 주장하기도 한다. 정보통신 윤리를 단순히 기존 윤리 이론을 적용하는 것으로 정립할 것인가 아니면 새로운 형태의 윤리로 정의할 것인가에 대해서는 양쪽의 견해를 모두 비판적으로 수용할 필요가 있다(이청재, 2021 : 17).

3) 사이버 윤리

사이버 윤리는 정보통신 관련 윤리 중 사이버 공간에서 지켜야 할 법적, 윤리적 태도를 말하며, 사이버 공간에서 발생하는 사회적 문제를 예방하기 위한 실천적 규범을 말한다(노병철, 2003). 추병완(2001)은 사이버 윤리가 사이버 공간에서의 인간의 도덕적 관계에 관심을 가지며, 그러한 관계를 규율하는 도덕적 원리들에 따라 사이버 공간에 거주하는 모든 인간의 책임과 의무를 규정해 주는 것이라고 정의하였다(이청재, 2021 : 19 재인용).

인터넷 권리는 누구나 제한 없이 인터넷에 접속하여 활동할 수 있는 인권 중 하나이다(교육부, 2019). 이와 관련하여 인터넷 과의존, 인터넷 중독 등은 또 다른 사회적 문제로 확산되고 있다. 게임, 채팅, SNS, 정보 검색, 도박, 쇼핑, 음란물 중독 등 지나친 인터넷의 이용과 몰입은 일상생활을 회복할 수 없을 정도로 개인의 신체적 · 정신적 · 사회적 기능에 손상을 입히기도 한다(김성율 · 이옥화, 2016).

디지털 세계에서는 누구나 콘텐츠와 프로그램을 제작하여 배포할 권리가 있지만, 콘텐츠의 제작과 유통 등 저작권과 관련한 이슈들은 이미 심각한 사회적 문제가 되고 있다. 익명성과 비대면을 이용해 악의적인 댓글을 달고 누군가를 비난하는 행위들이 빈번하게 벌어지고 있다(노컷뉴스, 2019). 거짓 정보를 만들어 뿌리는 행위는 경제 · 정치 · 안보 등에 치명적인 영향을 미치는 인포데믹스(infodemics) 현상까지 이어지기도 한다(동아사이언스, 2018, 이청재, 2021 : 19 재인용).

본인도 모르는 사이에 보호받는 저작물을 사적으로 이용하고 공유하는 등 타인의 권리를 침해하고 있다(김혜정 · 송해덕 · 정한호, 2015). 개인정보 유출, 침해, 오남용에 따른 사회적 이슈도 심각하다(보안뉴스, 2019; 2020). 최근에는 개인의 위치정보, 민감정보, 인터넷 사용 정보 등 다양한 개인정보가 플랫폼을 제공하고 있는 기업에 저장되고 활용되는 것에 따른 부작용들이 양산되고 있다. 접근을 허가받지 않은 컴퓨터나 정보 시스템에 불법으로 침입하는 해킹, 디지털 기기 사용자에게 의도적으로 직간접적인 피해를 주는 악성 코드 유포와 같은 범죄 행위가 점점 지능화되고 있다.

사이버 윤리에서는 범죄에 대한 인지 수준과 규범에 대한 지적 수준을 강조한다. 이와 같은 범죄 유형으로부터 자신과 타인을 보호하기 위해서는 경험과 태도보다는 지식 수준이 중요하다고 볼 수 있다. 다양한 법률, 즉 「정보통신망 이용 촉진 및 정보보호 등에 관한 법률」, 「성폭력 범죄의 처벌에 관한 특별법」, 「위치정보 보호 및 이용 등에 관한 법률」, 「청소년 보호법」, 「게임산업진흥에 관한 법률」 등이 사이버 윤리와 관련된 법과 제도라 할 수 있다(이청재, 2021 : 20).

사이버 윤리는 각종 범죄를 예방하고 스스로가 위법한 행위를 하지 않도록 하는 데 초점을 맞춘다. 디지털 콘텐츠와 지식재산권에 대한 지식, 개인정보 보호 의무와 책임에 대한 지식, 보안사고와 예방에 대한 지식이 사이버 윤리에서 강조된다.

4) 저작권에 대한 윤리

저작권은 창작물을 만든 사람, 저작자가 자신이 만든 창작물, 즉 저작물에 대해 가지는 법적 권리로 한마디로 저작자의 권리와 창작물의 가치를 법으로 보호하는 것이다.

여기서 창작물이란 인간의 사상 또는 감정의 창작적 표현물을 의미하며, 이때 창작물이 학문적으로 가치가 있는지 없는지, 또는 예술성이 높은지 낮은지 등은 고려되지 않는다. 아마추어의 창작물도 창작성이 있다면 저작물로 보호받을 수 있는 것이다. 이러한 저작권은 창작물을 만드는 순간 바로 발생하며, 저작권을 인정받기 위해 어떤 절차나 형식을 갖출 필요는 없다.

저작권의 대상이 되는 저작물은 매우 다양한 형태가 있지만, 다음의 아홉 가지가 대표적이다(방송통신위원회 · 한국지능정보사회진흥원, 2022 : 12).

- 어문 저작물(소설 · 시 · 논문 · 강연 · 연설 · 각본)
- 음악 저작물

- 연극 저작물(연극 · 무용 · 무언극)
- 미술 저작물(회화 · 서예 · 도안 · 조각 · 공예 · 응용미술 저작물)
- 건축 저작물(건축물 · 건축설계도서 · 건축을 위한 모형)
- 사진 저작물
- 영상 저작물
- 도형 저작물(지도 · 도표 · 설계)
- 컴퓨터 프로그램 저작물

이 외에도 창작성이라는 저작물의 요건을 갖추면 모두 보호가 가능하다.

(1) 저작인격권

저작자의 명예와 인격적 이익을 보호하기 위한 권리로 3종류로 구성되어 있다.

- **공표권** : 저작자가 저작물을 공표하거나 공표하지 않을 권리
- **성명표시권** : 저작자가 저작물의 원본이나 복제물, 저작물의 공표 매체에 자신의 이름(실명, 예명 또는 이명)을 표시하거나 표시하지 않을 권리
- **동일성 유지권** : 저작물의 내용 · 형식 및 제호 등이 저작자의 의사와 달리 변경되지 않고 동일하게 유지될 수 있는 권리

(2) 저작재산권

저작자의 경제적 이익을 보전해 주기 위한 권리로 7종류로 구성되어 있다.

- **복제권** : 저작물을 인쇄 · 사진 촬영 · 복사 · 녹음 · 녹화 · 다운로드 등의 방법으로 유형물에 고정하거나 유형물로 재제작할 권리
- **공연권 및 공중송신권** : 공연권은 저작물 및 실연 · 음반 · 방송을 공중에

공개하는 권리, 공중송신권은 무선 또는 유선통신의 방법에 의하여 송신하거나 이용에 제공할 권리

- **전시권** : 미술 · 사진 및 건축저작물의 원본이나 복제물을 일반 공중이 관람할 수 있도록 전시할 권리
- **배포권 및 대여권** : 배포권은 저작물의 원작품 혹은 복제물을 대가를 받거나 받지 않고 일반 공중에게 양도 혹은 대여할 권리, 대여권은 영리를 목적으로 타인에게 저작물을 대여할 권리
- **2차적 저작물 작성권** : 원저작물을 번역 · 편곡 · 변형 · 각색 · 영상제작 등의 방법으로 독창적인 저작물로 제작하고, 이를 이용할 권리

저작권이 침해되면 우선 당사자에게 연락하여 원만하게 해결하는 것이 가장 좋다. 정중하게 침해정지와 관련 물건의 폐기나 그밖에 필요한 조치(저작권법 제123조), 재산 손해에 대한 배상, 정신적 손해에 대한 배상(위자료) 등을 요구할 수 있다.

제2절 디지털 윤리와 교육

디지털 윤리와 관련하여 겪고 있는 어려움 또는 이를 해결하기 위해 필요한 역량은 무엇일까. 한국지능정보사회진흥원(2021)은 크리에이터 112명을 대상으로 설문조사를 실시하였다. 크리에이터로 활동하면서 디지털 윤리 관련 법적, 제도적 문제에 부딪히면 소속사가 있는 크리에이터는 대부분 소속

사의 지원(58.8%)을 받지만, 소속사가 없는 크리에이터는 70% 이상이 인터넷 자료 검색에 의존한다고 조사되었다. 또한 크리에이터 대부분이 디지털 윤리 교육 경험이 없으나(85.7%), 교육 필요성에 대해서는 많은 크리에이터(91.9%)가 공감하고 있었고, 교육이 실시된다면 교육에 참여하고 싶다는 의사를 밝혔다(83.9%)(방송통신위원회 · 한국지능정보사회진흥원, 2022).

창의성만큼이나 중요한 것이 디지털 역량이라 할 수 있다. 방송통신위원회와 한국지능정보사회진흥원(2021)이 발표한 2020년 사이버 폭력 실태조사 결과에 따르면 교사와 학부모 대부분은 사이버 폭력에 부정적인 영향을 주는 대상에 대해 1인 크리에이터(91.9%)라고 하였다. 한편 한국언론진흥재단(2021)의 '유튜버(크리에이터) 인식조사'에 따르면 크리에이터들에 대한 윤리교육을 시행해야 한다는 응답이 전체의 93.3%였다. 자극적이고 선정적인 콘텐츠 제작 자제에 해당하는 '도덕성/ 윤리의식'과 저작권, 지적 재산권 보호와 같은 '타인의 창작물 존중' 등의 디지털 윤리 역량이 크리에이터의 중요한 자질이라고 응답했다. 이처럼 크리에이터의 영향력이 커짐에 따라 크리에이터의 사회적 책임과 이행을 위한 디지털 윤리 역량은 꼭 지녀야 할 필수적 역량이라는 사회적 공감대가 형성되고 있다(방송통신위원회 · 한국지능정보사회진흥원, 2022 : 6-7).

실제로 디지털 윤리 역량은 크리에이터에게만 해당되는 역량은 아니다. 디지털 윤리 역량은 관계를 맺는 공간이 디지털로 확장되고, 교류하는 대상도 인간뿐 아니라 인공지능, 로봇 등으로 확대되는 디지털 세상을 살아가는 모두에게 중요한 역량이라 할 수 있다.

글로벌 IT 컨설팅 기업 가트너는 2019년 주목해야 할 전략 트렌드(Gartner Top 10 Strategic Technology Trends 2019) 중 하나로 디지털 윤리를 선정하고, 디지털 윤리 준수의 개념을 '준수하고 있는가'보다 '옳은 일을 하고 있는가' 수준의 적극적인 태도를 갖출 것을 권했다.

1. 다양한 가치 탐색

우리나라에서 디지털 윤리가 본격적으로 언급되기 시작한 것은 1990년대 초이며, 이 무렵부터 정부기관과 민간 자율기구가 운영되면서 건전한 정보문화 확산과 정보통신 심의를 목적으로 하였다. 그 후 사이버 폭력과 불건전 정보가 확산되면서 1990년대 말부터 네티켓 캠페인, 2000년대에 이르러서는 공교육 제도를 중심으로 정보통신 윤리교육이 시작되었다.

사회적으로 합의된 옳고 그름에 대한 기준에 따라 온라인상에서 해야 할 것과 하지 말아야 할 것을 가늠하고 실천하는 것이 디지털 윤리이다. 그리고 윤리 역량은 누군가가 옳다고 말하는 도덕적 행위를 따르는 것 이상의 의미가 있다고 볼 수 있다. 즉, 문제적 민감성을 가지고, 다양한 도덕적 원칙에 대한 이해를 바탕으로 도덕적 추론을 하며, 추론의 결과로 특정한 윤리적 입장을 갖추고 도덕적 결정을 내릴 수 있을 때 윤리적 리터러시를 갖추었다고 할 수 있다. 디지털 윤리교육은 이러한 가치들이 충돌하는 지점에서 비판적 사고에 필요한 자원의 획득을 돕는 방식으로 이루어질 필요가 있다.

2. 디지털로 확장

최근까지도 교육현장에서는 정보통신 윤리, 사이버 윤리, 인터넷 윤리와 같은 용어가 종종 사용된다. 디지털 윤리의 주제에 포함될 수 있는 것들이 다양하지만, 오늘날 디지털 기술이 일상생활에 스며들고 있는 정도를 고려하면 온라인 미디어상의 윤리 문제를 다루는 것만으로는 충분하지 않다. 더욱 확장된 범위에서 발생하는 디지털 윤리 문제를 다루기 위해서는 디지털 리터러시 교육에서의 변화도 함께 되어야 한다. 디지털 시민성, 디지털 리터러시, 미디어 리터러시 등으로 불리는 교육은 디지털 미디어상의 텍스트와 상호작용을 비판적으로 읽고 해석하고, 협상하는 데 초점을 맞추고 있다. 이제는 인간 삶의 양식을 바꾸는 더 큰 구조적 전환에 대한 교육의 중요성도 간과되어서는 안 된다.

3. 이해관계자 모두의 윤리

현재 이루어지고 있는 디지털 윤리교육은 디지털 미디어 이용자로서 개인이 지켜야 할 책임과 의무에 초점을 맞추고 있는 듯하다. 그러나 디지털 문제는 인간과 디지털 기술의 상호작용 속에 발생한다. 이러한 점에서 기술 개발자와 디자이너, 그리고 이들을 관리하는 기업의 윤리도 디지털 윤리교육에 포함되어야 할 것이다. 누가, 어떻게 디지털 환경을 만드는가에 따라 그 안에서 살아가는 개인들의 삶의 양식이 결정된다. 따라서 디지털 기술을 이용하는 개인으로서의 윤리를 넘어 이해관계자 모두의 윤리를 생각하는 디지털 윤리교육이 필요하다.

4. 교사의 디지털 역량강화

디지털 중심의 교육환경에서 디지털 기술을 활용하고 교육과 관련된 인터넷 정보를 비판적인 시각으로 분석하며, 교사 및 학부모 커뮤니티에 능동적으로 참여하여 의사소통할 수 있는 역량이 교사들에게 요구되고 있다.

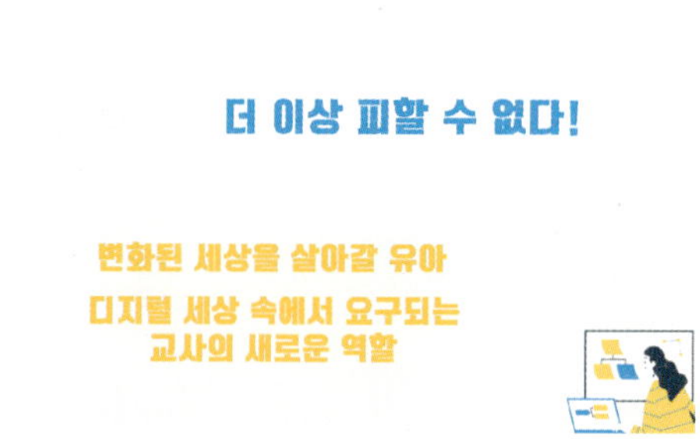
더 이상 피할 수 없다!
변화된 세상을 살아갈 유아
디지털 세상 속에서 요구되는
교사의 새로운 역할

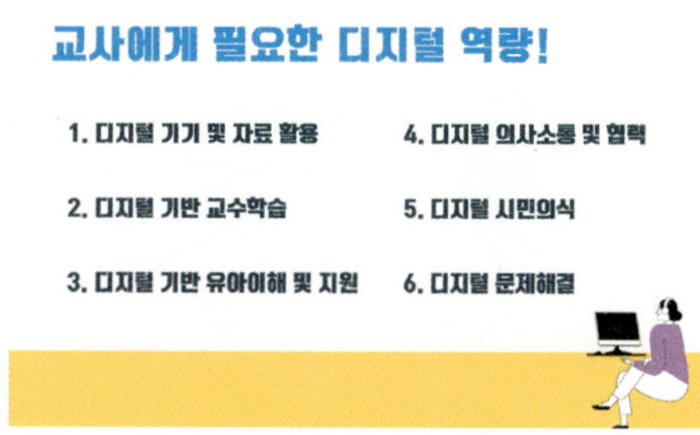
교사에게 필요한 디지털 역량!
1. 디지털 기기 및 자료 활용
2. 디지털 기반 교수학습
3. 디지털 기반 유아이해 및 지원
4. 디지털 의사소통 및 협력
5. 디지털 시민의식
6. 디지털 문제해결

유아가 활용 가능한 디지털 기기 및 매체
TV, 터치 스크린
태블릿 PC
VR 기기
크로마키 천

유아가 활용 가능한 디지털 기반 교육 콘텐츠
크롬 뮤직랩
메디방 페인트
블로
garage band
스케치북
키네마스터
잼보드
음악앱
편리하게 노래를 만들 수 있음
그림 그리기 앱
다양한 색깔과 도구 등을 활용하여 그릴 수 있음
영상편집 앱
영상을 제작할 수 있음 교사의 도움이 필요함
상호작용 앱
서로의 의견을 공유할 수 있음

유아가 활용 가능한 디지털 기반 교육 콘텐츠
스카이프
라쿠가키 AR
줌
증강현실 그림책
쌍방향 원격 소통 앱
시간과 공간의 제약이 줄어듦
증강현실 앱 (AR)
가상의 현실을 체험할 수 있음 동화책 보다 생생함
QR 코드
각종 정보를 얻을 수 있음

놀이, 디지털을 만나다
"유아 일상생활, 놀이, 활동 지원"

놀이. 디지털을 만나다
문제 상황
캠핑 놀이를 하기로 했는데, 텐트가 오려면 아직 멀었다?
디지털 역량을 발휘해서 지원하기
가상배경으로 놀이 지원하기

놀이. 디지털을 만나다
문제 상황
디지털 역량을 발휘해서 지원하기
아이들과 칠판 대신 태블릿 pc 활용하기

출처 : 교육부(2021). 유치원 교사의 디지털 역량 강화를 위한 연수자료.

1) 디지털 기기 및 활용

교수학습 자료로 활용할 수 있는 디지털 기기와 자료에 대해 알고, 저작권이나 개인정보 보호 등 윤리적으로 사용하면서 제작할 수 있는 능력이 필요하다.

2) 디지털 기반 교수학습

학습자의 활동을 지원하기 위해 디지털 자료를 적합하게 사용할 수 있는 능력이 필요하다. 특히 대면 상황과 비대면 상황을 연결하고 학습자의 학습을 지원하기 위해 디지털 자료와 실물 자료를 연계해 사용할 수 있어야 한다. 원격교육을 위해 자료와 환경을 마련하고, 개선하는 능력도 여기에 포함된다.

3) 디지털 기반 학습자 이해 및 지원

학습자에 대한 관찰을 기록하고 이를 기반으로 학습자에 대해 이해하고 그 내용이 평가로 이루어지도록 활용하는 능력이 필요하다. 교사는 학습자가 디지털 자료나 기술에 대해 어떠한 자세로 다루어야 할지, 어떻게 사용해야 할지 알려주고, 학습자의 디지털 역량의 기초가 형성되도록 지원해 줄 수 있어야 한다.

4) 디지털 의사소통 및 협력

디지털을 활용해 학부모와 소통하여 학습자에 대한 이해를 증진시키고, 동료교원들과의 학습공동체를 형성함으로써 전문성 개발을 위한 소통 창구를 관리하는 능력이 필요하다. 더 나아가 지역사회 및 전문가와 SNS 등을 활용해 소통하는 능력도 교사에게 요구되는 능력이다.

5) 디지털 시민의식

효과적으로 정보를 찾고 사용하고 생성할 수 있는 역량과 비판적이고 윤리적인 방식으로 타인 및 콘텐츠에 참여하는 역량을 말한다. 교사에게는 이러한 역량과 함께 디지털 환경을 안전하고 책임감 있게 탐색하는 역량이 요구된다.

6) 디지털 문제해결

디지털 환경에서 주어진 문제를 논리적으로 해결하는 방법과 그 결과를 찾을 수 있는 역량이 필요하다.

제3절 인공지능(AI) 윤리

1. 인공지능(AI) 윤리의 정의

윤리(Ethics)는 공동체에서 사람들이 올바르게 살기 위해 자신의 행동을 반성하고 개선하며 선한 존재로 성장해 나가기 위해 만든 학문 체계이다. 혼란이 극에 달했던 중국 춘추전국시대에 공자가 인(仁)을 내세우며 유교의 기초를 만들고, 고대 그리스 시대에 소피스트(sophist)들이 궤변으로 진리를 호도하던 때에 소크라테스가 '보편주의 윤리'를 제창한 데에서 볼 수 있듯이 윤리는 인류 공동체와 조직, 국가의 안정된 운영 및 관리를 위해 최소한으로 필요한 가치, 규범, 약속이라고 할 수 있다.

현재의 급속한 인공지능 기술의 발전은 인간과 같거나 혹은 특정 영역에서는 인간의 능력보다 뛰어난 정도의 지능과 어느 정도의 자율성을 지닌 존재를 만들어 낼 가능성을 현실화시키고 있다. 만약 인공지능이 자율적으로 사고하고 판단하여 행동할 경우 그에 따른 도덕적, 법적 책임은 누구에게 물어야 하는지에 대한 상황이 발생할 것이다. 그래서 윤리적인 인공지능의 필요성이 제기되고 있다.

인공지능 서비스나 인공지능이 탑재된 시스템이 윤리적으로 용인된 범위에서 판단하고 학습하고 행동하며 사람들과 상호작용할 수 있도록 시스템과 사람 모두에게 원칙이나 가치 기준, 규범 등을 부여하고 프로그램으로 구현하는 것이 바로 인공지능 윤리이다.

인공지능 윤리는 다음과 같이 크게 두 가지로 정의할 수 있다.

1. 인공지능 시스템을 연구, 개발, 제작, 판매, 사용, 관리하는 사람들이 지켜야 할 보편적 사회규범과 관련 기술
2. 인간의 윤리적 규범과 가치를 준수하는 인공지능 소프트웨어 코드

구글은 인공지능 윤리가 인공지능으로 중요한 문제를 풀며 사람들이 일상생활 속에서 도움을 받고 현재와 미래 세대에게 혜택을 주는 기술이라고 정의하였다. IBM에서는 인공지능 윤리를 인공지능의 설계 및 결과에 대해 조언하는 일련의 지침이라고 정의하였다.

한정혜와 김종욱(2021)은 인공지능 기술이 탑재된 플랫폼과 사람 간의 윤리를 인공지능 윤리로 규정하며, 인공지능 기술이 탑재된 플랫폼이 사람과의 상호작용에 있어서 물리적인 행위가 없는 컴퓨터나 인공지능 스피커와 같은 인공지능 윤리와 로봇과 같이 물리적 행위가 있는 인공지능 윤리로 구별했다.

이전에 사용된 인공지능 윤리 관련 용어로서 정보사회 윤리, 정보통신 윤리, 사이버(인터넷) 윤리, 로봇 윤리가 있는데, 각 용어의 정의는 다음과 같다(김효은, 2020).

- **정보사회 윤리** : 정보사회를 살아가면서 야기될 수 있는 윤리적 문제들을 해결하기 위한 규범체계
- **정보통신 윤리** : 정보의 생성에서 소멸까지 전 과정에 대해 정보통신망에서 생겨날 수 있는 윤리적 규범체계
- **사이버(인터넷) 윤리** : 현실세계가 아닌 가상 네트워크 내에서 야기될 수 있는 윤리적 문제를 해결하기 위한 규범
- **로봇 윤리** : 단순 자동로봇, 인공지능 로봇 소프트웨어의 행동과 판단이 일으킬 수 있는 문제에 대한 규범

2. 인공지능(AI) 활용에 관한 핵심 이슈

지속가능발전목표(SDG) 4[1]의 목적 달성을 위한 AI의 활용에도 많은 어려움이 있다. AI의 잠재력을 발휘하고 단점을 완화하고 미래형 교육 시스템을 구축하기 위해 우리 사회가 넘어야 할 장애물도 있다. 무엇보다도 학생, 교사, 사회에 미치는 AI의 영향력은 아직 입증되지 않았다. 그에 따라 교육적 맥락에서 AI 개입의 효과, AI 도구에 사용되는 교육 접근법, 학생들의 프라이버시, 교사의 역할, 교육기관에서는 무엇을 가르쳐야 하는지에 대한 문제를 다루어야 한다.

SDG 4 달성을 위한 AI 활용에 있어 몇 가지 핵심 이슈에 대해 살펴보고자 한다.

1) 데이터 윤리와 알고리즘 편향성

데이터는 정보보호, 프라이버시, 데이터 소유권 및 데이터 분석이슈 등 수많은 AI 관련 문제의 중심에 있다. 이러한 윤리적 이슈는 많은 관심을 받았다(Jobin, Ienca, & Vayena, 2019). 마찬가지로 교육 분야에서 데이터 윤리는 많은 연구 주제가 되고 있으며, 정보에 근거한 동의, 데이터 관리, 데이터에 대한 관점 등 추가적인 문제를 야기하고 있다. 교육 분야에의 AI 도입은 교수 · 학습 접근법 선택과 같은 문제 외에도 이러한 많은 데이터 문제를 적절하게 해결해야 한다.

AI는 설계상 초기 데이터의 숨겨진 특징을 증폭시키고, 근본적인 가정을 효과적으로 강화한다. 특히 알고리즘이 인간의 특정 편향이 포함된 데이터

1 지속가능한 개발 목표(SDG) 4는 양질의 교육에 관한 것으로 2015년 9월 유엔에서 수립한 17개의 지속가능한 개발 목표 중 하나이다. SDG 4의 전체 제목은 "모두를 위한 포괄적이고 공평한 양질의 교육 보장 및 평생 학습 기회 촉진"이다.

를 학습한다면, 알고리즘은 학습에서 더 나아가 그 편향을 증폭시킬 가능성이 있다. 사람들이 AI 알고리즘이 공정하게 설계되었다고 여긴다면 더 큰 문제가 될 것이다(Douglas, 2017).

한마디로 AI 자체가 편중된 것은 아니다. 대신에 데이터가 편향되거나 부적절한 알고리즘으로 분석되는 경우, 편향성은 더 눈에 띄고 더 큰 영향을 미칠 수 있다. 따라서 이러한 편향성을 인지하고 개선할 수 있어야 한다.

2) 성평등을 위한 AI

AI가 사회에 진정으로 이익이 되려면 공정성과 성평등이 AI의 기본 원칙에 포함되도록 만전을 기해야 한다. 하지만 AI의 다양한 용도는 성차별적인 것으로 나타났다. 한 사례로, 2018년 기술 대기업인 아마존은 여성 후보자를 체계적으로 차별한다는 이유로 채용 과정에서 머신러닝을 포기했다. 채용 당시 기록을 토대로 한 원본 자료가 여성에 대한 편견에 치우쳐 있었다는 게 근본 원인이다. AI는 선택을 자동화하는 과정에서 불가피하게 이런 편견을 증폭시켰다. 일각에서는 아마존이 AI 채용을 포기할 게 아니라 이런 편견을 해소하기 위해 노력했어야 한다는 의견도 나왔다. 애플의 Siri, 아마존의 Al-exa, 바이두의 DuerOS와 같은 AI 개인비서 개발에 문제를 제기한 사례도 있다. 많은 도구들이 여성 이름과 목소리를 지니고 있다는 사실은 사소해 보이지만 심각한 의미를 지닌다. AI 개인비서는 여성 이름, 목소리를 지닌 채 경박스럽게 프로그래밍되었고, 성적 고정관념에 따라 남자 상사의 단순한 비서 이상의 역할을 하는 여성 비서들에 대한 차별적인 고정관념을 고착한다. 또한 남성들에게 순종적이고 부차적인 여성의 역할을 강화한다. 이러한 AI 비서는 사용자의 명령에 따라 작동한다. 그들은 이 명령을 거부할 권리가 없다. 그들은 복종하도록 프로그램되어 있다. 의심할 여지 없이, 그들은 또한 실제 여성들이 어떻게 행동해야 하는지에 대한 기대를 높인다(Adams, 2019).

교실에서 이러한 성별 고정관념에 치우친 기술을 사용할 경우 어떤 영향이 있을지는 미지수이다. 성평등에 대한 이슈를 다루는 것은 여성들이 AI 노동자로서 적절하게 대표될 때에만 실현될 수 있는 중요한 목표이며, 이는 그 자체로 많은 논쟁거리가 되는 주제이다. 최근 LinkedIn 분석 결과 전 세계 AI 전문가 중 여성은 22%에 불과한 것으로 나타났다(World Economic Forum, 2018). 여성의 AI 대표성 향상은 기본적 인권 향상과 AI 주도의 편견 확산과 확대를 막는 데 필수적이다.

3) 교육 분야 AI 활용 모니터링 및 평가

교육 분야의 AI 적용은 50년 이상 연구되어 왔지만, 학교나 대학에 AI의 실질적인 적용이 여전히 상대적으로 흔하지는 않다. 선진국에서도 활발히 적용되지는 않았다. 사실 교육에 도입되는 기술이 실제로 교수·학습을 감당할 수 있는지조차 아직 확실하지 않다. 증거 기반으로 자리 잡은 것은 교육에서 AI의 필요성에 대해 끊임없이 고민하고, AI가 기술적 측면에서 교육에 기여할 수 있는 방법과 관련이 있다(Nemorin, 2021).

교육 분야의 AI 적용에 대한 누적되거나 참조할 만한 연구 수행 사례는 거의 없으며, 일부 ITS는 전통적인 강의실 교육과 비교했을 때 광범위하게 효과가 있는 것으로 나타났지만, 뒷받침할 강력한 증거는 부족하다. 사실 많은 AI 도구들이 효능으로 알려진 것은 그 본질보다는 새로움 때문일지도 모른다.

AI가 교육의 기회, 학습 내용 및 결과의 전달과 관리에 큰 영향을 미칠 것이라는 점에는 의심의 여지가 거의 없어 보이지만, 여전히 AI 솔루션이 그 결과를 어떻게 개선할 수 있는지, 그리고 AI 솔루션이 전문가들에게 학습이 일어나는 과정을 이해시킬 수 있을지에 대해서는 확신이 서지 않는다.

많은 사람들은 AI가 코로나19 이후 교육적 불평등 문제를 해결하는 데 중요한 역할을 했다고 주장한다. 전염병 확산의 초기 몇 달 동안 수많은 교육 기업의 상업적 AI 애플리케이션 사용자들이 크게 증가했다. 그러나 이러한 애플리케이션이 가상 아이 돌보미 용도 이상으로 어떻게 활용되었는지, 학생들이 애플리케이션을 통해 무엇을 얻었는지는 알 수 없다. 요컨대, AI는 분명히 유용한 역할을 할 수 있겠지만, 얼마나, 어떻게 도움이 될지 알 수 있는 충분한 정보를 가지고 있지 않다.

4) AI가 교사 역할에 미칠 영향

ITS로 교사 업무를 대체하고자 하는 상업적 목적에도 불구하고, 교사들이 빠른 시일 내에 기계로 대체될 가능성은 여전히 낮다. 많은 AI 개발자들의 야심찬 계획은 교사들이 교육의 인간적인 측면(사회 참여, 공감과 상호작용, 개인 지도 제공)에 집중할 수 있도록 다양한 부담(진행 상황 모니터링 및 채점 과제 등)을 덜어주는 것이다.

AI 기능이 향상되면 교사들의 업무 부담도 경감될 수 있다. 이에 따라 AI 도구가 지식 전달자의 역할을 수행하여 학생들의 저차원적 사고를 지원하면서 교사의 역할이 축소될 것으로 전망된다.

이론적으로, AI 도구는 교사들이 보다 높은 수준의 사고, 창의성, 대인 관계 협력, 사회적 가치를 필요로 하는 학습활동의 설계와 촉진에 더 집중할 수 있게 할 것이다. 하지만 AI 개발자들은 이미 이러한 역할 또한 자동화하기 위해 노력하고 있다. 교사들이 교육에서 중요한 역할을 지속할 수 있도록 하기 위해 어떻게 인공지능이 교사의 역할을 변화시킬 수 있는지, 그리고 교사들이 AI가 풍부한 교육 환경에서 일할 준비를 할 수 있는지 방법을 전략적으로 검토해야 한다.

5) AI가 학습자에게 미칠 영향

교사가 AI로 대체되는 최악의 시나리오를 피하더라도, 적응형 AI가 교육에 더 많이 도입되면 학습자의 주체성이 위축될 수 있다. 학생들이 상호작용하는 시간은 줄어들고, 기계가 더 많은 결정을 내리고, 자동화하기 가장 쉬운 유형의 지식 함양에만 집중될 수 있다.

이러한 현상은 학생들이 한 인간으로서 성장하는 데 핵심적인 지략, 자기효능감, 자기 규제, 메타 인지, 비판적 사고, 독립적인 사고, 기타 21세기에 필요한 기술을 배양할 기회를 박탈할 수 있다(World Economic Forum and Boston Consulting Group, 2016).

Facebook 엔지니어들에 의해 개발되어 약 400개의 학교에서 사용되고 있는 ITS인 Summit Learning은 학생들의 항의와 보이콧 대상이 되고 있다. 한 개 이상의 학교에서 학생들은 컴퓨터 앞에 앉아 수 시간을 보내야 하는 Summit Learning 프로그램이 좋은 학습 경험을 주지 못하다고 항의하며 자리를 떴다. 학생들은 특히 이 프로그램이 비판적 사고를 개발하는 데 필요한 인간적 상호작용과 교사 지원을 상당 부분 사라지게 한다며 우려를 표했다. 따라서 교육에서 모든 AI의 적용은 전적으로 인간적이어야 한다는 의미가 보다 강조되어야 한다.

참 / 고 / 문 / 헌

강명희 · 조주연 · 한정선 · 김보경(2011). 온라인 학습공동체에서 학습성과와 사회적 실재감 수준에 따른 상호작용 양상의 차이 규명. 평생교육 · HRD연구, 7(3), 97-99.

강성희(2013). 대학 인터넷윤리 교육 방법에 따른 인지 정의 행동 영역별 학습 효과 비교. 한국컴퓨터교육학회, 16(5), 31-37.

강재신(2017). 실감형콘텐츠의 공간디자인 적용사례연구. 디지털융복합연구, 15(6), 369-376.

고문숙 · 김수향 · 임영심 · 손혜숙(2019). 아동문학교육. 서울 : 양성원.

고영주 · 심진보 · 임은정 · 김대건 · 오길환 · 이동헌(2017). 제4차 산업혁명의 기술혁신 전략. 한국기술혁신학회 창립 20주년 기념 제4차 산업혁명과 미래혁신 기획과제, p. 228.

과학기술정보통신부(2018. 5). I-Korea 4.0 실현을 위한 인공지능(AI) R&D 전략. 세종 : 교육부.

과학기술정보통신부(2021. 5. 13). 신뢰할 수 있는 인공지능 구현 전략 발표. 대한민국 정책브리핑 http://tinyurl.com/2x692ehx(2023. 11. 30. 인출)

과학기술정보통신부(2022. 9. 28). 대한민국 디지털 전략 발표 보도자료. 세종 : 교육부.

관계부처합동(2020. 6. 22). 혁신적 포용국가 실현을 위한 디지털 포용 추진계획. 세종 : 교육부.

관계부처합동(2022. 8). 디지털 인재양성 종합방안. 세종 : 교육부.

교육과학기술부(2011). 인재대국으로 가는 길 스마트교육 추친전략. 서울 : 교육과학기술부, p. 5.

교육부 블로그(2020). 이제는 학교에서도 디지털 리터러시 교육을?. https://if-blog.tistory.com/10399.

교육부(2019). 학교 미디어 교육 내실화 지원 계획 발표. 교육부 보도자료. 세종 : 교육부.

교육부(2020. 5). 정보교육 종합계획. 세종 : 교육부.

교육부(2021). 유치원 교사의 디지털 역량 강화를 위한 연수자료. 세종 : 교육부.

교육부(2021. 11. 24). '2022 개정 교육과정' 총론 주요사항 발표 보도자료. 세종 : 교육부.

교육부(2022. 8. 11). 인공지능, 교육현장에서 안전하게 활용해요!. 교육부 보도자료 http://tinyurl.com/ynoqd5uo(2023. 11. 30. 인출)

교육부(2023). '모두를 위한 맞춤교육' 실현을 위한 「인공지능(AI) 디지털교과서 추진방안」 발표.

교육부(2023). 모두를 위한 맞춤교육의 실현 디지털 기반 교육 혁신 방안. 세종 : 교육부.

교육인적자원부(2006). 초 · 중등학교 정보통신기술 교육 운영지침 해설서.

권성호 · 김성미(2011). 소셜미디어 시대의 디지털 리터러시 재개념화. 미디어와 교육, 1(1), 65-82.

권용주(2015). 디지털 교과서 활용이 학습자의 뇌기능에 미치는 영향. 학습자중심 교과교육학회 학술대회, 2015(1), 138.

김경동 · 김여진(2010). 한국의 사회윤리-기업윤리, 직업윤리, 사이버 윤리. 서울 : 철학과 현실사.

김경화(2010). 교원업무 경감을 위한 제언. 교육정책네트워크 교육현장 순회토론회 자료집. 한국교육개발원 CRM 2010-65-1.

김규리(2019). 미국 인공지능(AI) 관련 최신 정책 동향. 대구 : 한국정보화진흥원.

김기일(2022). 디지털 교육(코로나 원격수업, 교육 수요의 다양화, 4G 기술 발전 등으로 매출 증대 기대). ASTI Market insight, 2022-046.

김민진(2008). 전자동화의 애니메이션 요소가 유아의 이야기 이해, 어휘 습득 및 읽기 흥미에 미치는 영향. 유아교육학논집, 12(5), 367-388.

김성식 · 유형근 · 이채영 · 조성환(2009). 중학생용 정보통신 윤리의식 검사의 개발 및 타당화 연구. 교육과정평가연구, 12(1), 145-169.

김성율 · 이옥화(2016). 교과 융합 정보 윤리교육 프로그램의 개발과 효과 분석. 컴퓨터교육학회, 19(4), 21-31.

김영애(2011). 우리의 교실혁명. 스마트교육의 현황과 발전 방향. 현안보고 OR 2011-

02-7, 한국교육개발원.

김용련 · 이 준 · 이일권(2011). 교육행정정보시스템의 성과요인과 효과성에 대한 연구. 한국교원교육연구, 28, 241-263.

김용민(2019). 주요 국가별 인공지능(AI) 인력양성 정책 및 시사점. 충북 : 한국보건산업진흥원.

김용성(2019). 인공지능(AI) 시대 주요국의 인재양성 정책 동향. 경기 : 소프트웨어정책연구소.

김유향(2019). 탈진실 시대 팩트를 논하다. 한국인터넷자율정책기구, 3(35), 46-49.

김윤경(2017). 제4차 산업혁명 시대의 국내환경 점검과 정책방향. 서울 : 한국경제연구원, p. 16, 33.

김태령 · 류미영 · 한선관(2020). 초중등 인공지능 교육을 위한 프레임워크 기초 연구. 한국인공지능교육학회, 1(1), 31-42.

김현배 · 문정희(2010). UCC 활용 극화학습 기반 자기주도적 정보통신윤리교육 수업 설계. 한국정보교육학회, 14(4), 561-570.

김현희 · 홍순정(1993). 아동문학(pp. 130-149). 서울 : 한국방송대학교 출판부.

김혜정 · 송해덕 · 정한호(2015). 역량별 ICT Literacy Up 프로그램 및 인증제도 개발. 서울 : 중앙대학교 출판부.

김효은(2020). 공학적 방법을 결합한 인공지능 윤리 학습. 윤리학습, 129, 133-153

노병철(2003). 사이버윤리의 새로운 방법론 모색-사이버커뮤니케이션을 둘러싼 사회, 윤리적 논제를 중심으로. 사이버커뮤니케이션학보, 12, 103-131.

류지민 · 조성환 · 김성식(2009). 정보통신윤리교육을 위한 개념 정립과 기준점수에 관한 연구. 한국컴퓨터교육학회, 13(1), 303-308.

미래창조과학부(2015). K-ICT 표준화 전략맵 ver.2016 종합보고서 2.

박남기(2011). 초등교육 미래 비전에 비추어 본 초등교원 양성 교육 개편 방향. 초등교육연구, 24(3), 328.

박남숙 · 전신숙(1999). 교수매체에 대한 유아 반응에 관한 실험연구. 컴퓨터 CD-ROM과 동화책의 비교. 영유아교육연구, 22(4), 51-72.

박정순(2004). 익명성의 문제와 도덕규범의 구속력. IT의 사회, 문화적 영향 연구, 2004(9), 1-147.

박지혜(2017). 디지털역량이 조직효과성에 미치는 영향. 이화여자대학교 대학원 석사학위논문.

박현주(2001). 종이책 전자책의 경험과 활용시간 제한이 유아의 확산적 사고 및 읽기에 미치는 영향. 유아교육연구, 21(2), 205-223.

방송통신위원회 · 한국지능정보사회진흥원(2022). 크리에이터가 알아야 할 디지털윤리 역량 가이드북. 서울 : 방송통신위원회 · 한국지능정보사회진흥원.

배병환 · 안인회(2018). 중국 인공지능 정책 분석 및 시사점. 대전 : 정보통신기획평가원.

부산광역시교육청(2019). 인공지능 기반교육 가이드북. 부산 : 부산광역시교육청.

서울특별시교육청(2022). 2022년 인공지능 · 과학 · 메이커 · 영재 · 정보 · 수학교육 주요 업무계획. 서울 : 서울특별시교육청 교육혁신과.

성정숙 · 김현철(2015). 국외 컴퓨터 교육과정의 변화 분석. 한국컴퓨터교육학회 논문지, 18(1), 48-50.

안성훈(2004). 교육정보 관리시스템 운영에 대한 초등학교 교직원의 의식 조사 연구. 정보교육학회논문지, 8(1), 53-66.

오현우 · 윤재관 · 장종현 · 박광로(2011). 실감체험을 위한 실감미디어 서비스 플랫폼에 관한 연구. 한국멀티미디어학회지, 15(3), 1-16.

이 호(2009). 동영상 UCC 제작을 통한 정보통신윤리교육 방안. 경인교육대학교 대학원 석사학위논문.

이경아(2016). 3D 홀로그램 개발을 통해 본 디지털 시대의 미술교육. 미술교육논총, 30(2), 241-264.

이민경(2014). 거꾸로 교실(Flipped classroom)의 효과와 의미에 대한 사례연구. 한국교육, 41(1), 87-116.

이승현 · 강지현 · 이원상(2015). 청소년 사이버폭력의 유형분석 및 대응방안 연구. 형사정책연구원 연구총서, 1-481.

이응룡(2013). 스마트교육을 활용한 중학교 미술교육 적용방안 연구 : 중학교 3학년을 중심으로. 공주대학교 교육대학원 석사학위논문.

이정구(2017). 21세기 생존전략 4차 산업혁명. 서울 : 도서출판 책과나무.

이정민(2018). 디지털 매체를 활용한 미적 감수성 함양을 위한 미술교육 프로그램 연구. 한양대학교 대학원 석사학위논문.

이지혜(2019). 가상현실 기반 교육 활성화 방안에 관한 연구. 한국디지인문화학회지, 25(1), 362-364.

이청재(2021). 디지털 윤리-리터러시 측정도구 개발을 위한 구성요인 탐색 : MZ 세대 대학생을 중심으로. 숭실대학교 대학원 박사학위논문.

이현숙 · 김병철(2013). 사이버 윤리와 인간의 이해. 서울 : 한국외국어대학교 출판부.

정광훈(2014). 디지털교과서 연구학교 운영 성과 분석 연구. 한국교육학술정보원, 30.

정병호(2014). 교육정보화 기본계획('14-'18). 2014 KERIS 교육정보화 심포지엄, 27.

정진영(2002). 국내 아동도서 출판의 디지털화 경향에 관한 연구. 서강대학교 대학원 석사학위논문.

제수연(2001). 전자책의 현황 및 활성화에 관한 연구. 이화여자대학교 정보과학대학원 석사학위논문.

조길수(2017). 4차 산업혁명 주도기술 기반 국내스타트업의 현황 및 육성방안. 서울 : 한국과학기술기획평가원, 1-6.

조종숙(2005). 정보화 사회의 초등학교 사이버 윤리교육에 관한 연구. 군산대학교 대학원 석사학위논문.

조헌국(2017). 4차 산업혁명에 다른 대학교육의 변화와 교양교육의 과제. 교양교육구, 11(2), 54-55.

차두원 · 김서현(2016). 잡 킬러-4차 산업혁명, 로봇과 인공지능이 바꾸는 일자리의 미래(pp. 6-10). 서울 : 한스미디어.

차명진(2018). 4차 산업혁명 시대 초등학교 교사역할과 역량에 대한 초등교사로서의 인식 연구, 2.

최연구(2017). 4차 산업혁명시대의 미래교육 예측과 전망. 과학기술정책연구회, 2017(33), 32-35.

추병완(2001). 정보 윤리교육론. 서울 : 울력출판사.

한국교육학술정보원(2020). KERIS와 시작하는 인공지능 교육. 대구 : 한국학술정보원

한국교육학술정보원(2021). 인공지능과 교육. 대구 : 한국학술정보원.

한국교육학술정보원(2022). 인공지능수업. 대구 : 한국학술정보원.

한국교육학술정보원(2023). 챗봇과 안면인식 AI를 통해 본 윤리적 쟁점과 대응. 대구 : 한국학술정보원.

한국언론진흥재단(2021). '유튜버'에 대한 인식조사 · 미디어연구센터.

한국인터넷진흥원(2021). 디지털 경제 시대를 위한 미래 국가인터넷 전략 연구. 전남 : 한국인터넷진흥원.

한국정보화진흥원(2010). 2010 국가정보화백서. 대구 : 한국정보화진흥원.

한국지능정보사회진흥원(2021). 2020년 사이버폭력 실태조사 보고서.

한기순(2017). 초등교육 디지털화 정책에 대한 교육 인간학적 고찰. 상명대학교 대학원 박사학위논문.

한다운(2014). 중학생의 사이버 윤리의식 함양을 위한 미술, 도덕과 통합 수업 사례 : UCC 제작 수업을 중심으로. 조형교육, 0(51), 315-336.

한선관(2020). 인공지능 교육 프레임워크. 인천 : 경인교대 인공지능교육연구소.

한선관(2020). 인공지능과 교육, 무엇을 준비해야 하나. 교육정책포럼.

한정선 · 김영수 · 주영주 · 강명희 · 조일현 · 이정민(2011). 21세기 교사를 위한 교육방법 및 교육공학. 경기 : 교육과학사.

한정혜 · 김종욱(2021). 인공지능스피커의 교육적 활용에서의 윤리적 딜레마. 창의 정보문화연구지, 7(1), 11-19.

현성은(2017). 중국의 인공지능(AI) 전략. 대구 : 한국정보화진흥원.

홍성태(2000). 디지털 정보 공유를 위한 시민사회의 과제. 유네스코 한국위원회.

홍지영(2003). 인터넷 동화사이트의 현황과 멀티동화의 특성 분석. 이화여자대학교 대학원 석사학위논문.

홍혜경(2006). 인터넷동화와 그림책동화를 활용한 이야기 나누기 언어상호작용 비교. 유아교육학논집, 10(3), 5-28.

황 정(2021). 딥페이크 앱 활용 윤리교육 융합 프로젝트의 개발 및 적용. **한국정보교육학회**, 25(2), 405-412.

황소영(2019). 디지털교육 및 디지털역량이 4차 산업혁명시대 창업의도에 미치는 영향에 관한 연구-초등학생들의 인식 중심으로-. 중앙대학교 산업창업경영대학원 석사학위논문.

Adams, R.(2019). Artificial intelligence has a gender bias prob-lem-just ask Siri. The Conversation. http://tinyurl.com/yqk254rt(Accessed 15 December 2023).

AI4K12(2019). K-12의 AI 교육을 위한 국가 지침. AAAI(전미인공지능학회) & CSTA(컴퓨터교사협회) 공동 개발. Available at : https://ai4k12.org/(Accessed 22 December 2023).

Baker, T., Smith, L., & Anissa, N.(2019). Educ-AI-tion Rebooted? Exploring the future of artificial intelligence in schools andcolleges. London, NESTA.

Barrett, H.(2017). Plan for five careers in a life time. Financial Times.

Barto, A. G., Sutton, R. S., & Anderson, C. W.(1983). Neuronlike adaptive elements that can solve difficult learning control problems. *IEEE transactions on systems, man, and cybernetics,*(5), 834-846.

Belpaeme, T., Kennedy, J., Ramachandran, A., Scassellati, B., & Tanaka, F.(2018). Social robots for education : A review. *Science Robotics, 3*(21), 1-9.

Bloom, B. S.(1984). The search for methods of group instruction as effective as one-to-one tutoring. *Educational Researcher, 3*(6), 4-16.

Brynjolfsson, E., & McAfee, A.(2014). *The Second Machine Age : Work, Progress, and Prosperity in a Time of Brilliant Technologies*. New York, NY : WW Norton & Company.

Buchanan, B., Sutherland, G., & Feigenbaum, E. A.(1969). Heuristic DENDRAL : A program for generating explanatory hypotheses. *Organic Chemistry, 30*.

Burt, A.(2019). The AI Transparency Paradox, Harvard Business Review [Online].

Carbonell, J. R.(1970). AI in CAI : Anartificial-intelligence approach to computer-assisted nstruction. *IEEE Transactions on Man-Machine Systems, 11*(4), pp. 190-202.

Cha, Seung Eun, Jun, Soo Jin, Kwon, Dai Yong, Kim, Han Sung, Kim, Seung Bum, Kim, Ja Mee, Kim, Young Ae, Han, Sun Gwan, Seo, Soon Sik, Jun, Woo Cheon, Kim, Hyun Cheol, Lee, Won Gyu(2011). Measuring achievement of ICT competency for students in Korea. *Computers & Education, 56*(4), 992-993.

COMEST(UNESCO World Commission on the Ethics of Scientific Knowledge and Technology) 2019. Preliminary Study on the Ethics of Artificial Intelligence.

Cukurova, M., Luckin, R., Mavrikis, M., & Millán, E.(2017). Machine and human observable differences in groups'collaborative problem-solving behaviours, in : European Con-ference on Technology Enhanced Learning. Springer, pp. 17-29.

Cullinan, B. E., & Person, D. G.(2005). *The continuum encyclopedia of children's literature*. Edinburgh : A&C Black.

Douglas, L.(2017). AI is not just learning our biases; it is ampli-fying them. Medium. Available at: http://tinyurl.com/yvoe56lc(Accessed 29 December 2023).

Du Boulay, B.(2016). Artificial intelligence as an effective classroom assistant. *IEEE Intelligent Systems, 31*(6), 76-81.

Du Boulay, B., Poulovassilis, A., Holmes, W. and Mavrikis, M.(2018). What does the research say about how artificial intelligence and big data can close the achievement gap?. *Enhancing Learning and Teaching with Technology*. London, Institute of Education Press, pp. 316-327.

Edwards, G., & Saltman, J.(2010). Picturing Canada. Toronto : University of Toronto Press.

Feathers, T.(2019). Flawed Algorithms Are Grading Millions of Students' Essays. Vice. Available at : http://tinyurl.com/2fcfmx7f(Accessed 13 January 2020).

Graesser, A. C., VanLehn, K., Rosé, C. P., Jordan, P. W., & Harter, D.(2001). Intelligent tutoring systems with conversational dialogue. *AI Magazine, 22*(4), 39.

Graham, J.(2018). Meet the robots teaching Singapore's kids tech. Available at : http://tinyurl.com/ynybe6rf(Accessed 2 December 2023).

Herodotou, C., Gilmour, A., Boroowa, A., Rienties, B., Zdrahal, Z., & Hlosta, M.(2017).

Predictive modelling for addressing students' attrition in higher education : The case of OU Analyse. The Open University, Milton Keynes, United Kingdom. Available at : http://oro.open.ac.uk/49470/(Accessed 12 December 2023).

Holmes, W., Bialik, M. and Fadel, C.(2019). *Artificial Intelligence in Education : Promises and implications for teaching and learning*. Boston, MA, Center for Curriculum Redesign.

Hood, D., Lemaignan, S., & Dillenbourg, P.(2015). When Children Teach a Robot to Write : An Autonomous Teachable Humanoid Which Uses Simulated Handwriting. IEEE International Conference on Human-Robot Interaction 2015, 83-90.

Hopfield, J. J.(1982). Neural networks and physical systems with emergent collective computational abilities. *Proceedings of the National Academy of Sciences of the USA, 79*, 2554-2558.

James, E. A., Milenkiewicz, M. T., & Bucknam, A.(2008). Participatory Action Research for Educational Leadership : Using data-drivendecision making to improve schools. Sage.

Jobin, A., Ienca, M., & Vayena, E.(2019). Artificial Intelligence : The global landscape of ethics guidelines. *Nature Machine Intelligence, 1*(9), 389-399.

Joshi, D.(2017). Quoted in https://tinyurl.com/y7dnhtpt(Accessed 29 December 2023).

Kreitmayer, S., Rogers, Y., Yilmaz, E., & Shawe-Taylor, J.(2018). Design in the Wild : Interfacing the OER Learning Journey. Presented at the Proceedings of the 32nd International BCS Human Computer Interaction Conference.

Kurzweil, R.(2005). *The singularity is near - when humans transcend biology*. New York : Viking.

Laird, J. E.(2019). *The Soar cognitive architecture*. Cambridge, MA : MIT press.

LeCun, Y., Touresky, D., Hinton, G., & Sejnowski, T.(1988). A theoretical framework for back-propagation. *In Proceedings of the 1988 Connectionist Models Summer School*, 1, 21-28.

Lee, K. F.(2018). AI Superpowers : China, Silicon Valley and the New World Order. Boston : Houghton Mifflin Harcourt Publishing Company.

Leetaru, K.(2018). Does AI truly learn, and why we need to stop overhyping deep learning. Forbes.

Lewis, P.(2008). 현대그림책읽기(이혜란 역). 서울 : 작은씨앗.

Lucas, L.(2018). China's artificial intelligence ambitions hit hurdles. *Financial Times*.

Luckin, R. and Holmes, W.(2017). A. I. Is the New T. A. in the Class room. Available at : https://tinyurl.com/2c3plj9f(Accessed 29 December 2023).

Luckin, R.(2017). *Towards artificial intelligence-based assessment systems*. Nat Hum Behav 1, 0028.

Luckin, R., Holmes, W., Griffiths, M. and Forcier, L. B.(2016). *Intelligence Unleashed* : An argument for AI in Education. London : Pearson.

Marcus, G., & Davis, E.(2019). *Rebooting AI : Building artificial intelligence we can trust*. New York : Ballantine Books Inc.

McCarthy, J., Minsky, M. L., Rochester, N., & Shannon, C. E.(2006). A proposal for the Dartmouth Summer Research Project on Artificial Intelligence, August 31, 1955. *AI Magazine, 27*(4), 12-14.

McClelland, J. L., Rumelhart, D. E., & PDP Research Group(1986). *Parallel distributed processing, 2*, 20-21. Cambridge, MA : MIT press.

McCulloch, W. S., & Pitts, W.(1943). A logical calculus of the ideas immanent in nervous activity. *The bulletin of mathematical biophysics, 5*(4), 115-133.

McKinney, S. M., Sieniek, M., Godbole,V., Godwin, J., Antropova, N., Ashrafian, H., Back, T., Chesus, M., Corrado, G. C., Darzi, A., Etemadi, M., GarciaVicente, F., Gilbert, F. J., Halling-Brown, M., Hassabis, D., Jansen, S., Karthikesalingam, A., Kelly, C. J., King, D., Ledsam, J. R., Melnick, D., Mostofi, H., Peng, L., Reicher, J. J., Romera-Paredes, B., Sidebottom, R., Suleyman, M., Tse, D., Young, K. C., Fauw, J. D., & Shetty, S.(2020). Intenational evaluation of an AI system for breast cancer screening. *Nature, 577*(7788), 89-94.

Michael Brady(2019). MIT Technology Review and GE Healthcare. How artificial intelligence is making health care more human. Available at : http://tinyurl.com/yfpmto3n(Accessed 20 December 2023).

MIT Technology Review and GE Healthcare(2019). *How artificial intelligence is making health care more human*. Available at : https://www.technologyreview.com/hub/ai-effect/

(Accessed 29 December 2023).

Mitchell, M.(2019). *Artificial Intelligence : A guide for thinking humans*. London : Penguin.

Moravec, H.(1988). *Mind Children : The future of robot and human intelligence*. Boston, MA : Harvard University Press.

Mulgan, G.(2018). Artificial intelligence and collective intelligence : the emergence of a new field. *AI & Society, 33*, 631-632.

Narayanan, A.(2019). How to Recognize AI Snake Oil.

Nemorin, S.(2021). Fair-AI. Project Update #6. Preliminary Findings. Available at : http://tinyurl.com/ymqp5eqr(Accessed 26 December 2023).

Newell, A., & Simon, H. A.(1961) GPS, *a program that simulates human thought*.

Nikolajeva, M.(2005). *Aesthetic approaches to children's literature : An introduction*. Lanham : Scarecrow Press.

Pareto, L.(2009). Teachable Agents that Learn by Observing Game Playing Behavior, in : Craig, S.D., Dicheva, D.(Eds.), Proceedings of AIED 2009. Presented at the AIED 2009 : 14th International Conference on Artificial Intelligence in Education, Brighton, pp. 31-40.

Rosenblatt, F.(1961). *Principles of neurodynamics. perceptrons and the theory of brain mechanisms*. Cornell Aeronautical Lab Inc Buffalo NY.

Russell, S., & Norvig, P.(2016). *Artificial Intelligence : A modern approach*(3rd ed). Boston, MA : Pearson.

Säuberlich, F., & Nikolić, D.(2018). *AI without machine learning*. Teradata Blog. Available at : http://tinyurl.com/ysz7w7ky(Accessed 22 December 2023).

Schwab, K.(2017). *The Fourth Industrial Revolution*. New York, NY : Crown Publishing.

Searle, J. R.(1980). Minds, brains, and programs. *Behavioral and Brain Sciences, 3*(3), 417-424.

Segers, E., & Verhoeven, L.(2002). Multimedia support of early literacy learning. *Computers & Education, 39*, 207-221.

Seldon, A.(2018). *The Fourth Education Revolution : Will artificial intelligence liberate or infantilise humanity?*. Buckingham : University of Buckingham Press.

Shortliffe, E. H.(1976). *MYCIN : Computer-based Medical Consultations*. New York : Elsevier Press.

Silver, D., & Hassabis, D.(2016). Mastering the game of Go with deep neural networks and tree search. *Nature, 529*(7587), 484-489.

Smith, A. and Anderson. J.(2014). AI, Robotics, and the Future of Jobs. Pew Research Center. Washington, DC.

Sutton, R. S., & Barto, A. G.(2018). *Reinforcement learning-An introduction*. Cambridge, MA : MIT press.

Tim Dutton.(2018). An Overview of National AI Strategies. http://tinyurl.com/ycayrpxx(Accessed 18 December 2023).

Tomlinson, C. M., & Lynch Brown, C.(1996). *Essentials Children's Literature*. Boston : Allyn and Bacon.

Trafton, A.(2020). Artificial intelligence yields new antibiotic. MIT News| Massachusetts Institute of Technology. Available at : http://tinyurl.com/yk9d2kju(Accessed 28 December 2023).

Turing, A. M.(1950). Computing machinery and intelligence. *Mind*, Vol. 59, No. 236, pp. 433-460.

UNESCO(2019). Beijing Consensus on Artificial Intelligence and Education. Available at : http://tinyurl.com/yxmzsymd(Accessed 29 December 2023).

Verbert, K., Duval, E., Klerkx, J., Govaerts, S. and Santos, J. L.(2013). Learning analytics dashboard applications. *American Behavior al Scientist, 57*(10), 1500-1509.

World Economic Forum and Boston Consulting Group(2016). New Vision for Education : Fostering social and emotional learning through technology. Geneva, Switzerland.

World Economic Forum(2018). Insight Report.The Global Gender Gap Report. Available at : http://tinyurl.com/ymjk2ln6(Accessed 28 December 2023).

Zadeh, L. A.(1965). Fuzzy Sets. Information Control, 8, 338-353.

Zawacki–Richter, O.(2019). Systematic review of research on artificial intelligence applications in higher education-where are the educators?. *International Journal of*

Educational Technology in Higher Education, 16(1), 1-27.

Zheng, N., Liu, Z., Ren, P., Ma, Y., Chen, S., Yu, S., Xue, J., Chen, B., & Wang, F. (2017). Hybrid-augmented intelligence : Collaboration and cognition. *Frontiers of Information Technology & Electronic Engineering, 18*(2), 153-179.

Zhong, Y. X.(2006). A cognitive approach and AI research. *2006 5th IEEE International Conference on Cognitive Informatics, 1*, 90-100.

나스미디어(2021). 2021 인터넷 이용자 조사 NPR.

노컷뉴스(2019. 10. 13). 딥페이크, 합성포르노, 위조영상과의 전쟁.

다음 백과, https://100.daum.net/encyclopedia/view/

동아사이언스(2018. 3. 9). 가짜 뉴스 전성시대… 여기엔 과학적 이유가 있다.

보안뉴스(2019. 9. 3). 딥페이크 기반 모바일 앱, 논란에 휩싸였지만 인기는 여전.

보안뉴스(2020. 10. 22). 내 얼굴과 목소리를 빼앗겼다. 딥페이크.

세계경제포럼 http://tinyurl.com/hlah7ot

위키백과 http://tinyurl.com/ywmhxg8z

제20대 대통령직인수위원회(2022. 5. 3). 윤석열정부 110대 국정과제, 106, 132.

EBS 다큐프라임(2017). 1부 AI와 인간의 공존은 가능한가(2017. 9. 18. 방송).

https://blog.naver.com, 2022, 통일에 새로운 상상을 더하다, 실감미디어로 바라본 통일 교육.

https://ko.wikipedia.org/wiki/%EC%9D%98%EC%82%AC%EC%86%8C%ED%86%B5

4차 산업혁명 위원회(2017). 4차 산업혁명 대응 계획. 서울 : 4차 산업혁명위원회.

찾 / 아 / 보 / 기

저/자/약/력

■ **김수향**
동덕여자대학교 대학원 아동학과 아동학 박사
위덕대학교 유아교육과 교수

■ **안지영**
University of British Columbia, C&I(유아교육전공) Ph.D
위덕대학교 유아교육과 교수

■ **최원영**
생각튀김 디자인 팀장

■ **이선영**
위덕대학교 유아교육과 박사과정
양학초등학교 교사

예비교사를 위한

디지털과 인공지능 교육

|공저자| 김수향 · 안지영 · 최원영 · 이선영

|1판 1쇄| 발행 2024년 5월 30일

|발행인| 김동훈
|발행처| 공동체

|주소| 경기도 고양시 일산동구 호수로 358-39, 동문타워 I 905호(백석동)
|전화| 031) 814-3000(대표)
|팩스| 031) 814-3100
|홈페이지| https://www.compub.co.kr
|전자우편| compub@naver.com
|출판등록| 2005년 10월 6일
|등록번호| 제396-2005-36호

|ISBN| 979-11-6725-618-8
정가 22,000원